北京市回东学区
教育教学实践探索与思考

主　编

李晓亮　金　凤

编　委

王　斌　秦金森　李　建　郑金霞　金秀荣
李小平　王洪燕　王　强　陈自奎　杨　莹
孙元伟　佟倩倩　王　静　高　晋　张久超
史雅萌　谷宝鑫

江西科学技术出版社

江西·南昌

图书在版编目（CIP）数据

北京市回东学区教育教学实践探索与思考/李晓亮，金凤主编. -- 南昌：江西科学技术出版社，2024.3
ISBN 978-7-5390-8763-4

Ⅰ. ①北… Ⅱ. ①李… ②金… Ⅲ. ①①地方教育－教育研究－昌平区 Ⅳ. ①G527.13

中国国家版本馆CIP数据核字（2023）第203051号

国际互联网（Internet）地址：
http://www.jxkjcbs.com
选题序号：ZK2023199
责任编辑：曹宇匆
美术编辑：尚芳芳

北京市回东学区教育教学实践探索与思考
BEIJING SHI HUIDONG XUEQU JIAOYU JIAOXUE SHIJIAN TANSUO YU SIKAO

李晓亮　金凤　主编

出版发行	江西科学技术出版社
社址	南昌市蓼洲街2号附1号
	邮编：330009　电话：（0791）86623491　86639342（传真）
印刷	武汉鑫佳捷印务有限公司
经销	各地新华书店
开本	787 mm×1092 mm　1/16
字数	440千字
印张	22.25
版次	2024年3月第1版
印次	2024年3月第1次印刷
书号	ISBN 978-7-5390-8763-4
定价	98.00元

赣版权登字-03-2024-25

版权所有，侵权必究

（赣科版图书凡属印装错误，可向承印厂调换）

前言

回龙观东学区遵循安全、质量、创新的发展定位，坚持"融·智慧，协同发展，聚·创新，共向未来"的理念，按照资源共享、各有所长的工作思路，结合回龙观地区特点，学区办依据新课程方案的要求，积极统筹协调区域内各方资源，开展了形式多样、积极有效的实践探索。

回龙观东学区，一方面，基于教师专业发展的实际需求，融各校集体智慧，制订了"信息技术赋能课堂""素养导向的大单元教学设计与实践""幼小衔接适应期课程研究""新课程理念下教育教学成果交流""聚焦智慧、专业、成长的班主任培训"等教师研修项目，引导教师紧跟时代步伐专注研究、更新观念、不断提高回龙观东学区干部教师教育教学管理能力和专业水平，促进回龙观东学区教育软实力的整体提升；另一方面，聚多元创新，为满足学生全面发展，组织开展了班级体育竞赛、艺术动静态展示、科学信息技术大赛等面向全体学生的活动，活动始终坚持立德树人、突出实践，变革育人方式，因材施教，为培养"有理想、有本领、有担当"的时代新人迈出了坚实的一步。

近年来，各学校结合学区十大项目的实践研究与推进过程，紧紧围绕高质量发展的主题，在各校特色建设的基础上，积极推进落实新课程理念，不断更新教育及管理观念，主动发力，学区内干部教师的思考力、执行力和创新力等业务素养得到明显提升，同时积累了一些有效策略、经验与做法。本书就各校干部教师围绕教育教学理论与实践，重点梳理收录了80余篇优秀成果，其中管理编中涉及学校治理、教育教学方面的管理方法、策略、实践经验等内容；实践编中，涉及教师在教育教学实践中的论文、案例、反思和育人故事等内容。每篇文章都从不同层面体现着干部教师在实践中的思考，促进教师间更好地交流，优化工作路径的方法与经验，同时也为大家在不同领域的实践提供可借鉴的策略与做法，帮助教师掌握教育教学及管理策略的新思路与举措，进一步理解把握"提质增效"的内涵，解决教育教学工作中可以"减什么，加什么"的困惑……我们认为，通过这样的方式交流经验、共享有效的实践成果，更能引发教师将"无边界课堂"作为立德树人主阵地的深度思考。

《北京市回东学区教育教学实践探索与思考》一书的发行，不仅是基于新时代赋予学区和学校教育新要求的回应，也是为一线教师提供切实可行的实践经验和理论依据的重要举措，回龙观东学区将坚持"融大家智慧，聚多元创新"的理念，协同教师和学校共同、优质、均衡发展，进一步彰显各校特色，努力实现回龙观东学区基础教育质量整体提升，增强学区内人民群众的教育获得感，将学校对育人课程新样态的探索与实践逐步引向深入。

综上，"融·智慧，聚·创新"是回龙观东学区的一种教育主张、一种管理理念、一种教学形态，也是学区协同发展的前提，更是教育同仁实现共向未来的必经之路。它虽然没有固定的模式，也无需一成不变地固封坚守，我们教育学生要时刻谨记"不忘教书育人初心，牢记立德树人使命"，切实将学生发展核心素养融入每一次的"课堂"，注重知识习得与生活实践密切结合，关注生命的成长与绽放，就能使我们的教育在新课程理念的引领下，让每个育人时刻都充满魅力，让每名学生收获成长的喜悦，让每位教师体会成功的幸福，让每所学校绽放别样的精彩！

"新课程"的理念，需时刻内化于心、外见于行，而对教育教学策略的探索没有止境，将永远在路上……让我们继续携手同行，坚持融智慧，协同发展，聚创新，共向未来！

目 录

第一章 管理编

破解教学难题，内督提质增效……………………………………………002

立德树人 全面发展 ………………………………………………………009

新时代背景下推进"和育"文化教育向高品质发展………………………012

浅析小学课程体系化、整合化设计与实施………………………………017

营造"支持性"校园氛围 …………………………………………………021

培养学生可持续学习力，均衡发展、协同育人…………………………024

"科学"管理方致远 ………………………………………………………027

五力联动，构建家校社协同育人共同体…………………………………033

新的评价机制 促进学生全面发展…………………………………………037

第二章 实践编

浅析教师如何通过作业设计推动教学进展——以小学一年级语文为例……042

小学语文创新作业设计初探………………………………………………049

聚焦语文要素 轻松扎实学习 ……………………………………………054

小学语文统编教材古诗词整合教学的实践研究…………………………060

小学语文学科作业设计初探………………………………………………063

整本书阅读教学……068
习作教学初探……071
浅谈语文作业减负增效策略……074
聚焦自然拼读绘本促进小学生自主阅读的活动设计研究……078
以"阅读关怀"理念打造小学低学段班级阅读环境的有效策略研究……085
小学生开展家庭阅读的实践探索……090
小学语文教学"减负增效"的策略研究……094
巧用"鱼骨图"激发低年级学生的习作兴趣……097
基于单元整体教学提升学生思维能力的实践研究……102
立足核心素养发展,实现合理教学……105
以理驭法 发展学生思维的深刻性——例谈"除数是小数的除法"教学……108
小学数学作业设计的初步探究……115
小学低段课堂教学活动化的研究……118
提高小学低年级学生计算能力的策略探究……123
浅谈如何进行有效的作业设计……129
基于表现性评价的小学数学低年级作业诊断……132
"绘"聚童心 "画"中成长——"双减"背景下,借绘本之力为幼小衔接导航……136
小学数学个性化作业设计的实施与策略……141
"面积尺"见证新时代数学课堂新玩法——以《认识面积和面积单位》为例谈谈度量那些事儿……148
初中数学前置作业思考与应用……153
利用"小活动"打造小学英语高效课堂……156
小学英语优化校内作业的思考与实践……159
基于"产出导向法"促进小学英语课堂教学质量提升的研究……163
小学英语作业内容设计初探……168
新时代背景下小学英语"读写绘"教学方式的探索……172

目录

探究英语单元主题作业设计的策略……178

小学低年级英语单元整体教学的设计与实施探究——以北京版英语二年级下册 Unit 5 How do you go to school 为例……181

小学英语词汇类作业的设计研究……187

基于单元主题的教学设计——以人教版小学英语三年级上册 Unit5 Clothes 第 2 课时为例……190

基于大观念的高三英语复习课教学设计——以听说课为例……193

创新小组合作学习模式 构建英语高效课堂……199

初中英语作业设计……205

中学英语作业设计减负增效的探究……208

深度学习视角下初中英语线上教学的实践与探究……210

初中英语作业设计的若干思考……218

作业改革初探——高效作业……221

初高中物理教学衔接视角下重视创设情境的教学实践与研究——以运动和力的关系为例……224

初中化学复习教学关键问题研究……230

聚焦核心素养 控量提质增效——初中生物作业设计初探……235

高中生物教学的几点思考……239

浅谈如何在高中生物教学中落实教育新规定——以新授课《人体三大调节方式间的关系》为例……241

应用数学模型提高生物学核心素养的实践研究……247

初中历史作业设计初探……253

浅探核心素养下减负提质的中学历史教学——以义务教育教科书八年级上册第八课革命先行者孙中山为例……258

初中地理作业设计研究……262

大单元教学对提高中学生地理核心素养的现状研究……266

体育课中学生自主实践能力的培养……270

对学校排球特色大课间开展的研究······274

体育教师的自我定位及教学反思······280

小学音乐学科主题单元教学问题链的设计与探究······282

小学音乐教学中培养学生多声部音乐能力的实践探索······287

优化评价 美由心生······290

小学美术分层作业设计——以《有疏密变化的线条》为例······293

初中音乐课堂中的有效提问——通过有效提问，提升学生欣赏与评述能力的探究······297

丰富课后实践体验，促进学生知行合———《试种一粒籽》跨学科综合性实践活动探索······299

小学高效思政课堂的构建——以"我们的中国梦"为例······302

落实科学探究助力学生思维发展——以"小苏打和白醋的反应"教学为例···304

以劳动教育为辅，赋能的实践研究······309

校园德育主题活动开启心理课设计新思路——以"互相分享真好"一课为例······313

小学校内课后服务的优化与提升······317

量体裁衣 尽力而为 激发潜能——新时代下的班主任工作······321

双师教学模式开展人工智能融合课堂案例······324

提升学生学业心理韧性的课后学业辅导策略······328

让学生遇见更好的自己······332

新时代促改变·校园变乐园······336

班主任班级管理工作创新······340

家校合作新思考······345

第一章
管理编

破解教学难题，内督提质增效

首都师大回龙观育新学校　王强

一、寻求破解措施

经过反复研讨论证，教学提质增效中遇到的最大难题聚焦在课堂教学改进与质量保障及课后服务的统筹安排和质量保障两大方面。这两个难题如能得到有效、高质量地解决，就能实现五育并举、立德树人、减负提质增效、缓解家长焦虑、满足家长对优质教育的需求等工作目标。

（一）聚焦课堂教学改进与质量保障问题及破解举措

1. 主要问题

老师能否更新教育教学理念，紧跟新高考新中考课程改革的步伐，课堂教学面向全体，关注个体差异，因材施教，上好每一节课，教好每一名学生，让每一名学生在学校课堂教学中都能学好。这也是广大家长高度关注的重要方面。这方面做好了，就会在很大程度上打消家长对学校课堂教学质量保障的疑虑，减少对校外培训的依赖。

2. 破解方法

首都师大回龙观育新学校长期以来就在规范课堂教学的基础上致力于深入开展课堂教学改进研究，先后从有效课堂、高效课堂、优质课堂、德育课堂等多个角度研究课堂教学改进。在研究中，我们越来越清晰地意识到：学生在学习中存在着学习不读书、读书不思考、思考不深入的现象。于是，自2012年起，首都师范大学附属回龙观育新学校建校开始聚焦学生思维进行课堂教学改进研究。学校坚持"课堂第一"的思想，强调"功夫在课堂、检查在课堂、评价在课堂、奖励在课堂"。学校强调课堂教学要通过教学方式与学习方式的转变，落实学生的主体地位，激发和引导学生的自我发展之路。在思维课堂教学研究中，我们引导老师们厘清思维的概念，深刻理解思维品质的内涵。

在研究中，我们将认知冲突、自主建构、自我监控、应用迁移基本原理作为思维课堂教学进程设计的依据，基于实践研究，提出"551"思维课堂教与学方式，探索思维课堂实施路径。"551"是"五有五思一核心"思维课堂教与学方式的简称。五有是指教学设计理念，即有序—有趣—有效—有情—有用，五思是指教学设计环节,即创境启思—自探静思—合作辨思—训练反思—回归拓思。最终落实到一核心,即将提高学生思维品质作为核心,作为教学设计归宿。

育新学校"551"思维课堂教学实践研究开展以来,学生成为真正的受益者。通过在课堂上对学生思维的训练,使学生养成良好的思维习惯,提升了学生的思维品质,达到减负增效的目的。学生在课后有了更多的时间由自己来支配,发展自己的特长,深受家长的好评。真正做到了减量不减质,为学生一生的学习和发展奠定了良好的思维基础。

目前首都师范大学附属回龙观育新学校小学抽测、七年级学业水平监测、中考、高考成绩均名列昌平区前列。学校教学质量优秀了,家长的纠结和焦虑自然就减少了。

(二)聚焦课后服务的统筹安排和质量保障问题与破解举措

1. 主要问题

(1)原来15:30放学后区培训机构的学生绝大部分回流校内,学校课后服务供给能否满足学生的个性化需求、课后服务质量能否得到家长认可是稳定家长、学生回流校内教育的关键。

(2)学生在校外培训机构参加学科培训的机会少了,学校能否给学生提供高质量的学业辅导,确保学生的学习成绩稳定提升,也是家长高度关注的热点。

(3)老师上班时间大幅延长,特别是初中增加晚自习到20:00结束,上班时间从8:00~20:00,达到12小时,远超中华人民共和国劳动法(2018年修正)第四章第三十六条规定:国家实行劳动者每日工作时间不超过8小时、平均每周工作时间不超过44小时的工时制度的规定),老师的负担进一步加重。

2. 破解方法

(1)顶层设计:学校在开学前先后召开校级班级会、全体干部会、教师会,认真学习贯彻各级各类政策要求,结合学校实际,制定实施方案,引领干部教师提高教育站位、开阔教育视野、积极落实教学工作。特别是针对课后服务工作,学校充分考虑家长的关切和诉求后,整体统筹、精心设计、及时沟通、形成共识,为课后服务工作的有序推进做足了功课。

(2)五个统筹:时间统筹、方式统筹、人员统筹、课程统筹、地点统筹。由学校统筹设计课后服务内容,内容涵盖自主学习、培优补差、语言艺术、传统文化、数学科学、体育健康、环境保护、艺术教育、劳动教育等九大门类156门活动课。

(3)两个制度:中、小学根据学生特点、学科特点、管理存在差异,故制定两种管理办法，求同存异。

（4）两个时段（小学）：每周一、三、五为"温故知新"，分为两个时段，第一时段内容以答疑和培优补差为主，充分发挥我校年级扁平化管理和教研组贯通优势，根据小学生不同年级身心及认知发展规律，每个年级都进行科学、详细和周密的课时安排，提倡每天下午第一时段两课时安排不同学科，也可根据教师申请同日安排两课时，以孩子们喜闻乐见的"自主学科超市"为切入点，以年级为单位、以学期为时间节点向学生发布课后服务科目内容，保证基本在学校完成作业的同时，使不同年级学生享受到自主学习的饕餮盛宴。第二时段的阅读时间可指定书目由教师引领进行整本书阅读。由中小学教学管理中心进行统筹、计划，学生发展中心配合，年级组主要执行。周二、周四课后的"素养提升"，以社团的形式进行管理，教师根据自己的特长上报社团名称及计划，社团分自主招生社团和学生自选社团，老师或学生可以根据学生身体条件、兴趣爱好进行选择；社团内容可分为兴趣培养类、基础提高类、专业发展类。由学生发展中心主责，科研中心和艺术、体育、科技中心配合，合理安排课程时段和内容，解决师资、场地资源不足等问题，必要时可购买第三方课程，并对所有课程进行审核、考评，确保质量。

两个时段（初一、初二）：每周一、三、五为"温故知新"，下午4：25下第八节课后，开设1小时自主学习，教师答疑，争取校内完成作业。第二时段安排劳动教育。周二、周四的"素养提升"分两部分内容，除周四下午体育锻炼为必选科目外，其他社团内容由学生自主选择，也可以继续进行自主学习。

两个时段（初三）：每天下午放学后开设一节体育锻炼必修内容和一节课自主学习。

晚自习温馨服务：初中开设晚自习，扩宽渠道，在人员上可招募家长志愿者，可购买第三方服务，也可以充分鼓励校内住宿教师参与；在内容上，增加校内任课教师培优补差，充分利用互联网＋为学生利用个性化服务。提供晚餐，解决家长后顾之忧。制定学生晚自习管理条例，规范晚自习管理，提高晚自习质量。

（5）横纵管理

我校课后服务覆盖所有学生、所有时间、全学科课程，形成"三横三纵式"结构体系。

①横向课程方向

固本＋培优：开展作业指导、培优补差。

必修＋选修：按需提供菜单式课程列表。

兴趣+特长：打通个性发展通道。

②纵向时间管理

"温故知新"：

（小学）周一、周三、周五第一时段：15：45～16：25、16：35～17：25；第二时段为阅读提升时段，时间是17：30～18：00。鼓励小学生在校完成作业，由多学科老师轮流答疑指导。

（初一、初二）周一、周三、周五第一时段：16：35～17：35；第二时段为劳动教育时段，时间是17：35～18：00。鼓励初中学生在校基本完成作业，由多学科老师轮流答疑指导。

（初三）周一、周三、周五第一时段：16：35～17：05体育锻炼；第二时段为自主学习时段，时间是17：20～18：00。鼓励初中学生在校基本完成作业，由多学科老师轮流答疑指导。

"素养提升"：

（小学）周二、周四（15：45～17：25）根据兴趣爱好自主选择参与体育、科普、阅读、艺术等主题式实践活动。

（初一、初二）周二、周四（16：30～18：00）根据兴趣爱好自主选择参与体育、科普、阅读、艺术等主题式实践活动或进行自主学习。

"晚自习温馨时刻"：周一至周五初中学生晚自习（18：00～20：00）静心阅读、伙伴交往、师生谈心、自主学习、培优补差等宽松温馨的活动。

（6）人员统筹

目前，首师大回龙观育新学校参与课后服务的教师共305人。其中校内教师共229人（小学162人，初中67人），外聘有资质的校外机构教师76人（小学65人，初中11人）。同时实施弹性坐班制度，切实为教工减负。

三、发挥内督作用，推动"政策"落地

1. 优化学校内部督导结构，扩大内督参与率和影响力

我校校长是学校教育督导工作第一责任人，负责全面领导学校教育督导工作，教育质量督导委员会主任在校长领导下具体落实内部督导队伍建设、制度建设、内督计划制定和实施、内督评价结果和反馈、学校发展指导和建议等工作。

学校聘任各部门主管主任、年级组长、教研组长、教育教学骨干、家长委员会委员、校外教育教学专家作为学校内部督导兼职督学，由教育教学质量督

导委员会统筹内督工作，组织校内兼职督学参与学校内部督导，将常态工作与自我督导检查相结合，通过更广泛的内督工作参与，提高学校教育教学组织管理人员对内部督导工作的认识和重视，让各部门更加科学规划组织实施教育教学组织管理工作。

2. 建立未诉先办工作机制，畅通内督沟通渠道

学校把相关主管部门热线电话向师生、家长和社会公布，同时开通周末和节假日、夜间诉求反映网络平台，以便家长和社会更好地监督学校教学工作落实。

未诉先办工作启动一年来，学校先后收到9个家长热线和网络平台诉求，学校及时将家长诉求工单派发给诉求相关主管所在部门，有主管领导对家长诉求进行响应和解决，对不足及时整改。学校积极主动的态度和务实有效的举措赢得了家长们的认可。

此外，学校每学期还组织各部门按照"为诉先办"的工作要求，自查自纠各部门工作风险点并制定整改措施和整改任务清单，实现自我完善、自我提高的自我内督效果。

3. 建章立制定标准，内部督导有依据

为扎实做好内督工作，学校教育教学质量督导委员在校长指导下，统筹组织学校各职能部门梳理部门工作，结合学校办学理念和实际情况制定了各部门工作指导手册，明确了各部门工作内容和质量标准，编制了各种评价检查量表，既为有力推进学校治理体系建设奠定了科学规范的制度基础，又为学校开展内部督导工作提供了依据和工具。

4. 分级分类融合督导，指导教育教学提质增效

在校级层面，学校每月安排一次全校行政干部会，各部门汇报交流月度工作亮点与不足及整改措施。在中层执行层面，由各主管领导每周组织召开一次年级组、教研组或备课组会，听取年级组、教研组或备课组周工作亮点与不足及整改措施。在年级组、教研组层面，则坚持每天常态工作落实与检查，及时反馈交流常态工作亮点与不足及整改措施。同时校级班子坚持不定期对各部门、各年级组、教研组和一线教师进行督导检查、听评课交流，各职能部门经常性对各年级组、教研组和一线教师进行督导检查、听评课交流，及时反馈督评和听评课意见与建议。通过听取汇报和及时反馈交流促进了学校干部教工关注并重视工作过程和成果积累，上下一心，实现多元共治、自查自纠、自我革新、主动发展、提质增效的内督效果。

四、内督促教学工作的成效与亮点

首都师范大学附属回龙观育新学校在减轻学生过重课业负担、教育教学管理改进、特色课程建设、队伍建设、质量提升等方面成效还是十分显著的,具体来讲主要有以下几方面的成效与亮点:

1. 课后服务成效显著

我校小学生 2555 人有 2407 人参加课后服务,初中生 950 人有 949 人参加课后服务。义务教育阶段学生 3505 人有 3356 参加课后服务,参与率达到 95.75%。

2. 课堂教学成绩优异

持续深入推进 551 思维课堂教学实践研究,有效改进课堂教学,提升学生思维品质,促进教师专业发展,提升课堂教学质量,成绩优异。学校小学抽测、七年级学业水平监测、中考等成绩近两年一直保持在全区领跑位置,高考成绩也始终名列前茅。

3. 课程建设硕果累累

持续深入推进校本特色课程建设,课后服务整体统筹,行动积极,课程供给丰富多元,管理规范有序,师生参与率高,家校密切共育,效果明显。学校每年体育、艺术、科技、学科社团参加全国、北京市、昌平区各级各类比赛竞赛硕果累累,成绩斐然,特色成果在昌平区始终处在领先地位。

4. 作业管理系统规范

学校实行作业公示制度,每个班都有作业布置宣传板,年级组、备课组对各学科作业量统筹把关,教学管理中心对作业质量监督检查,管理系统规范。

5. 队伍建设已成体系

持续深入推进育新卓越教师培训工程,提升干部教师素质。学校减负工作干部教师认识到位、家长理解支持,上下一盘棋,家校一条心,学生在校生活丰富多彩,全面发展,使学校真正成为"育人的天地、文化的摇篮、艺术的殿堂、圆梦的舞台"。

五、工作反思与今后努力方向

1. 工作反思

通过内督评价结果,深入分析学校在贯彻落实教学工作中的成效,我们认为教学工作在学校落地生根生效的关键在于学校领导重视、政策宣讲学习有效、干部教师认识到位、相关机制体制建设科学规范、各项措施具体有效、家校共育紧密等,这些经验做法都值得我们进一步总结梳理,凝练提升,固化成果,形成特色。

当然，我们开展内督促教学工作还在研究探索过程中，还存在不少需要研究和完善的问题和困惑，如：教师的理念更新还需进一步加强、学校内督治理结构还需进一步优化等等，这些都有待于我们在今后的工作中区深入研究和探索。

2. 今后努力方向

作为学校教育工作者，我们要时刻保持清醒的头脑，及时学习相关政策文件，认真贯彻落实党的教育方针，把教学工作作为学校工作的重要内容不折不扣落到实处，积极加强内督体制机制建设，不断完善和改进学校管理和教育教学工作，努力做到减负、提质、增效。同时，还要深入研究小初高一体化贯通育人机制，在落实教学工作中，把五育并举、立德树人工作贯穿到学校教育的全过程、全方位、全时空，努力实现为党育人、为国育才的教育使命。

立德树人 全面发展

北京市昌平区回龙观学校　李建

一、思想赋能，引导教师认识立德树人的重要意义

思想支配行动，有正确的思想才有正确的行动，有积极的思想才有积极的行动，有统一的思想才有统一的行动。

1. 构建学习制度

每月定期坚持开展理论中心组、中层干部、全体党员、党小组、全体教职工政治理论学习活动。按照"理论中心组率先学、中层干部重点学、党员大会反复学、党小组细致学、教职工全面学"的模式开展各类学习活动，组织收看"党的二十大开幕会"、学习党的二十大报告精神，并通过交流研讨、撰写体会等形式深化巩固学习效果，确保每一项任务学习到位、理解到位。

2. 采用多样学习形式

结合学校实际，力求学习形式多样化，通过书记领学把握方向，通过问题引领激发动力，通过交流研讨提高认识；有效依托"学习强国""昌平教育"等APP进行自学，做到学习常态化。

二、组织赋能，提升教师执行相关的工作效率

严密的组织体系，是党的优势所在、力量所在，是确保党组织的部署得到贯彻落实的重要保证。

1. 把党组织管理建到年级

学校党支部以引领、交流、合作为目标，全面推行"年级组长—党小组长—工会组长"的组织架构，让党组织的神经末梢连接到每个年级、每个小组、每名党员，实现"有形覆盖"。

支委成员以党员的身份参与党小组学习交流、组织生活会及各项活动，自觉接受党员监督。将思想工作的触角延伸到日常，进一步引领规范党小组学习内容，对党小组工作进行量化、细化，让党小组工作由"软指标"变成"硬任务"，让党小组开展工作有依据、组织活动有章法、作用好坏有尺度，保障党小组工

作走上制度化轨道。

2．制定新管理工作制度

自工作开展以来，学校制定了作业管理、学生手机管理、课后服务管理、睡眠管理等制度，明确工作标准，细化工作要求，确保各项工作有章可循、有据可依。

3．成立教学督导委员会

书记亲自带领支委全员参与，和教学干部、骨干教师一起走进课堂，通过参与学科教研、听课议课等方式，全面督导全学科教学，以此促进教师教学能力的提升。

三、作风赋能，提升教师落实工作能力

学校的三种回归，即重"量"向重"质"的回归，重"分"向重"德"的回归，重"规制"向重"关怀"的回归。

1．聚焦重点问题，形成作风建设行为规范

2022年按照区委教育工委"作风建设年"主题活动的部署安排，聚焦"五类重点问题"，（不想干、不实干、不会干、不敢干和乱作为）和"四不一乱"典型问题负面清单，学校组织全体教师集中开展大讨论活动，查找问题制定"作风建设行为规范"，树立重实干、办实事、出实绩的鲜明导向，持续改进工作作风，提升工作能力和水平。

2．加强队伍建设，提升教师教育教学能力

强化师德师风建设，营造风清气正的教育环境。通过专家引领、教育教学培训，引导教师主动转变教育教学观念。积极开展学科教研，重点研讨以课堂为主阵地，学生为主体，反复打磨课堂设计，反复论证作业设计的合理性与可实施性。

3．积极探索实践，开展高效的课后延时服务

学校党支部紧紧围绕立德树人的根本任务，把党建工作与教育教学工作深度融合。

党员教师积极投身参与到拓展活动及课后服务中去，除课后服务学科答疑外，还为学生提供了开放型学习社团，采用"自选菜单"，让学生自主选择各种社团，服务内容涵盖足球、篮球、羽毛球、攀岩、滑冰、合唱、劳技、DI创意思维、无人机……各种个性化课后服务社团拓展活动中，处处留下党员教师承诺践诺的身影。

4. 树立先进典型，发挥先进示范引领作用

学校党支部借助"党员先锋岗"，以减轻作业负担、提升教育教学质量、树立良好师德师风的实际行动，当好主力军，做好带头兵，借助公开课平台，党员教师为全校教师奉献了精彩的"党员示范课"。大力开展"最美班主任""最美线上一堂课""师德标兵"等评选，不断激发内生力，引导全体教职工向先进看齐，发挥先进示范引领作用，形成比学赶超、创先争优的浓厚氛围，提升学校工作质量。

在党的二十大精神指引下，学校党支部将继续聚焦教学工作，从"五育并举"的高度，以提质为核心，以规范为基点，进一步增强执行自觉、提升执行本领、落实执行责任，以思想建设"铸魂"、以组织建设"塑形"、以作风建设"赋能"，推动党员干部教师不断提高政策解读能力、规范执行能力、问题解决能力，确保教学工作高层次、高质量、高水平稳步推进，准确落实到位。

新时代背景下推进"和育"文化教育向高品质发展

北京市昌平区霍营中心小学　王斌

北京市昌平区霍营中心小学始建于1961年，历经三次校迁，跨越桑田岁月、转型蜕变、扬帆启航三个历史阶段，由一所乡镇农村小学发展成为具有鲜明特色，良好声誉的现代化优质学校。在近二十年发展强校的过程中，逐步确立了"和育"文化教育特色发展的道路，明确了创建"作风和实，人际和美、环境和谐，身心和悦"现代化精品学校的定位，全校师生坚持"立德树人，奠基人生"的办学宗旨，以"五大体系，六个方面"贯彻涵盖学校整体工作，做有灵魂，有温度的现代化学校教育，让学生自主、教师自信、家长自豪，走出了一条系统建构，整体发展，推进学校教育现代化的道路。那么，如何在新时代背景下深化推进学校"和育"文化教育特色发展，进一步提升学校优质教育水平？

一、深入理解新时代教育发展的新要求，用新时代发展理念指导教育实践

（一）纵观近最近几年中央对教育工作的意见精神，可以感受新时代教育一些特点

培养目标：三维目标——核心素养——立德树人——五育并举——担当民族复兴大任的时代新人。对人的培养目标的认知在迭代升级，更加明确为党育人，为国育才。

育人方式：校本课程——课程体系——德育体系——治理体系——学校文化——三全育人——课程育人、文化育人、活动育人、实践育人、管理育人、协同育人。对学校育人方式的认知更加全面，更加强化体系机制建设。

教学方式：小组合作学习——团队探究——项目学习——大概念、单元整体教学。对教学质量的认知从考试成绩走向全面综合，从教学走向教育，更加强调人的全面发展。

评价方式：安全管理标准——义务教育标准——依法治校标准——专项工作——"双减"任务——督导评价——质量监测——绩效工资。对学校教育管

理的要求上从理念到行为,更加标准化,精细化,更加强化党对教育的全面领导。

从以上分析中可以看出,面对新时代教育发展赋予的责任和使命,面对机遇与挑战,如何坚定信心,保持战略定力,整合、融通、系统推进学校教育发展,就是当今时代教育发展的主题。

二、强化党建统领,深化"和育"文化教育管理实践

(一)坚持党建统领,深化党支部的全面领导

2020年至2022年是一个非常特殊的时期,在严峻考验面前,学校党支部坚持"大战迎考"的基本定位,按照"领导有力、措施到位,执行过硬"的指导思想,发挥了核心战斗堡垒作用,带领全校党员、干部、教师在人员核查、安全保障、环境整治、应急处置、教育教学指导、心理健康辅导、督导检查等工作中,勇于担当,无私奉献,圆满完成了各学期的教育教学工作。

(二)德治与法治同步,全方位推进学校治理体系的现代化

1. 强化作风建设,筑牢师德和意识形态思想防线

师德作风是学校管理常态化、精细化的根本保证。如何加强师德作风建设,坚持社会主义核心价值观导向,牢固把握意识形态领域的领导权、管理权和话语权,是新时期思想道德教育的核心问题。霍小坚持"立德树人,奠基人生"的办学宗旨,把师德作风与政治思想教育紧密融合,每月开展全体教师思想教育,通过开展"不忘初心跟党走"征文演讲和做"四有好老师""四个引路人"的"和美教师"评选等活动,让新时代思想在工作岗位中发挥引领作用,营造风清气正的校园文化,将有灵魂有温度的新常态教育生活落到实处。

2. 适应新形势新要求,及时修订完善学校规章制度

2018年12月到2020年8月,先后六次修订完善《霍营中心小学学校章程》《霍营中心小学班主任工作考核评价办法》等规章制度。

3. 发挥关键少数作用,不断提升干部工作的统筹领导力

干部的文化认同,价值观取向,思维深度,工作站位决定着干部工作领导力和执行力的发挥。作为关键少数,学校干部在推进依法治校,以德治校过程中发挥着重要的引领作用。

(1)进一步明确党政工干部职责分工。

(2)推进实施"三大中心"的管理机制,以德育系统、教学系统、保障系统为重点,落实年级管理组长负责制,加强中心校、年级组、教研组的管理指导,重视管理组长培养及团队文化建设。

(3)抓实干部队伍建设,坚持"常态化、精细化"管理理念,培养"独当一

面、独立负责"的意识，掌握"伸得出手、拉得下脸，融得了情"的工作方法，造就"信得过、靠得住、担得起"的管理团队。

（4）落实干部工作准则，要求每位干部努力做到：熟悉机制，明确职责；积极担当，主动作为；首遇负责，功成在我；克服官僚，不可教条；居下助力，团队精神；独当一面，闭环到位。

（5）培养文化认同，保持战略定力，坚定文化自信、策略自信。

4．党、政、工、团、少、家协同发力，协调推进学校教育高品质发展

学校教育是一个系统，要实现"全员育人、全过程育人、全方位育人"，就必须是党、政、工、团、少、家协同发力，共同作用，共同朝着"和育"文化教育的发展目标努力奋斗。

三．不断深化"和育"文化教育策略，做有灵魂有温度的现代化优质学校教育

"和育"文化教育特色发展的六大支柱是课程、课堂、活动、环境、家校和管理。而这"五大体系、六个方面"又是动态的，开放的，必须与时俱进，深化实践探索。

（一）深化"和育"课程体系建设，发挥课程设计的统领引导作用

课程是教育设计。我们要做"有灵魂，有温度的现代化学校教育，让学生自主，教师自信，家长自豪"，就要发挥好课程设计的统领和引导作用。为此，通过规范国家基础课程，研发拓展必修课程，丰富社团选修课程来实现课程体系的统领。

1．国家基础课程

重点是抓规范，抓基础，抓常规，抓融合。

（1）落实新教师培养计划，加快新教师的适应性发展。

（2）借助城乡一体化合作项目、虚拟学校项目、外教项目、高参小项目，搭建平台，加快骨干教师成长。

（3）加强教学常态化，精细化管理，规范日常教育教学行为。

2．拓展必修课程

（1）发挥好"四系育人生主题月实践活动教育课程"的统领和引导作用。

（2）保障落实好一年级"和育彩虹"养成教育课程。

（3）深化探索六年级"和美致远"毕业课程的实施。

3．社团选修课程

（1）结合"双减"要求，挖掘利用校内外教育资源，规范开设科技、体育、

艺术类社团选修课程，以及家长"和育"大讲堂活动。

（2）坚持做好一、二年级"和育彩虹"心理活动课、舞蹈、英语绘本、表演与口才等社团课程；

（3）鼓励校内教师发挥优势专长，开发有价值的社团课程，满足素质培养需求。

（二）坚守课堂主阵地，深化"和育"课堂教学实践

"和育"课堂的本质是追求教与学的协调统一，通过深入研究教与学的关系，变革主导与主体作用发挥的方式方法，形成目标实、评价美、互动谐、达成悦的课堂教学文化。几年来，我们深入探索实践，坚持以评促改，以赛促教，将教育戏剧引进课堂，用课题引领进行渗透性教育戏剧运用"和育"课堂教学的研究；开展了四届"戏美人生，剧在霍小"教育戏剧节展演；举办了十四届"和育杯"课堂教学比赛；连续十二个学期规范实施低年级乐考嘉年华的学业评价；持续三年开展"和润致远"名师工作坊教研活动，在专家引领下立足课堂，探讨"和育"课堂教学实践；深入开展全学科阅读，全面提升学生核心素养。

（三）深化主题月实践活动教育体系，用"主题月教育"统领学校德育开展

"四系育人生"主题月实践活动教育是学校德育活动的重要路径和载体，按照"一体、两翼、三维、四系"的架构总要求。围绕讲习惯、懂尊重、知善美，爱学习、会运动、有特长，健康、智慧、快乐的培养目标，从教育内容、途径、策略等方面系统考虑，整体构建的一体化实施的德育活动教育体系。一是根据四个教育主题目标，按低、中、高学段编排设计"好习惯、好品质、我健康、我美丽"应知应会的教育内容，并形成相应的活动策略、评价方式；二是从知道、形成、评价三个维度以主题月形式科学合理安排教育活动内容，以及组织实施方式，形成递进式教育培养范式。这些都特别符合新时代立德树人，素质教育的要求。因此，我们要坚持深化"四系育人生"主题月实践活动教育体系的构建，发挥好统领和引导作用，让学校德育、体育、科技、艺术教育有机整合；常态教育、主题活动、大课堂实践活动有机融合；教育过程与校园文化环境建设有机结合；教师、学生、家长三位一体，协同共育，和美共生；从而构成全方位、全过程、系统化的新型育人模式，不断增强教育的实效性。

（四）优化"和育"校园环境，彰显环境育人的魅力

一是进一步强化"两路连五区，两带达悦美、四系育人生"校园文化环境建设规划的意义，按照设计的意图目标，逐步完善好文化环境布置。

二是按照环境与教育紧密融合的要求，进一步挖掘校史教育的意义，完

善校园文化讲解词，健全校园文化小讲解员制度，发挥好校园文化环境的育人功能。

三是重视班级文化建设，使班级文化、年级文化、校园文化协调一致。

四是正确认识学校物理空间环境、校园文化环境、常规管理环境、人文氛围环境的构成关系，妥善处理好四者之间的联系。

（五）坚持"家校同行，和美共生"的家校"和育"理念，创造现代新型育人方式

一是秉承家校"和育"理念再认识的观点，深化家校工作。

二是开展一年级"和育彩虹"养成计划，从开学前培训、开学后培养指导，学年末总结评价三个方面理清关系，抓住老师、学生、家长三位一体这个核心，使教育内容、教育方式系统化、规范化，为做好一年级学生的过渡适应、家长的文化认同，以及小学六年的教育生活打下良好基础。

三是深化家长"和育"沙龙、家长"和育"大讲堂、家长志愿服务工作的常态化，系统化实施。

四是根据"引导好、管理好、发挥好"的原则，加强家委会组织建设，不断增强家长对学校文化的认同和主体参与意识，进而形成"我们的学校，咱们的班"的"和育"文化教育氛围。

五是充分发挥家校"和育"工作委员会作用，特别重视班级文化建设中与家长沟通，重视家长微信群，膳食委员会的管理。

"悦美洞天，和润致远"。"和育"文化教育特色的发展永远在路上，绚丽多姿的风景永远在路上。新时代，我们要驰而不息，坚持不懈地用文化滋养学校、管理学校、生长学校，让有灵魂，有温度的现代化优质学校教育不断向前发展。

浅析小学课程体系化、整合化设计与实施

北京市昌平区霍营中心小学　王洪燕

引言

近年来，我国农村教育事业已达到新的历史高位，因应于新时代经济社会发展对农村教育的新要求，以系统性、体系性、整体性为视阈和标准，融汇科学、普惠、超前、均衡、个性与品质的教育培养模式已然成了农村基础教育改革的提倡范例，将系统论引入大中小学课程一体化建设，为提升教育效果提供了新的研究思路和解决方案。在此背景下，本文以"农村小学课程"作为研究对象，浅析课程体系化、整体化从设计到实施的过程及原因。

一、课程体系化、整体化的概念与目标

课程体系化，即是指从学校管理层面重新审视已有课程体系的构架及具体实施效果，从顶层设计层面对学校课程领域、层次和类型进行重构，以使其课程体系的育人效果最大化。课程整合化，则是指代以某个主题、概念、问题、活动或项目为载体，建立多个学科之间有意义的联系。

因此，课程整合（也有人译为"课程统整"等）是一个包含着多种含义、多种实践而且有着不同反映的概念。美国学者海蒂·海耶斯·雅各布斯把课程整合划分为六种不同的设计策略，即学校本位设计、平行设计、多学科设计、跨学科设计、"整合日"设计、现场教学，以供学校教师选择。这六种设计策略构成了一个由完全保持学科的界限的设计，到没有任何学科界限的完全整合设计的连续体。雅克布斯要求教师在设计教学的时候可以根据学生的特点、学校的环境特征、社区的价值取向及学习内容本身的特点，来选择不同的设计策略[1]。

国际文凭组织开发PYP课程主要由六大跨学科主题、六组学科领域构成，学生在学习这些内容过程中渗透八种核心概念。六大跨学科主题分别是：（1）

---

[1] Jacobs, Heidi Hayes. "Creating a Timely Curriculum: A Conversation with Dr. Heidi Hayes Jacobs". ASCD Educational Leadership. Dec. 2003/Jan. 2004; Jacobs, Heidi Hayes. "The Teacher as Designer: Integrating the Curriculum." ECIS International Schools Journal. Vol. 18, No. 1. November, 1998. pp. 22－33.

我们是谁;(2)我们处于什么时空;(3)我们如何表达自己;(4)世界如何运转;(5)我们如何组织自己;(6)共享地球。这六大主题是人类认知世界、发现宇宙所绕不开的核心问题,是孩子在成长中所应该充分聚焦的知识体系。

同样,国内的北京教育学院第一轮协同创新本项目由王淑娟教授、杨雪梅教授、许甜老师、刘博文老师主持实施,积累了一些理论、实践成果和学校项目推进经验。北京亦庄实验小学率先探索"全课程"教育实验,该实验是在国家课程标准引领下,以全面培养为目标,以项目学习为抓手,以跨学科整合为基本策略,覆盖学校全部生活的综合性课程改革。此外,深圳南方科技大学第二实验小学也开拓出了"统整项目课程",其项目将统整、项目、技术作为三大关键词,把"互联网+"和"STEM+"列为课程中的两大重要元素,以阅读作为课程的底层支撑。

分析以上论述可以发现,仅仅把课程整合理解为加强多学科知识之间横向联系是狭隘的,还应包括在主题引领之下学科知识与学生相关生活经验、社会热点问题、丰富的学习方式、广阔的课程资源背景之下的联结。因此,在本课题中,主题统整课程就是综合运用多种学科知识、学习方式、儿童经验、课程资源等去探究一个中心主题或问题的课程单元。

二、课程体系化、整体化的设计

第一,在设计和构建课程统整阶段,要做到"三变革"。一是,立足学科本质要求。认真研读教材、分析学生,把握学科本位知识体系,探索学科独特价值,形成学科资源共同体。二是,树立学科统整思维。人人都可以是项目设计师,把跨学科合作和网络资源作为解决问题的脚手架,树立学习不再是简单的课本知识。三是,变革学科育人方式。带领学生在实践中深度探究、注重对国家课程知识的理解和运用、培养批判思维和信息素养。

第二,在系统化课程的开发阶段,要做到"三全面"。一是全面挖掘资源,打造第二课堂。例如,农村学校可以因地制宜,选择让自然、田野、公园成为大课堂,通过系列主题下的跨学科综合实践活动,引领儿童多角度多方式探究某一主题。二是全员参与研发,应做到:(1)课程设计前期;(2)对照学期国家课程教材梳理本学期能与资源整合的内容确定主题方向;(3)每个主题的实施基本遵循多元回本阅读、课堂学习、分组探究、实地考察、访问验证、作品创作、展示交流、评价改进等环节。同时,发挥任务单作用,聚焦任务主线,串联学生学习全程。(4)复盘总结经验提炼,每个主题实施结束后都组织组织教师全员参与者和学生家长代表的访谈,反思完善主题课程的设计。就这样,更新迭代周期循环，不舍弃前一任方案，在前一年实施的基础上实现不断改进。三是全阈统筹形成跨学科综合实践主题。（1）鼓励学生利用周末与家人走进课堂实践，围绕课堂实践活动中的不同角度提问题，并将所有问题集中在一起组成问题资源库。（2）在教师的帮助下，师生共同将具有多角度、多层次、能够进行持续性研究的"真"问题转化成主题。这样的主题形成过程将学科课程和研究活动紧密联系起来，能够有效地体现经验和生活对学生发展的价值，形成、挖掘和探索综合实践活动的不同主题。

第三，还需要持久、持续地修改完善，搭建课程实施脚手架。承担主设计的教师，组织年级学科教师整理学生问题，设计课程方案；同年级各学科教师研讨主题课程方案，教师研讨调整完善、多学科教师开展学习活动。由此，年级统筹、学科协同，注重国家课程、学情、在地化资源的有机融合，在课程设计环节不断研讨教研，最终形成学生学习导学手册。

总体来讲，课程系统化设计需要结合学校的办学文化和课程框架，统筹设计学校特课程实施，形成与学校文化相呼应的，学科、学段、课程类型等条理清晰的学生进阶路径。

三、课程系统化、整体化的实施

第一，做好管理保障。一是校长作为学校课程管理首席，主责学校课程建设，指导参与由教学干部参与、公园四季课程研发团队的工作，共同探究综合实践活动课程在地校本化实施。形成年级领导主责，年级组长组织、协调，班主任推动、副班主任和学科老师全员参与，群策群力。二是建立学科间横向教研组。由同一个年级组中不同学科的教师组成，年级组长兼任公园课程整理教研组长。三是确保有效组织。每个主题实施全员参与，学校将全体教职工分成育人协调组、课程实施组、安全保卫组、后勤服务组等10个小组，人人有责，责任到人，以确保活动的有效性、成长性及安全性。四是完善课程制度，将课程建设作为学校重要工作，组建课程研发核心团队，制定"优秀课程设计方案及教学评价表彰制度"等机制，聘请相对固定的专家指导团队。

第二，家校共同参与，为课程实施保驾护航。系统化的综合实践活动及其过程需要安全的保护。家长不仅成为安全的守护者，也是学生学习的辅导员，绘本讲座、资料收集、专业指导等，成为第二课堂的导师。

第三，对课程的系统化、整体化水平进行评估和评价。对课程及其相关活动开展有效的管理性评价、过程性评价、诊断性评价、成果性评价、总结性评价，或通过《优秀课程设计方案及教学案例评选》制度激励教师；同时还需依托《综合实践活动年级综合评价量表》对学生进行过程性评价；通过课程实施后的全园教师座谈、学生代表座谈、家长线上交流、专家综合评议等机制进行诊断性评价。

第四，关注跨学科整合。通过对国家课程内容和目标的梳理、归纳、整合，然后在此基础上确定整合点。这样，老师就能以所教学科某一模块知识为出发点，建立其与其他学科的横向统整联系，并通过教师的启发诱导帮助学生把所学知识融会贯通。

总体来讲，整合化实施过程要求学校利用周边资源，促进教师形成团队，开发并实施三大类不同主题来源的主题课程，即，语文 – 品社／道法 – 艺术主题课程、数学 – 科技 – 体育 – 综合实践活动主题课程、专题型校内外综合主题课程。

结论

将教学要求与课程建设同设计共落实，促进五育并举育人，把"走课程育人、课程兴校之路"作为学校内涵发展，打造办学特色的重要路径，继续迭代发展的一条新探索经验。只有这样，农村小学课程才能在学生成长中发挥"通人性、顺天性、点个性、育德行"的突出作用，将课程、学校的影响力最大化，释放课程、课堂和学校的创造力赋能。

营造"支持性"校园氛围

清华附中昌平悦府小学　杨莹

近年来,社会各界高度重视教育工作,学校更是积极作为强化育人主阵地作用。学校教育教学改革工作具有长期性、复杂性、艰巨性的特点,因此,持续推进健康生态校园行动,促进学生全面发展健康成长,势在必行。

一、"三位一体"为教师营造支持性环境

教育改革的重点在校内,关键在教师,建设一支高水平的教师队伍,激发教师的工作激情与活力至关重要。学校应积极为老师们营造支持性工作环境。

(一)让更多的资源流向一线,提升教师的存在感

从目前形势来看,对老师们在校的工作时长、工作质量提出了更高的要求,学校管理者要不断强化"以增促减"服务意识,设法让更多的资源流向一线,才能不断提升老师们的存在感。

老师们的岗位在一线,更多的时间与学生在一起,他们遇到的问题、困难,家里发生的事情直接影响工作情绪与状态。增加对老师们需求的了解,学校可以从结构上将传统的线性管理模式调整为扁平化管理,也可以从形式上将倡导"自下而上"的问题发现、解决模式优化为"上下双向"同频的互动模式,要求学校干部走动式管理、近距离发现、同理心排忧。

(二)以尊重促发展,增强教师的归属感

"尊重"在校园里可以起到润滑关系、激发潜能的巨大作用。"被尊重"可以表现为"被需要"。这种需要可以体现在学校治理过程中的方方面面,如变"集会"为"聚慧"就是一种体现,变传统单一的传达会议精神、布置工作任务为围绕学校重大事项、重点工作、关系教师切身利益的相关问题的群策群力,可以变"秧田式"集中会议为"圆桌式"智慧圈,团队成员平等对话,彰显人人都有话语权、人人贡献智慧,"聚慧"为人人的新会议观。"被尊重"还可以表现为"被认可"。学校理应放大每位教师身上的闪光点,通过各种形式让老师们感受到"被认可",如定期开展学生喜欢的好老师评选,将好教师

海报张贴在学校醒目位置；传递同事间的夸夸卡，通过描述性语言互相赠予，促进彼此欣赏；调整学校的相关制度，将惩罚性条款改进为激励性引导性表述等，都可以有效且潜移默化地增强教师的归属感。

（三）精准帮扶，满足教师的成就感

要实现精准帮扶，满足教师成就感，可以遵循"师情调研—理论提升—实践转化—关键展示"的帮扶模式，通过"看见变化"满足教师自我实现的成就感。

"师情调研"旨在变被动为主动，变"需要老师怎样做"为"老师需要怎样干"，聚焦"三提高"可以通过访谈、问卷等形式了解老师们的需求，通过对各类需求的分类整理或有针对性地制定帮扶方案，或聚焦要点一师一策，或科学统筹一人一表；"理论提升"旨在营造学习共同体，通过专家培训、好书共读等多样化的方式引领老师们把握育人规律，运用新思维指导新行动；"实践转化"旨在通过任务驱动、思路外显、专家指导、支架搭设等为教师创造更多的课堂展示、观点发表、外显其内隐思维的过程，让不同特点的教师各得其所；"关键展示"旨在鼓励教师聚焦关键，通过多样化展示"交付变化"，从而不断满足专业发展的成就感。对此，学校可以基于提高课堂教学水平、提高作业管理水平、提高课后服务水平设计研发系列评价反馈表，让老师们通过实践对学生产生教育影响的积极变化可评估、可看见。

二、"空间内生"为学生搭建发展性支架

"空间"承载着支持每个生命成长，见证每个生命成长的使命，当我们以一种新的"关系"视角去认知空间，就会发现它可以内生出一种新的力量，成为促进学生全面发展的有效支架。

（一）建设好课堂空间

课堂是学生学习的主阵地，校园一日生活中，学生大部分时间都在课堂中。课堂育人质量的提升，强调对教学本质的研究，指向课堂教学，更强调立德树人，培养学生核心素养。

对课堂空间的建设，我们可以从环境与人的关系思考，如何使课堂布置变得与众不同，让课堂成为可以承载更多种学习方式发生的地方；我们可以从人与人的关系进行思考，师生关系是课堂效益产生的关键，好的师生关系需要教师心有课堂行为"红绿灯"，就是什么行为可以，什么行为不可以。不要为了学校而忘了学生、为了学科而忘了学习、为了目标而忘了方式，要通过共同探究，在创造和使用知识的学习过程中形成师生间新型学习伙伴关系；我们也要从人与学习的关系进行思考，通过发挥教师主导作用，处理好教师、学生、知

识等教学核心要素间的关系,让发展核心素养的深度学习在课堂真实发生。

(二)利用好校园空间

离开课堂,校园里有许多不同的空间,这些空间蕴含着很多课程资源,这些资源不仅具有真实性,还非常具有吸引力。比如学校里的餐厅,可以发展一门食育课程,这门课程特别受学生欢迎。课程教师可以是食堂的厨师、面点师,课程内容可以是动手制作、改进创意、营养分析等,课程评价可以是成果展示。总之,将校园里的这类空间利用好,不仅可以丰富学校的课程,更是将劳动教育真实落地的有效途径。

(三)挖掘好校外空间

校外空间的挖掘与利用,要遵循学生成长需求、课程样态建设、评价改进的闭环模式,要实现打破校园壁垒、书本局限的社会性链接,要体现实践性与综合性活动的深度参与,才能更好地体现校外空间资源挖掘的意义与价值。校外劳动基地、校外实践基地、校外运动空间等为学生走出校园创造了可能,这种可能只是实现了有没有,但是好不好呢?仍需要回归学生中心去寻找答案。

三、"任务驱动"为家长提供方向性导引

伴随着《中华人民共和国家庭教育促进法》的出台,家庭教育提升了新的高度,"家庭是第一个课堂、家长是第一任老师的责任意识"被写进法律条文。因此,家长不应该是学校的服务对象,更应该是老师的育人同盟。以"任务驱动"为支架,在家校共育中基于共同的目标,沿着相同的方向,彼此赋能才能更好地形成同盟关系,陪伴孩子行稳致远。

总之,"任务驱动"的初心不能是为了帮助学校、帮助老师分担任务而给家长布置任务,"任务驱动"的目的应该是发挥学校立德树人、发展学生核心素养导向的家庭教育支持、支架作用,为家长提供有效的方向性导引,使家庭教育模式与学校同频共振,与面向未来的时代新人培养同心同德。

培养学生可持续学习力，均衡发展、协同育人

北京市昌平区育新科星路小学　史雅萌

在 2021 年 4 月发布的《义务教育质量评价指标》中明确义务教育要坚持社会主义办学方向，落实立德树人根本任务和坚持德智体美劳"五育"并举，发展素质教育及培养担当民族复兴大任的时代新人。深挖"双减"深层次含义，意在让教育转身，回归育人本真，回归本真重在以下几个方面：重塑教育生态，调整教育格局；变革教育观念，纠正育人初心之偏颇；回归教育规律，改变超前超量教育现象；坚守公益属性，促进教育公平。

为缓解教育焦虑，减轻学生负担，我们要坚持全面发展的规律、坚持身心和谐发展的规律、坚持知行合一的规律、坚持陪伴学生成长的教育规律、坚持因材施教、因地制宜的规律。

一、回归育人本真

（一）充分发挥学校育人主阵地

教育需要转身，从而回归育人本真，就是要真正的落实立德树人根本任务，这就要求我们首先充分认识社会主义核心价值体系对于学校工作的重要意义和价值。而教学的根本，就在于从关注学生身心健康，建立学校高质量发展体系，构建课程育人、教学育人、文化育人、活动育人、管理育人、全员育人的实施路径。

（二）充分发挥课堂育人主渠道

如何是让课堂变得轻松、有趣，让学习变得有效、有益，这是我们真正意义上的减负愿景。

育新教育，持续打造以核心素养培育为目标的课堂，以"真情境、真问题、真研究、真反思、真性情"为线索构建课堂，聚焦551思维型课堂的研究，通过改变学习方式，培养学生可持续学习力的提升，逐步开展"自主生态课堂"的研究。同时加强课程、教学、作业和考试评价等育人关键环节的研究。在规范教师教学设计与课堂行为的基础上，不断完善《育新华电附小课堂教学评价标准》，以市、区教研为引领，依托校本研修，提升教师执教能力；以工具为

撬动，塑常规促提升。强化课堂主阵地作用，提高教师教育教学能力；深化教研工作，促进学校全面发展。我们必须强化学校教育的主阵地作用，向课堂要质量，让学生在校内学足学好，切实减轻学生负担。

二、培养学生可持续学习力

新时代教育要求我们将"以人为本"开展各项工作，从关注学习结果到重视学习过程，从关注知识积累到重视精神成长，真正实现人的全面、健康、良性发展。

（一）高质量发展指向"五育并举"

在培养学生可持续学习力的实践过程中，小学阶段的教育过程一定是将德智体美劳有机结合的教育实践。真正地将教育回归本真，就是实现学生的全面发展，实施素质教育。

我们首先要考虑的是依据小学生的身心发展水平提炼并厘清这个阶段学生需要获得的核心知识、关键能力、必备品格和正确的价值观。构建合理的课程体系和丰富的育人活动人，突出过程中的育人实效性、提升知识获得的能力水平、强化体育锻炼强身健体、增强美育熏陶提升审美意识、加强劳动教育和实践经验。育新教育在教育实践中践行核心价值观：育德致美、启智日新。大力开展理想信念、社会主义核心价值观、中华传统文化、生态文明等突出政治启蒙和价值观塑造的育人实践。着力培养学生的认知能力、促进思维发展、激发创新意识。

（二）高质量发展指向"核心素养"

核心素养的落实有助于推进素质教育。核心素养就是"立德树人"的具体化，学生素养文化氛围基础、自主发展和社会参与三大方面，在性质上，核心素养是所有学生应具备的共同素养；在内容上，核心素养是知识、技能和态度等的综合表现；在功能上，核心素养同时具有个人价值和社会价值；在发展上，核心素养具有终身发展性。下面以聚焦核心素养的落实开展的作业设计为例，遵循"控量提质增效"的原则，从统筹控量、提质增效两方面进行了初步的研究与实践。

在学校教育的各项工作中，日常的教学、作业与考试评价，是学校内涵发展中最重要的几项专业工作，也是与学生发展最紧密相关的核心工作。

"作业"只是在培养学生可持续学习力上一个重要的环节，教师聚焦核心素养倡导的教师专业化方向发展，教师在教育育人过程中，将教育教学与核心素养对照，是的教育实践始终在一个科学、理性的轨道中推进。

三、均衡发展协同育人

从社会进步和经济发展的视角来说，高质量发展是全球各国教育发展的目标与方向。公平而有质量的教育是降低地区差异、推动社会公平和人民幸福水平的问题。

（一）集团办学促进优质均衡发展

为促进教育均衡与公平，推进优质教育资源实质性增长，首都师范大学附属回龙观育新学校顺应北京市城乡一体化建设需要，响应昌平区学区制、集团化办学改革号召，在昌平区委、区政府和教工委、教委的关注与支持下，2019年9月正式启动首都师范大学附属回龙观育新教育集团办学实践。着力有效推进优质教育资源在一定范围内实现有效的优化配置。

（二）协同育人营造良好教育氛围

协同育人指教育者基于共同的教育目标在教育系统中允分发挥各自的资源、要素功能，通过有效地协调、配合和共享，对学生开展教育活动，是全员育人的应有之益。参与协同的还有家庭、社会。积极探索家庭育人途径，通过建立家长志愿者协会、建立家长配餐制度，让家长参与养成教育对学生的评价中来，更好地促进家庭教育中亲子关系和谐，全方位营造良好教育氛围。

当然在教育回归本真的过程中，要面对很多现实的棘手问题，但我们始终清醒，建设高质量教育体系对标服务全民的综合素质提升势在必行。如何引导老师们静下心来设计好课堂的每一分钟、每一道题，充分调动学生课堂上思维表达的成就感与实践体验的获得感，让学生所做皆所需——这就是我们努力的方向。教育回到教育本质，培养学生可持续学习力，这是一场思想和行动的革命。我们正在进行中！

"科学"管理方致远

首都师范大学附属回龙观育新学校　王慧

2022年4月，教育部发布了最新的义务教育课程方案和标准（2022年版），标志着我国教育教学的进一步发展和改革。强调全面提高育人质量，注重培养学生的创新能力和实践能力，注重学生的综合素质和社会责任感的培养，注重学生的个性发展和全面素质的提高。我们站在深化教育教学改革的重要节点，如何深入贯彻新时代国家对人才培养的要求？从来没有一本教科书，会写满"立德树人"的标准答案，教育的场景在拓宽，需要我们每一个学校、每一位教育工作者在真实情境中，提交鲜活的答案。思考差之毫厘，行动失之千里。我们认为需要从师训、课堂、家校等几个层面同时推进，勇于实践，才能逐步探索出科学的管理方法，全面提升学校育人质量。

一、聚焦新政，积极投身教育变革。

《"十四五"规划和2035年远景目标纲要》正式公布，这份共65章的规划纲要，全方位擘画了国家今后五年及到2035年的行动安排，其中"建设高质量教育体系"成为十四五教育发展的核心战略。2035年的社会中坚力量，现在就坐在我们的教室里。要想走出"短视化""功利化"教育的困境，我们必须要停下来思考为谁培养人、谁在培养人、培养什么人的问题，从根本上守住儿童身心健康和人格健全的底线，让教育回归初心和本质，守护好学生成长的"绿水青山"！

首先，向教师强化学校教育主阵地的作用，引导教师站在政治高度和育人初心来认识和对待教育教学改革，这是关乎全面贯彻党的教育方针，落实立德树人根本任务的要事。其次，如何从教师角度出发，制定柔性的管理制度，核心在于管理者对教师的尊重和精神关怀。教育是有温度的，要让老师对孩子有温度，先要让老师有温度。老师的温度不仅来自育人的热情，还有内心的柔软和灶台的烟火。一个术业有专攻、热爱生活、志趣高雅的鲜活的人，才能成为学生喜爱的老师，教学过程就是学识和生活情趣的和谐交流，是身心愉悦的灵魂对话。教师是在潜移默化地用自己的生活态度和价值观影响着身边的每一位学生。

二、聚焦课堂，把握提质增效核心。

向课堂要质量，提高干部、教师专业能力是教学改革关键核心。"空袋无以自立"，增值赋能是教师停不下来的人生大课，教师专业能力的发展永远是第一要义。那么教师专业能力如何能可持续的发展呢？教师专业发展只有成为一种伴随着交流与分享的群体合作研究过程，才能对全面提升教师应对新课程的能力产生广泛的影响，通过教师之间的互动合作促进教师探索和学习，让课程改革的理念从教师内部生发出来，置身于这样一个生态教学研究环境中，才能使得每个人都取得专业发展和成长。

教师专业发展是在多种机制下协同推进、互为支撑、融会贯通的。学校可以创建以赛促教的赛课制度。不仅要引领教师的专业成长，还需要为老师们搭建一个全员、全学科、全角度"练兵"的舞台，每学年上学期骨干教师示范引领，下学期青年教师摇旗挑战。紧密结合组内研究解决的重点问题，开展有目的听评课活动，利用观课表进行数据的收集与统计，发现问题，探讨解决问题的途径和方法。课堂与教师是相互成全的，"'学'因'教'而日进，'教'因'学'而益深"，让每一位教师都有机会参与，让每一位教师都看得见成长。

三、聚焦师训，助力课堂提升质量。

通过教科研工作的推动，努力让自己成为研究型教师，引导教师从教育教学中的"小问题"入手，以"问题—课题—学习—实践—反思—总结"的研究方法指导教研组开展校本教研，以真实的教学生活为研究的源头活水，把课题研究引进教研组，与教研结合，把课题研究引进课堂，与教学结合，并将教科研成果反哺教学，这样循环往复，形成良性循环。

从学校层面来说，除了鼓励教师做教科研工作，更要关注影响学校教育教学质量的重大问题，结合国家在课程教学改革、中考高考改革、育人方式变革等方面的文件精神，基于学校的实力和特色，组织开展"大兵团作战"，即针对一些重大、重点问题设立课题，组织教师团队，抓住带有普遍性的问题，集中团队的力量进行研究，寻找解决办法。

四、聚焦规范，为提质保驾护航。

严格按照教育部相关规定开齐课程、开足课时；按照上级要求制定学校大课表，保证科学性、规范性、严谨性；全学科教研组制定该学期教研组计划，不仅有教研组成员现状分析、工作目标、研究点、规范管理、工作重点等板块，还针对每周教学进度和每周集体备课教研活动做详细安排。实施过程，由学科教学干部进行流程指导及监督；采取长短课、大小课相结合的方法，发挥学校特色体育项目引领作用，充分利用师资、场地、器材的优势提高学生运动兴趣及终身体育锻炼的意识；秉持"以劳促全"理念，纵横交错，构建贯通式劳动课程体系。结合各学科教学开展全学科阅读活动，按照学段组织阅读展示评选活动。

五、聚焦统筹，提高作业效能。

（一）工作原则

1. 坚持立德树人，全面发展的原则，加强教师备课、上课、作业批改、辅导评价等工作的系统性设计。

2. 坚持立足教学的原则，作业的设计根据学科特点和课程标准，结合课堂教学和学生实际，充分发挥作业管理在落实全面育人，提高教育质量，建立循序渐进的科学作业体系。

3. 坚持尊重差异、因材施教原则，设计分层作业，由限制性选择到学生自主选择，培养学生主动学习的意识和高效率的学习习惯。

4. 坚持统筹协调，合理控制各学科作业总量，不断提升作业布置的针对性和有效性。

（二）统筹管理

1. 建立健全作业管理制度

建立教导处、学科组（年级组）、班级三级一体化作业统筹管理机制，合理调控作业结构和作业总量。建立校内作业公示制度，各学科教师之间相互协调，班主任是班级作业量调控的负责人，班级固定位置作为每日作业量公示处。每节课下课后当即将作业在班级公示处公示，所有学科教师及学生可见，以利于随时调控，并指定班干部填写每日各学科的《作业布置情况登记表》，定期上交教导处进行及时监控。

2. 加强校本化作业研究

由教导处牵头，各教研组执行，同年级学科组统一作业，坚持"先做、精选、批改、讲评"原则，严禁布置简单机械和惩罚性的作业。将作业设计作为校本教研重点，系统创编符合学习规律、体现素质教育导向的作业，研究和编写校本作业。在使用校本作业过程中，每周教研时间加强作业设计活动。对学科作业的数量、质量及其形式的科学、合理、适度、效度等方面进行深入研究，继续完善。

3. 严格控制作业总量

根据学段、学科特点及学生实际需要和完成能力，合理布置书面作业、科学探究、体育锻炼、艺术欣赏、社会与劳动实践等不同类型作业。小学一至二年级不布置书面家庭作业，三至六年级语文、数学和英语三科每天书面作业时间共计不超过60分钟。七至九年级每天书面作业完成时间平均不超过90分钟。周末、寒暑假、法定节假日控制书面作业时间总量。

4. 注重学生差异

关注与支持每一个学生的个性化学习，指导学生巩固知识、提升能力，确保不同层次的学生在校内学足学好。组织教师攻关，设计符合学情、体现素质教育导向的基础性、分层性和个性化的作业。各教研组针对学生差异，精心设计套餐式分层作业供不同需求的学生选择，设立免写金牌等形式促进学生内驱力生长；通过课后服务分层指导学生完成作业，为学有余力的学生拓展学习空间。组织"我心目中的好作业""好作业我来设计""好作业评选"等活动，调动学生作业积极性，发挥作业的最大效能。

5. 加强作业完成指导

提高学校教育质量，让学生在校内学足学好。充分利用课堂教学时间和课后服务时间加强学生作业指导，培养学生自主学习和时间管理能力，指导小学生基本在校内完成书面作业，初中学生在校内完成大部分书面作业。

6. 充分利用课堂和课后服务时间

精心安排课后服务课程，在课后服务当中安排了作业答疑及培优补差时间，学科教师全程与学生面对面辅导答疑，以实现把问题解决在校内、解决在当下，帮助学生巩固知识、形成能力、培养习惯的初衷。

7. 认真批改反馈作业

加强对作业的及时批改、反馈与评价，强化作业批改与反馈的育人功能。通过作业精准分析学情，采取集体讲评、个别讲解等方式有针对性地及时反馈，特别要强化对学习有困难学生的辅导帮扶，及时了解学生的学习需求及效果，有针对性地予以指导。

8. 定期开展反馈调研

定期开展作业管理工作自查自纠活动，将作业布置工作纳入教研、师训范畴，提升作业布置管理水平。开展作业展评和家长、学生问卷调查活动，并将调研结果及时反馈到学科教师。

六、聚焦课后，满足学生多样化需求。

（一）服务原则

坚持"立德树人"五育并举，注重学生全面发展。课后服务，服务的是能力素养，让学生的思维方式优化，自学能力提升，"教"是为"不教"做准备。在校园内，通过时间、空间的统筹规划发挥课后服务的最大效能。在减轻学生过重作业负担的同时，最大限度地扩展学生能力边界，提升学生的综合能力，为学生的全面发展助力。

在教师管理上，建立个性化辅导教师台账，通过每日记录、每周统计、每月公示的方式呈现教师的工作进度与完成度，定性定量相结合的对教师开展的课后服务进行全程跟踪记录。

（二）管理体系

几个统筹：时间统筹、方式统筹、人员统筹、课程统筹、地点统筹。由学校统筹设计课后服务内容，结合五育并举，可以涵盖自主学习、培优补差、语言艺术、传统文化、数学科学、体育健康、环境保护、艺术教育、劳动教育等几大门类。

（三）时段结构

课后服务要覆盖所有学生、所有时间、全学科课程，形成"三横三纵式"结构体系。

1．横向课程方向

（1）固本＋培优：开展作业指导、培优补差。

（2）必修＋选修：按需提供菜单式课程列表。

（3）兴趣＋特长：打通个性发展通道。

2．纵向时间管理

（1）"温故知新日"。

以孩子们喜闻乐见的"自主学科超市"为切入点，以年级为单位、以学期为时间节点向学生发布课后服务科目内容，保证基本在学校完成作业的同时，使不同年级学生享受到自主学习的饕餮盛宴。鼓励小学生在校基本完成作业，鼓励初中生在校完成大部分作业，由多学科老师轮流答疑指导。

（2）"素养提升日"。

教师根据自己的特长上报社团名称及计划，社团分自主招生社团和学生自选社团，老师或学生可以根据学生身体条件、兴趣爱好进行自主选择参与主题式社团实践活动。

七、聚焦转变，推动家校协同。

教育的更新、迭代过程是形成共识、凝聚合力的过程。家长观念的转变、家校协同育人机制的完善是教学工作的关键。学科培训一旦被全面禁止，家长也许会有不适感和匮乏感。可以通过系列家长课程，对家长进行家庭教育指导和咨询，广泛宣传校内课外活动政策，引导家长掌握科学的教育理念和方法，理性规划孩子未来的发展方向，努力构建学校、家庭、社会三位一体和谐育人新格局。

五力联动，构建家校社协同育人共同体

首都师范大学附属回龙观育新学校　齐建敏

随着社会的深度转型、科技的迅猛发展，北京市回龙观地区人民群众对优质教育资源、个性化教育需求与日俱增。如何把家长变成学校教育最可靠的同盟军而不是教育路上的阻拌？出路就是打开学校大门，让家长和社会力量来参与学校教育，支持学校教育，关心学校教育，有组织地协助学校教育，构建以合作共赢为核心的新型生态关系。

把家长这个中国民间最伟大的教育力量凝聚起来，让学习成为学生、教师、家长一种生存需要和生活方式的学习型生命共同体。

一、良性互动，营造"五共"家校社教育共同体

我们构建"家校社教育共同体"一方面是教育教学发展的需要，另一方面是遵循学生成长规律，优化成长环境的内在要求。什么是"家庭学校社会教育共同体"？简单而言，就是通过打造一个多元、简便、高效的学习交流和服务平台，为孩子的健康成长创造更有利的环境，促进学生成长成才。所有共同体成员都应有一个共同的目标，即共同愿景，都为实现这个共同目标而努力。在长期而稳定的合作关系中，让家庭教育和学校教育及社会教育实现"同心、同向、同行"。

学校、家庭、社会因学生而牵手、同行，协同、共生。家校社共育，关键在"共"，目标在"育"，我们努力打造"五共"家校社教育共同体，即思想共识、目标共同、信息共享、行动共振、责任共担。家庭、学校社会及家长、教师本身在教育教学理念上有基本共识，求同存异，这是构建共同体的思想基础。学校、家庭、社会在学生的发展目标包括品德、智力、体质等方面上是相同的。教师、家长、社会将关于学生教育和成长有价值的信息进行分享、交流，针对学生采取步调一致的行动，共同承担孩子教育的责任。

二、完善体系，设立"五部"家校社教育共同体

完善教育体系，学校家校社教育共同体设立领导委员会来参与学校管理工

作，委员长和各部部长均由学校领导、老师、家长、社区及机构代表共同担任。家校社教育共同体领导委员会包括五部构成：组织部、学习部、宣传部、协调部、人力资源部等。各部家长及社区成员所从事的职业分别有：教育、科研、法律、医学、计算机、心理学、语言类、政府工作人员、国际贸易、全职妈妈等。

为了保障家校社教育共同体顺利开展工作，我们还成立由校长和各部门领导组成的家校社教育共同体运行保障领导小组，负责指导和帮助各部有效良性运转。

三、立体多元，打通"五全"家校社教育共同体

以活动体验为载体，以家校联动的方式形成合力，有效创建多元立体育人环境，构建多元的"家校社教育共同体"的有效路径，唤醒学生的生命成长的意识，激发学生成长需求，培养学生的责任感及良好的品格，促进学生健全人格的发展，为学生的终身发展和人生幸福奠基。

（一）搭建全规范的家校社交流平台

学校以官方抖音号、校园网站、公众号、校刊等为平台，将宣传教育延伸到家庭、社区，营造乐业好学的文化氛围。进一步规范加强校园网、信息屏、公众微信号等宣传平台的管理。学校建立"家校共同体管理委员会"微信群等，积极开展了在线互动式研讨，及时地更新信息，将最先进的教育理念和家庭教育实践成果通过网络等平台进行传播，充分发挥了学校的示范、引领、辐射和指导等功能。

（二）开展全过程的家校社在线学习研讨

家庭教育的重要性愈加凸显，为家庭教育补上短板。学校与家庭各自需要减什么、加什么，都需要达成共识；又该如何加减，达到学校与家庭教育1+1大于2的效果，教师和家长们都需要更好、更系统地学习。我们搭建全过程的家校在线学习研讨，就是出于对广大家长的家庭教育力和教师的家庭教育指导力提升实施"精准帮扶"。

家长渴望获得有针对性的学习培训成为一种社会期待和愿望。我们以家长线上图书会形式进行，一年来开展了20期线上读书交流会，家长会员近一千人。家长们定期做读书分享和阶段总结，他们在自己身上看到教育孩子存在的问题，认识到自身的不足，意识到家庭教育的重要。

（三）举行全覆盖的家长社区学校大讲堂

"家长大讲堂"面对是全体家长，为家长们提供了交流、分享的平台，从而达到在家教方面共同进步的目的。家长来自各行各业，拥有丰富的教育资源，

积极引导家长参与学校教育，有利提高教育效果。我们主要围绕以下几个方面开展系列或专题活动。其一，传统节日系列，诸如邀请心灵手巧的家长中秋节进课堂做月饼；端午节进课堂做粽子；元旦进课堂做饺子等。这类活动不仅有助于融洽亲子关系，还能增强学生传承中华民族的传统技艺的责任感。其二，专题活动系列，诸如邀请记者家长讲授天山守卫士兵事迹故事；医生家长讲授生理健康知识；金融业的家长讲授金融知识等。

（四）创设全方位的良好家庭环境

学校鼓励、支持家长组织开展丰富多彩的家庭活动，如借助开展"书香家庭"的评选活动，提倡买好书，进行"亲子阅读""共读一本好书"等亲子活动，营造浓厚的书香氛围；开展"爱子孝亲"的活动，引导学生主动承担并坚持做一两件力所能及的家务活；倡导家长多陪伴孩子，传承良好家风；开展"我来做年夜饭""新春佳节话家书"等活动；开展"好家训好家风好家庭"评选活动，以实际行动践行"注重家庭、注重家教、注重家风"的要求，引领家长树立科学的教育观。良好的家庭氛围是幸福家庭的必要条件之一，家庭幸福了，孩子的健康、快乐成长就有了切实的保障。

（五）开发全流程的社会实践体验课程

结合我校提出的"让学生各得其所有获得感"及"人各有才，才各有异，扬长避短，人人成才"的办学理念，我们整合昌平区职业学校教育集团职业教育资源，为即将完成义务教育的初三学生提供多元、丰富的职业教育体验课程供给，为学生提供生涯发展指导，为学生在完成义务教育后选择适合自己的职业教育提供科学有效的帮助，实现职普融通教育。双方在职普融通培养的机制体制、课程建设、育人方式、升学衔接、教师培养、学生发展等方面在实践中进行深入研究探索，促进学校、学生、教师共同发展。

积极构建"家校社教育共同体"，以有效的策略推进家校社的联动，需要我们更加理性思考。

一是聚合资源。校内资源包括学校内的教师、学生，教育体系内的优秀教师、特级和名师，成为最基础的人力资源；周边兄弟学校、手拉手学校、幼儿园及中学等相关教育单位也是学校教育资源的组成部分。家长资源包括在校学生的家长及家长背后的资源。社会资源包括周边社区资源；周围各大单位的资源等。坚持"广泛联系"与"请进来"的思路，构建社会团体、企事业单位及社区、家庭共同育人的格局，使家校社合作不再是松散的，而是基于共同目标的积极行动。

二是搭建平台。学校搭建起的平台，是一个以育人为核心的平台，是指在学校办学理念的指导下，以学校管理者、教师、学生和家长为主体的，相关的各界人士参与的，相互作用、相互影响的育人模式。学校尝试通过多种途径为学生、教师、家长、社会搭建广泛的平台。构建学生成长舞台。通过开设 100 多门课后服务课程，为孩子的兴趣发展提供支持；成立艺术、科技、体育、英语等多个优质社团，为孩子的特长培养提供支持等。为家长搭建参与平台：成立家长理事会，吸纳积极、热心、有一定能力和资源的家长参与其中。

朱永新教授指出，家校合作应强调"目标一致、地位平等、尊重儿童、机构开放、方法多样、长期坚持、多方共赢、跨界协调"的基本原则。这就需要我们打破壁垒，凝聚共识，形成合力，挖掘家校社"共治"价值，为学生成长提供更加宽广的空间和可能。构建家校社一体化协同育人新生态，是学校今后很长一段时间内要实践和探索的领域。我们会秉承奉献精神，拿出探索的勇气，追求创新与突破，推动家校社一体化协同育人走向新的发展阶段，共同描绘家校社一体化协同育人的美好明天。

新的评价机制 促进学生全面发展

北京市昌平区回龙观第二小学　曹茜梦

回龙观第二小学的"七彩阳光评价体系"聚焦的是我们对于学生综合素质的评价工作，那就是"以人为本"，把"促进学生的发展"作为家长和学校共同的最大的"利益"。在我的日常工作中，作为学校的一名中层管理者，需要多方面结合自己的工作，组织、指导和协调教师、学生、家长参与评价。

一、小干部参与评价，让评价自主化

少先队是小学学校工作中最活跃的组织，少先队小干部们又是少先队组织的核心力量，是连接少先队与教师的纽带和桥梁，是班主任开展工作的得力助手，同时也是其他少先队员的榜样。因此我校少先队积极组建大队部，让大队部的小干部参与少先队日常评价，发挥小干部的主动作用，使少先队组织有秩序，见成效，也更具有朝气。下设大队长1名，副大队长2名，升旗手1名，副旗手2名，组织部2名，宣传部2名，纪律部2名，文艺部2名，学习部2名，体育部2名，生活部2名，劳动部2名，分管各中队部门工作，各司其职，参与各中队日常评价。

建设好小干部队伍，是新时期少先队组织教育的重要方面。王延风老师曾说：只有每个小干部明确各自岗位职责，做到各司其职，各负其责，才能组织自传，才能活跃基层。

二、校园"当家中队"，让评价立体全面

（一）指导思想

劳动育人：磨炼意志，学会劳动。

服务育人：诚心服务，学会关心。

管理育人：参与管理，学会负责。

（二）结构设置

为了充分发挥每个中队的自主性和能动性，充分调动每名少年队员主动参与学校管理的积极性，增强少先队员的主人翁意识；培养他们的自我教育和自

我管理能力，强化他们的行为规范养成教育。我校大队部开展了"校园当家中队"的队员自主管理活动。活动开展后，队员的自主管理能力有了一定的提高，对于自主管理产生了强烈的积极性，自主管理的效果颇佳。我校采取三至六年级的班级轮流担任"当家中队"，每个班级负责一周，年级主任和中队辅导员直接组织管理，检查员若干名。设当家中队长1名，副队长2名。

（三）队员自主管理与评价"四步曲"

为了更好地开展"校园当家中队"活动，引导和鼓励每一个中队、每一位队员积极主动地参与到学校德育常规管理中，真正体现队员的自主、自动，提升主人翁的意识，人人都为学校的发展作贡献，我校大队部组织实施了"校园当家中队"队员自主管理与评价"四步曲"。

1. 开展自主评价，引导队员自我反思

评价是一门艺术，自主评价手段不仅可以促进队员自我反思，更可以在反思中激励他们产生不断向上的精神，提高自主管理效果。我们可以开展不同层级的自主评价：队员自评作为校园当家中队自主管理活动实施过程中重要的自我检测的手段，对队员自我管理起到重要作用。在一周的校园当家工作结束之后，每位队员要对自己一周内的当家情况进行自我检查和评价。在自我评价中发现问题，寻找不足之处，从而确定自己的努力方向，以便在下一次的当家过程中提高工作效率。

2. 岗位互评，同伴的肯定给予力量

在校园当家中队的实施过程中就要十分注重互评。互评的范围和对象可以同一岗位内的队员。由于他们的工作岗位、上岗时间及工作内容都相同，所以互评就有比对的依据，互评的效果就比较好。在互评过程中，每一位队员都能得到同岗位其他队员对于自己工作的评价，通过旁人客观的评价能再一次引发队员的自我审视，取长补短。

3. 中队总评，授予"明星小当家"称号

中队总评可以在校园当家队长检查和岗位互评的基础上综合产生。校园当家中队长针对整个中队依据当家计划在具体实施过程中的落实情况、校园小当家的工作情况暨岗位互评结果和当家目标的达成度等几个方面进行总体评价。因为有了之前的队员自评、岗位互评，所以中队的总体评价完成起来就比较容易，而且评价结果比较客观。在中队总评的基础上，队员们还可以挖掘自主管理过程中的优秀队员，进行鼓励、表扬，授予"明星小当家"称号

4. 评审团点评，全面剖析优点与不足

评审团点评是校园当家中队自主管理活动实施过程中自主评价的最后一个

环节。由大队委员及三至六年级各中队长组成的当家中队评审团根据"校园当家中队"评比细则对各当家中队进行评比打分确定等第，并针对各中队在开展校园当家服务过程中突出的优点和存在的问题进行点评，在红领巾广播时向全校师生进行反馈。

三、七彩阳光评价，让学生在教师激励性评价下快乐成长

学校信息化建设上，紧跟时代步伐，以"阳光教育"为依托，通过评价促学生发展，从而创建出一所洒满阳光的学校。我们精心设计七彩阳光学生评价体系，"赤、橙、黄、绿、青、蓝、紫"分别对应"德、智、新、健、韧、净、美"七个方面，包含了对学生品德、学习、健康、美育、创新等各种能力的评价。红色阳光寓意着善行厚德，文化主题词：德，是学生人文底蕴方面的评价；橙色阳光寓意着乐学善思，文化主题词：智，是对学生学习能力的评价。黄色阳光寓意着科学与发展，文化主题词：新，是对学生科学精神的评价。绿色阳光寓意着身心健康，文化主题词：健，是对学生健康生活的评价。青色阳光寓意着坚强与责任，文化主题词：韧，是对学生责任担当的评价。蓝色阳光寓意着和谐与洁净，文化主题词：净，是对学生热爱自然的评价。紫色阳光寓意着激情与梦想，文化主题词：美，是对学生实践创新能力的培养。

我校把互联网与七彩阳光评价体系相结合，实现了"以人为本"这一核心理念，强调人的全面、和谐、个性发展。实现了及时反馈，实现了学生评价内容综合化、评价方式多维化、评价主体多元化、评价实施常态化，全体教师参与到学生的阳光评价中。

四、利用"互动反馈系统"实施七彩阳光线上评价

作为学校"阳光 e 课堂"工作室的室长，我带领工作室的成员积极推进我校在信息技术支持下的课堂教学改革道路上不断前进。3～6 年级引进 pad 参与教学，《互动反馈技术支持的课堂教学策略研究》被确定为昌平区教育科学"十二五"规划课题，以科研引领的方式助推课堂教学改革。学校 3～6 年级学生人手一本 pad，语数英课已能很好地将 pad 应用于教学，乐学单、网络资源等为学生提前学习、自主学习提供了便利，突破了时空界限。

1. 建立信息化的"阳光成长银行"。

通过"赤橙黄绿青蓝紫"七色阳光积分 – 阳光币（校长币）– 阳光之星奖章 – 阳光少年奖牌（阳光少年奖励游）实现对学生及时、有效递进式的评价，促学生全面健康的发展。每个学期初，阳光积分根据学生数量和任课节数及作

业量发放到各学科教师手中，各科老师要根据积分的数量和学生的现状制定奖励标准，通过互动反馈系统向学生发放积分。

2. 通过各种活动来赚取积分，建立学生阳光积分库

（1）课堂教学：通过闯关游戏获得积分，如学生在用 pad 做练习时，可以根据做对题的数量给予相应的积分。把练习题分为三关，第一关为基础题，闯过第一关才可进入第二关，第二关为提高题，第三关为开放题。学生在闯关的过程中可以得到相应的积分。阅读中，通过学生阅读的字数来赢得相应的阳光积分。学生上传的各种照片（数学的解题过程，美术的作品，英语的作文等等），在分享、交流中通过点赞的数量奖励阳光积分。

（2）课堂习惯的养成：给小组长一定的权限，课上，老师根据学生的表现奖励阳光积分，由小组长做好记录，课下小组长把积分上传到互动反馈系统中学生的积分库里。奖励体现及时性和指向性。在系统中，教师可以通过"积分代理管理"指定小组长，设定小组长的权限，小组长就可以代替教师及时奖励同学阳光积分了。

（3）家长评价：设立家长评价一栏，家长可以根据学生在家的表现，在网站上填写记录单，老师根据记录单的情况设立标准，互动反馈系统可根据标准自动奖励阳光积分到学生的积分库中。

（4）建立阳光成长档案：学生要在创建人物的一刻起，为这个人物撰写档案。可以写日志、把自己的各种作品、获得的奖状证书拍照存档等，互动反馈系统自动奖励阳光积分。

五、家长参与，让评价多元化——护学岗，让班级安全评价工作有据可依

为了让学校的交通安全工作落实到位，切实保证学生们能高高兴兴上学来，平平安安回家去。回龙观二小"安全伴我行"家长志愿护学岗行动已经开展了四期。在这几年来，每天早晨家长志愿者们都能够准时到位，认真负责，风雨无阻！

我们的校园门口交通安全家长护学岗志愿者们，对待工作无私，认真。得到了学校、家长、社会的认可，更得到了上级领导的认可。为了保障工作顺利开展，领导为家长护学岗志愿者代表派发了上岗装备，使我们今后的工作更加专业化。安全大于天，作为学校，我们会把学生安全放在首位，不断将安全工作深入扎实地开展下去，让每一名回龙观二小的学生都能够平安、健康、快乐地成长。

第二章 实践编

浅析教师如何通过作业设计推动教学进展

——以小学一年级语文为例

首都师范大学附属回龙观育新学校　陶雪菲

本文以小学一年级语文学科为例，通过"站位有高度""观念需转向""设计循方法"三方面阐述，浅析教师如何通过作业设计提高教学质量。希望能为广大小学一年级语文教师分享一些有价值的作业设计思路和经验，学会借助作业管理，实现减负提质增效。

一、站位有高度：明确政策要求及意义

根据《教育部办公厅关于加强义务教育学校作业管理的通知》的要求，教师应与时俱进，转变固有认知。以前教师常常认为教学设计是教学的主体，但以后作业设计将会成为教学设计的重要环节。因此，教师应遵循教育规律、坚持因材施教，严格执行课程标准和教学计划，坚持小学一年级零起点教学。此外，教师还应提高自主设计作业能力，针对学生不同情况，精准设计作业，根据实际学情，精选作业内容，合理确定作业数量，在校内安排适当巩固练习，确保小学一年级不布置书面家庭作业。也要根据第一学段、语文学科特点及学生实际需要和完成能力，尝试布置分层作业、弹性作业和个性化作业和实践性作业，探索跨学科综合性作业。

二、观念需转向：做好作业设计四个"转变"

要解决当前小学作业量过多、质量不高、功能异化的问题，切实减轻学生作业负担，小学一年级语文教师作为作业的设计者和评价者，需要实现四个"转变"以实现作业改革。

（一）作业观转向：从"工具"到"发展"

作业作为学校课程的一部分，承担着重要的育人功能，它应该促进学生全面而丰富的发展。因此，减轻学生作业负担的基本前提是教师要树立正确的作业观——作业作为课堂教学活动的必要补充，其根本目的在于促进学生全面发

展，依据《语文课程标准》对第一学段（1～2年级）的阶段目标内容，笔者认为小学一年级语文作业设计应考虑以下三个方面六个要素：

第一，小学一年级语文作业既要关注学生对语文学科知识的学习，又要强调学生语文学科思维方法的发展。在作业设计中既有能够巩固学生拼音认读、字词句书写的基础知识练习，也有诵读儿歌、童谣和浅近的古诗，展开想象，获得初步的情感体验，感受语言的优美的思维方法训练。

第二，小学一年级语文作业既要重视对学生树立正确价值观的积极影响，又要关注对学生自我管理能力的培养。在作业设计中既有浅近的童话、寓言、故事的阅读，也有写出自己对周围事物的认识和感想地写话练习。对于有难度、有挑战的题目，可以设置"小贴士""金钥匙"，通过"搭梯子"的方式辅助学生自主思考完成。旨在培养学生向往美好的情境，关心自然和生命，能对感兴趣的人物和事件有自己的感受和想法，并乐于与人交流，遇到作业难题时的自我鼓励、对完成作业的时间管理等良好意志品质和学习习惯。

第三，小学一年级语文作业既要鼓励学生实践参与，更要重视学生创新能力的培养。在作业设计中既要结合语文学习，引导学生观察大自然，热心参加校园、社区活动，并能结合活动，用口头或图文等方式表达自己的观察所得、见闻和想法。也要培养学生对周围事物有好奇心，能就感兴趣的内容提出问题，结合课内外阅读，共同讨论的综合性学习能力。

（二）作业分析转向：从"随意"到"严谨"

高质量的作业设计应建立在教师深入分析教材和学情的基础之上，做到因材施教，有针对性，有特色，符合学生自身的发展规律。因此，作业改革必然要求教师以严谨的态度从以下三个角度进行分析。

1. 学生群体差异分析

学生的发展总是存在一定的差异性，教师要基于实践需求，对不同学生进行合理归类，以此为依据对作业难度、数量和类型进行恰当分层，使作业更具有选择性和针对性。依据《语文课程标准》对第一学段（1～2年级）的阶段目标内容，结合核心素养及部编版教材编排理念，在作业设计时教师应针对不同层次的学生设计不同程度的作业，制定基础性作业、发展性作业、创造性作业三个目标，基础性作业相对比较容易，比如读一读课文、写一写生字词语，在关心潜力生的前提下为他们提供巩固学习的保障；发展性作业略有坡度，如诵读儿歌、童谣和浅近的古诗，展开想象，需要学生跳一跳才能摘到"桃子"，给中等学生更多思考的空间，让学生在思考中有收获，从而形成学习能力；创造性作业相对就比较难，如较完整地讲述小故事，能简要讲述自己感兴趣的见闻，需要引领优秀学生发展思维，让学生形成思维品质。

2. 学生能力要素分析

小学一年级的学生有好奇心、好动、喜欢模仿，并且有直观、具体、形象等思维特点，对学习有好奇感，行为动摇不定，不善于控制，很难做到专心听讲40分钟，独立完成作业时注意力不易集中，情绪变化无常，冲动敏感，容易疲倦。因此，起步阶段的语文作业，要尊重儿童，准确把握儿童身心发展特点，关注学生已有的知识经验和生活经验，在作业内容、学习方式等方面做好过渡链接。教师在设计小学一年级语文作业时，要结合小学一年级学生的心理年龄特点和认知发展规律，打开思路，通过不同的作业方式促进学生学习能力、交往能力、实践能力、创新能力等全面发展。可以尝试设计动手操作型、趣味游戏型、活动展示型、积累练习型等不同类型作业。保护儿童探索世界的好奇心，让学生在玩中学，在喜闻乐见的游戏活动中完成学习和作业。

3. 学生思维水平分析

即使是小学一年级的小学生，在完成作业的时候，思维也应该是持续的、由低向高逐渐递进的。所以，小学一年级语文教师在作业设计时不仅要关注学生的记忆和积累，还要重视理解和应用，更要强调评价和创造，不仅要把握一份作业不同问题之间的思维梯度，更要关注学生在完成作业过程中思维能力的呈现。引导学生发现语言学习的规律，鼓励探究学习，尽可能多地为学生提供交流展示作业的机会。通过丰富多彩的互动作业设计，引导学生改变被动接受知识的学习方式，在自主学习、主动探究的过程中感受语文学习的乐趣，不断激发学习动力，真正成为学习的主人。

（三）作业设计转向：从"割裂"到"整合"

当作业被简单地重复叠加时，作业量必然大，学生完成作业所需的时间必然长。因此，作业负担重的一个重要原因是很多作业是割裂的，既缺乏学科内的前后呼应，又缺乏学科间的横向关联。要扭转这种现象，教师必须从整合的角度来设计作业。

1. 小学一年级语文作业设计需"瞻前顾后"

作业是对课堂教学的延续和补充，是课程的重要内容。小学语文课程有相互关联的知识体系，而不是一个个知识散点。语文教师在设计作业时也绝不能只针对某一课的学习，而应基于语文学科内不同知识的内在关联，通过作业实现语文学科内"前后"知识之间的综合运用。小学语文部编版教科书的编排已为教师统筹设计提供了很好的扶手，充分利用教材中的练习活动和内容安排，可以帮助教师更加系统、合理、专业、全面地设计作业。即使作为小学一年级的教师，也应该系统全面地了解部编版教材的编排特点，了解六个年级12册书的具体内容和关联。

（1）关注教材"双线组织单元，加强单元整合"的思路

围绕人文主题和语文要素双线组织单元。除了不同年段册次的纵向联系，体现由易到难，由浅入深的发展梯度，还着力加强单位内部的横向联系。各部分内容环环相扣，互相配合，使每个单元形成一个系统。

（2）考虑教材"重视方法指导，促进能力提升"的特点

语文园地中的"交流平台"，集中体现了学习方法的指导与应用。每个单元的"交流平台"，都聚焦学习方法，围绕本单元的语文要素，从学生的学习实践中提取可迁移运用的方法，总结出一些最基础、最重要的学习经验，使学生对本单元的语文要素有进一步的认识。同时，在练习活动中渗透方法，培养学生的方法意识。教科书的每一个练习活动往往不只是简单提出一个学习要求，而是引导学生运用某种方法完成学习任务，开展学习活动的过程，也是方法运用的过程，这些练习活动蕴含的学习方法，都可以举一反三地迁移运用到今后的阅读和表达实践。

（3）凸显实践性加强语言文字运用。

教科书着力加强语言文字的运用，不论是练习活动的设计，还是语文园地的内容安排，都引导学生联系生活，在生活情景中运用语文，突显语文课程实践性的特点。关于词语的练习活动，多是创设具体情景,促使学生调动生活经验，在生活情景中运用词语，激发学生学习词语的兴趣，教科书还努力加强阅读与表达的联系，促进读写结合，将阅读中的收获迁移运用于自我表达，使学生的语文学习与生活实际紧密联系起来。

2. 小学一年级语文作业设计需"左右关联"

割裂的各学科作业无疑会加重学生负担，教师可以通过彼此之间的合作共同研究设计跨学科作业。这类作业的关键在于找准"整合点"，以此为基础设计恰当的问题情境，让学生在解决问题的过程中对不同学科知识进行提炼整合。比如：在学习小学一年级语文上册《影子》一课时，需要认识"左""右"两字，可以和数学《位置和顺序》一课相结合；学习《日月水火》一课时，和美术"画出美丽的甲骨文"相结合，设计综合性跨学科作业，两个甚至几个学科的知识内容通过一道题就可以完成练习巩固，一题多练，事半功倍。

3. 小学一年级语文作业设计需"知行合一"

作业设计要在致力于提高学生语言文字理解和运用能力,重视积累的同时，强化运用，体现语文学习的综合性和实践性。避免单调枯燥的机械操练，而是

设计灵活多样的作业形式,与学生的现实生活结合起来,引导学生在真实情景中学习语文、运用语文、解决问题。注重调动学生已有的生活经验,并指导他们将语文学习成果运用于生活,不断丰富自己的生活经验,才能让学生学会更好地运用所学,实现知识的迁移和创造。

(四)作业评价转向:从"判断"到"增值"

评价是作业改革的重要组成部分,对学生的学和教师的教具有重要促进作用。但当前作业评价往往被简单地等同于作业批改,仅限于评判学生是否完成作业及其对错情况,其"增值"作用未能充分体现。

1. 小学一年级语文作业评价的判断要"准"

首先,判断学生作业要及时,否则会因为时间过长而影响对学生学习判断的准确性。其次,判断学生作业的依据要全面,既重视"错题",又关注作业中"正确"或者"精彩"回答;既基于学生某一次作业进行判断,又关注学生一段时间内多次的作业情况;既要根据学生作业进行判断,还要结合课堂内外师生交流的情况来把握。最后,判断学生作业的标准要多元,既要明确学生在知识体系上的漏洞,又要分析学生思维方法上的不足,还要把握学生学习的态度。

2. 小学一年级语文作业评价的挖掘要"深"

教师要基于对学生作业的判断,深入分析其根源,找到改进学生学习的"关键点"。方法上,教师可以通过对学生的观察,或者让学生自己讲讲"我是怎么想的",以此来了解学生具体的思维过程。内容上,一是指向学生的学习,追根溯源时切忌"就题说题",而应全面分析学生的学科知识体系、学科思维方法、学习策略和学习态度,进而明确其改进方向;二是指向教师的教学,教师要基于对学生作业的判断,思考"我应该怎么教更合适",以此明确教育教学实践改进的方向。

3. 小学一年级语文作业评价的跟踪要"久"

教师应对学生作业进行持续的跟踪和关注,不仅要看学生作业中的错误是否得以改正,更重要的是关注学生知识体系、思维方法、学习态度和策略是否得到优化。同时,教师也应该在调整自己的教学过程中进一步反思,"我这样调整之后是否有助于学生更好地理解"等。只有长久持续地跟踪和关注,才能真正实现学生作业的发展性功能。

三、设计循方法:作业巧设计

课后作业方面的重点,在于"发挥作业诊断、巩固、学情分析等功能,将作业设计纳入教研体系,系统设计符合年龄特点和学习规律、体现素质教育导向的基础性作业。鼓励布置分层、弹性和个性化作业，坚决克服机械、无效作业，杜绝重复性、惩罚性作业。"通过作业引导学生自主探究，提高思维品质，所以要求教师在作业布置上，要精心选择作业内容、精准针对不同学生、精确校正课堂教学、精细反馈作业情况。

怎样能在作业设计中既不加重学生负担，又能让作业发挥其功能，笔者认为应从以下三方面来考虑。

（一）统筹安排，养成良好习惯

我校规定不允许老师以任何形式在家长群布置作业，不允许老师要求家长检查作业和签字，在作业时长方面也做了具体要求，小学一年级不布置书面回家作业。因此，小学一年级语文教师应统筹安排好课前作业、课中作业、课后作业。课前要抓好预习，还要注重课文的朗读和自主感知，课前朗读感知能帮助学生更好理解新知识，提高自主学习能力。课中作业要与教师的讲、导融为一体，相辅相成，体现为听、说、读、写等灵活多样化的课堂实践，当场进行，即时评价。提高课堂教学效率和质量，留出充足的可供学生自主思考、写作业的时间，并在此时段及时提醒和纠正学生的坐姿和握笔姿势，及时关注学生写作业时的专注度和态度，及时发现和培养学生自主学习时的好习惯。课后作业以口头和实践探究的形式布置，是学习的梳理、补充、完善，能帮助学生温故知新，学以致用。

（二）关注学情，实现作业分层

教师可以根据学校要求及班级整体、学生个体情况，探索"基础+拓展""基础+弹性""基础+特色"等多种模式分层作业。笔者以为，拓展作业是基础作业的延展，如基础作业是背诵部编版小学一年级上册第五单元语文园地的古诗《悯农》（其二），拓展作业可以设置《悯农》（其一），旨在鼓励学生多朗读积累优秀古诗词。弹性作业是基础作业的变形，如基础作业是照样子写生字，弹性作业可以设置两三道和生字有关的变形题：分辨象形字、看拼音写汉字、换偏旁组字等，旨在满足不同能力层次学生的需要，帮助夯实基础，灵活运用；特色作业是基础作业的创新，可以结合学校的特色课程或所在地域的特色文化设置作业，如在学习小学一年级上册《我上学了》时，可以带领学生实地参观学校，初步了解学校文化，对于能力较强的孩子还可以通过口头或绘画的形式展示自己的收获，旨在增强学生对自己身份变化的认知，培养对学校的认同感、归属感，同时也练习了口语交际和综合实践能力。

分层作业设计，不仅要找准分层的依据，还要引导学生量力而行，选择与自己能力水平相当或者比自身水平略高的作业。

三、作业超市，可以自主选择

针对小学一年级语文学科，作业设计要循序渐进、多元化多样态。既要有基础性有标准答案的练习，也要有采用口头练习、表演练习、实际操作等形式独特的开放性作业；既要有短期的，也要有专题性或研究性的长期性作业；有个人作业，也有小组或全班的合作性作业；有单科作业，也有跨学科的综合性作业；有教师布置的作业，也有学生自己设计的作业；有知识巩固性作业，也有应用性、实践性作业。也可以设置"档案袋"式的作业，要求每周、每月、每学期都去跟进的长期作业，提升学生学习兴趣。

作业的多元化设计，给学生自主选择的空间，让学生发挥自己所长，选择作业就像玩通关游戏一样有趣而且又富有挑战性，学生对作业就不是抗拒或逃避，而是积极主动去接纳。

结语

精准设计小学一年级语文作业，要关注作业的育人功能，构建学生生活，增进学习体验。作业设计中尤其要关注单元要素，关注课后思考与练习，与课堂教学紧密结合，实现"备—教—学—练—评"的一致性。同时增强作业设计的趣味性，避免机械重复式书面作业，增加综合性、实践性、融合性作业，丰富作业类型。另外作业设计在符合本班大面积学生认知水平的同时，设置具有一定思考难度的习题，实施分层次、有弹性和个性化作业。作业更精简，但也更灵活，既守住了底线，又尊重了学生能力差异，为有能力的学生提供开放的生长空间，真正实现减负增效。

优化作业设计，让作业变得生动而有趣，才能让学生化被动学习为主动学习。引导学生全面而有个性的发展，真正体会到学习的愉快，童年的幸福，让作业回归生活实际和生命质量提升，才能真正发挥作业的育人功能。

小学语文创新作业设计初探

首都师范大学附属回龙观育新学校　刘云鹏

作业设计是教学的重要组成部分，它的作用，不仅在于让学生巩固所学知识，更在于激发学生学习语文的兴趣，启发学生的思维，激活学生的创造潜能，全面提高学生的语文综合能力。这就要求老师们在设计作业时要突破以往"重知识、轻能力"的习惯定势，切实减少简单记忆、机械重复的作业，在作业形式和内容上推陈出新，设计出一些具有实践性、创新性、趣味性和开放性的个性化作业，促进学生的思考、理解和探究，让学生感受到作业的乐趣，激发作业主动性。

一、创新作业类型：从单一走向多元

据调查，现在的小学生除了配套作业之外，主要还有"预习、抄词、听写、单元习作、周记、小练笔"等相关作业，这些作业大都以基础知识和表达等知识型为主，注重基础，有他自身的优点，但这些作业类型单一，在培养学生思辨能力、创新能力和实践能力方面比较薄弱，题目本身也缺乏挑战性。因此，我们要想办法在作业布置上探索多样化的创新路径，增强作业功能，激发学生兴趣。

1. 自主类作业

在作业设计上，我们老师可以放手引导学生自己总结，自己设计相应的习题来巩固延伸课堂教学。学生自己给自己设计作业、布置作业，体现的是学习的主动性和创造性，激发的是作业的热情和兴趣。

如学习了五年级下学期《军神》一课，同学们都被刘伯承"为了能全身心地投入革命，不惜承受巨大痛苦"的精神所深深感动，在学生沉浸在课堂氛围，无比震撼中的时候，我借机引导学生："今天老师请你自己给自己布置作业，你想设计一份什么作业呢？"同学们有的说要分角色朗读表演，有的说要把这个故事讲给家人听，有的说要去读关于刘伯承别的故事……

自主类作业，充分尊重每一位孩子的选择权，让学生量力而行，根据自己的特长、爱好、需要等做出自主选择，充分体现"学生是学习的主人"这一教学理念。面对自己设计的作业，他们作业时自主性更强，兴趣更浓，作业质量也更高。

2. 拓展类作业

这里的拓展指的是对课堂教学内容的拓展和延伸。我们的语文教学不能只局限在教科书中，必须超越教材、超越课堂，引导学生走向更为广阔的语文天地。

比如学习了《黄继光》后，学生被黄继光那无比坚强的意志和视死如归的革命牺牲精神深深感动着。教师由此布置学生阅读类似的突显革命牺牲精神的文章，如《邱少云》《飞夺泸定桥》《金色的鱼钩》等等，从而使学生进一步感受这震撼人心的革命精神，认识到如今幸福生活的来之不易。

3. 跨界类作业

语文学科的跨界类作业，从本质上来说，是基于语文学科的特点，体现语文学科与其他学科的融合，从而更进一步促进学生对语文知识的理解和把握。

如六年级下册第一单元的主题是"十里不同风，百里不同俗"。教师可以设计一个"走进传统节日习俗"的综合性实践活动。可以与信息技术学科相结合的资料查阅"节日习俗大百科"，安排学生在课堂中查阅相关资料；可以和劳动课相结合，安排学生在端午节时拔艾草、包粽子活动；可以和科学课相结合，安排学生了解中药知识，参与香囊制作。

作业类型还有很多，如探究类作业、表演类作业等，但不管怎么创新，不管怎么个性化，任何一种语文作业，其最终目的都是为了促进语文能力和语文素养的提高。转变过去单一的被动的学习方式，让学生在多学科融合主题的实践活动中学得有趣，学得有收获，提高学生综合运用能力和动手能力。

二、创新作业空间：从封闭走向开放

很长一段时间以来，老师们对于作业的理解就是教学内容的复习巩固，以布置课本相应习题和作业本作业为主，现在，随着教学理念的更新，老师们必须在作业的设计上追求灵活多变，走出封闭空间，走向多维开放。

1. 整合资源，开放表达

这里的开放表达一方面指的是答案的开放多元，另外指的是学生在完成作业的过程中，需要充分整合多种资源，进行个性化理解和表达。这样的作业，有利于培养学生的思辨能力，有利于促进学生思维的发展和提升。

如学习了五年级上学期《圆明园的毁灭》一文后，学生对侵略者的野蛮行径无比愤慨，课后，老师可让学生写一份对英法联军的控诉书。

> 犯罪时间：1860 年 10 月 6 日
> 犯罪成员：英法联军，共 3000 余人
> 控诉词：…………

这一作业，把传统的"写感想"改成写"控诉词"，更利于激发学生的表达热情。为了完成此份作业，学生需要联系文本内容，合理利用文本资源，并进一步搜集相关资料，来更好地控诉侵略者所犯的罪行，激发起对祖国灿烂文化的热爱和对侵略者强盗行径的愤恨。

2. 多样分层，自主选择

作业要针对不同学习水平的学生进行分层布置，要让不同层次学生在适合自己的作业中获得成功的体验。教师要设计可供不同类型学生选择的弹性作业，让学生根据自己的背景知识、兴趣爱好等选择自己喜欢的作业，激发学生学习探究的欲望。这一指导意见，要求老师客观认识班中学生学习能力的差异，在作业设计上既能保底，又有提升，保证让各个层次的学生都能得到更好的发展。如学习了六年级下学期第一单元的《古诗三首》后，老师可设计多道不同难度不同形式的作业题供学生选择。

爱朗诵的你，不妨把这两首诗有感情地朗读朗读；

爱背诵、默写的你，不妨把这两首诗背一背、默写默写；

爱书法的你，不妨把这两首诗用你精美的钢笔、毛笔书写下来；

爱读书的你，不妨用自己的话说说两首诗的诗意；

爱画画的你，不妨选择其中的一首，画成一幅画；

爱唱歌的你，不妨给这两首诗谱上曲，唱一唱。

又如，学习完《树之歌》之后，可将作业这样分层：

小小画家：画出不同种类的树，并分别标注名称。

小小植物学家：走进公园、植物园，将自己做好的树木牌悬挂（包括名称、简介、习性等）到树上。

小小主播：以录制视频的方式介绍树木。

这些题包罗了听、说、读、写、思、画、唱等各个方面内容，让不同水平的学生都能根据自己的能力、兴趣、需要，自主选择适合自己的题目做。可以少做，也可以多做；可以做简单一点的题目，也可以选择难度大的题目做。充分体现了课程标准里倡导的"自主，合作，探究"的学习方式，强调学生是学习和发展的主体，关注学生的个体差异和不同的学习需求，爱护学生的好奇心、

求知欲，充分激发学生的主动意识和进取精神。

3. 关注生活，读写结合

《语文课程标准》指出，语文课程是学生学习运用祖国语言文字的课程，学习资源和实践机会无处不在，无时不有。因此，日常生活是学生学习语言文字很好的途径，我们老师要积极引导学生观察生活、体验生活，将课本所学与实际生活有机结合起来，让学生在生活化的语言实践中活化语言。生活化作业主要指引导学生关注现实生活中的人和事。一场突如其来的大暴雨，一件预想不到的突发事件，当前的时事热点，世间百态和人情冷暖，都可以转化为老师当天的作业。

三、创新作业方式：从独立走向协作

当下，是一个非常注重团队建设和管理的时代，在团队中，可以合理利用每一位成员的知识和技能协同工作，充分发挥集体的潜能解决问题，达成共同的目标。在作业的布置上，老师可以给学生提供合作交流的机会，让学生在完成作业的过程中学会与人合作，学会相互分享，学会共同面对困难，学会共同享受成功。

1. 合作型作业

合作型作业指的是在作业过程中，全班分成几个合作小组，在老师的引导下，按照作业要求，小组成员分工合作，共同完成作业任务。

如学习了六下第一单元后，老师要求学生完成一份关于"中华传统习俗"的手抄报。于是，根据每个人的特长，可以分别负责"搜集资料、排版设计、写字、美工"等不同的工作。明确分工后，制定各项工作的完成进度，这样在协同中有分工，在分工中有合作，碰到问题一起解决，最终拿出一份凝聚集体智慧的作品。在完成作业的过程中，不仅减少了每个人的工作量，节省了作业时间，还培养了学生合作的能力。

2. 接力型作业

接力型作业同样需要分成合作小组，在作业过程中，小组成员在同一个本子上轮流作业，这种作业一般以日记和小练笔为主。

以"日记"本子的接力为例。从内容上来说，日记本内容可以以班中每天发生的人和事为题材，在记录的同时发表自己的感想和看法。这样，一方面引导学生留心观察生活，另一方面随时培养学生的思辨习惯和能力。在方法上，第二位接力的同学既要写当天的日记，还要对前一天同学的日记采用留言的方式进行跟帖点评、点赞等。组长需要定期对日记本进行小结，对每一位成员的

作业情况进行点评。教师每周可以给予一次评语及等级评分，定期全班评比。在接力型作业中，小组内每位组员在完成自己作业的同时，还可以阅读其他组员的作业情况，并开展互评工作，在鼓励肯定别人的同时激励自己更好地完成下一次作业。

3. 互助型作业

互助型作业在这里指的是学生自己出作业题，然后同学间相互答题。学生将学过的知识通过出题的形式进行"再创造"，达到对知识更深入的理解，更有效的内化，提高学习兴趣。

在出互助型作业题时，老师还可以要求出题人能说出自己命题的依据，并能对同学的答题情况进行评价，要知其然，还要知其所以然。这样的命题作业，锻炼和培养了学生的综合能力。如在学习了六年级上册第一单元后，A同学出了三道题目：

一是"洒脱、礼貌、幽雅、笨拙、愁怨"五个看拼音写词语。

二是《草原》第一段的按课文内容填空。

三是照样子，写一个排比句。

A同学出的三道题目中，第一题的五个词语，有一个词语是他自己写错过的，另外四个是他认为比较难的。第二题是因为《草原》的第一段是老师要求默写的，A同学出填空的格子中，其中有两个字是他曾经写错过的。第三题链接的是语文园地中的"词句段运用"，是这个单元的重点。可以说，A同学出的这三道题目从自己的学习经验出发，像是在整理错题本，起到了巩固知识的作用。

应该注意的是，学生自主命题要做到循序渐进。一开始，可以让学生出一些"字词类"的基础性作业，老师在这过程中加强指导。慢慢地，可以引导学生可以出一些"写句子""课内阅读"的作业。当学生有了一定的经验后，甚至可以让学生出课外阅读作业。互助型作业重在让学生通过命题复习基础知识，梳理知识体系，作业量不用多，完成作业的时间一般控制在20分钟左右。

作业的改革和创新，绝非一朝一夕之功，需要老师们在日常教学中不断地摸索和探究，方能设计出一些既能激发学生作业兴趣，又能培养学生语文素养和综合能力的创新性、个性化作业。

聚焦语文要素 轻松扎实学习

首都师范大学附属回龙观育新学校　汪桂芳

课堂是教师的主阵地。提升教育教学质量，既是磨炼个人基本功的需要，也是对学生负责的表现。为响应国家政策，教师更应该深入思考如何提高课堂教学质量，增强学习效果，以减轻学生负担。

小学统编语文教材采取"双线组元"的编写方式，其中一大特点就是每一单元都写明了单元人文主题和需要落实的语文要素。本文就如何在课堂上落实语文要素，提升课堂教学质量，增强学习效果，以减轻学生负担做阐述。

一、设计学习情境，贯穿单元教学

（一）明确语文要素

统编版语文四年级上册第三单元的人文主题是观察。"处处留心皆学问。"语文要素有两个：体会文章准确生动的表达，感受作者连续细致的观察；进行连续观察，学写观察日记。

（二）在情境中学习

在介绍单元主题时，我就和学生们明确：本单元我们的学习目的就是向高手学习观察，运用观察方法，写观察日记。我们要向诗人学习观察景物，向叶圣陶先生学习观察植物，向法布尔学习观察动物。

1. 确定观察对象

在《暮江吟》这首诗中，我先让学生找观察对象。学生能找出残阳、江水、月亮和露珠。在《爬山虎的脚》这篇课文中，我们发现作者的观察对象是爬山虎，观察了爬山虎的位置、叶子、脚。其中爬山虎的脚描写最为详细，作者写了爬山虎的脚的位置、形状和颜色，介绍了它是怎么一步一步往上爬的，最后写脚的变化。在《蟋蟀的住宅》这篇课文中，我们发现作者主要观察了两方面，一是蟋蟀住宅的特点，二是蟋蟀建造住宅的过程。

2. 从观察者的角度观察

"半江瑟瑟半江红"，"露似珍珠月似弓。"江水受光处呈现出红色，未受光处呈现出青绿色。那露珠像珍珠一样闪闪发光，月亮如同一张弯弓挂在空中。当我们和诗人一起想象，就仿佛自己也站在初秋的月色中。

再去欣赏一下爬山虎的叶子吧！你有什么发现？叶子的颜色在变化，从"嫩红"到"嫩绿"，再到"绿得那么新鲜"。叶子的形态也在变化。"叶尖一顺儿朝下，在墙上铺得那么均匀，没有重叠起来的，也不留一点儿空隙。"这是叶子静态的美。"一阵风拂过，一墙的叶子就漾起波纹，好看得很。"这是叶子动态的美。动静结合，作者把爬山虎的叶子描写得那样有活力。

蟋蟀的住宅有什么特点呢？学生圈画课文中的关键词语，感受蟋蟀住宅的特点：向阳干燥、大小适宜、隐蔽舒适、简朴卫生。

3. 学习观察者的方法

（1）从不同角度观察

在《题西林壁》这首诗中，学生学到了作者从不同角度观察庐山的方法，因此看到了"横看成岭侧成峰，远近高低各不同。"从中归纳出道理。

（2）用比较的方法观察

在《雪梅》这首诗中，作者将雪和梅进行了比较，得出了结论："梅须逊雪三分白，雪却输梅一段香。"在《爬山虎的脚》这一课中，作者发现没触着墙的脚，不几天就枯萎了，而触着墙的，细丝和小圆片逐渐变成灰色。

（3）用多种感官观察

作者在观察时运用了多种感官，比如《爬山虎的脚》一文中："要是你的手指不费一点儿劲，休想拉下爬山虎的一根茎。"可见作者用手拉过。在法布尔观察蟋蟀的过程中，仅仅是用眼睛看吗？不，学生发现，他还用耳朵听："当四周很安静的时候，蟋蟀就在这平台上弹琴。"他用手去摸："屋子的内部没什么布置，但是墙壁很光滑。"他用工具测量："隧道顺着地势弯弯曲曲，最多九寸深，一指宽，这便是蟋蟀的住宅。"

（4）细致连续观察

作者细致观察的例子很多，比如，作者是这样描写爬山虎的脚的位置的："茎上长叶柄的地方，反面伸出枝状的六七根细丝，这些细丝很像蜗牛的触角。"长叶柄的地方、枝状和六七根细丝，这都比较容易观察，关键在于"反面"这个词。我拍了一些爬山虎的照片，请学生细致观察，发现爬山虎的脚和叶子是相对着长的。

作者的观察不仅细致，而且连续，花费很长时间。在《爬山虎的脚》这一课中，学生抓住表示时间的词语"刚长出来""不几天""以前""今年"等，体会到作者观察了好长一段时间，而且每年都观察。在《蟋蟀的住宅》这一课中，学生抓住含有时间词的句子，体会作者观察的时间长。我给学生补充了《昆虫记》

原文中的句子："到了春光明媚时，巢穴仍在继续维修，不停地修复，直至屋主去世。"学生发现蟋蟀一生都在修建住宅，而法布尔也对它进行了连续的观察。

（三）教学效果反思

1. 课堂表现

学生上课专注、投入，绝大部分学生都能把自己当成观察者，进入情境去观察。用善于发现的眼睛去观察事物。学生思维比较活跃，尤其是在向作者学习观察方法的环节。一方面学生要去文中圈画关键词，一方面要进行思考，思考关键词和作者的观察方法之间的联系。

2. 习作表现

在刚进入第三单元教学的时候，我就已经和学生说明了习作任务，并且进行了观察记录的指导。学生开始寻找观察对象进行观察。在学习本单元时，我们归纳了许多观察方法，用以指导学生的观察。在单元结束，进行习作指导，指导学生如何将观察记录转化为观察日记。从学生写的观察日记来看，学生观察得比较细致，而且确实用了至少两周的时间进行连续观察。不足之处是，学生为了体现观察细致，往往在文中写了一些烦琐的内容，语言上也不够吸引人。

3. 减负体现

在本单元中，由于进行观察记录，每天花几分钟时间记下笔记。由于在整个单元的教学过程中对学生完成观察日记可能出现的问题都进行了切实的指导，所以学生较轻松完成了任务，且效果较好。

二、解构语文要素，依文分步落实

（一）明确语文要素

统编版四年级上册第六单元的人文主题是童年。"童年啊！是梦中的真，是真中的梦，是回忆时含泪的微笑。——冰心"。

语文要素有三个：

1. 学习用批注的方法阅读。
2. 通过人物的动作、语言、神态体会人物的心情。
3. 记一次游戏，把游戏过程写清楚。

（二）分解语文要素

这里主要讲本单元的第一个语文要素："学习用批注的方法阅读。"本单元有三篇课文：《牛和鹅》《一只窝囊的大老虎》和《陀螺》。学生曾接触"批注"，但对"批注"概念和批注的角度还比较陌生，独立进行批注难度较大。学生有一定联系生活实际的经验，懂得关注新鲜感、关键性的语句，有一些理解内容的方法。详细研究了教参和课后题之后,我是这样分解这一语文要素的:在《牛和鹅》中引导学生学习批注的方法。在《一只窝囊的大老虎》中侧重练习针对"不理解的地方"进行批注。在《陀螺》中,放手让学生自主批注,重点练习在"体会比较深的地方"作批注。

1. 学习批注的角度

在《牛和鹅》这篇课文中,有五个批注,学生读完课文后,让学生读批注,思考是从哪个角度作的批注。之后我们归纳:从提问的角度;写得好的角度;感受深的角度;有启发的角度。

2. 尝试作批注

从提问的角度切入,让学生批注自己的问题。最终提炼出:"为什么'我'对牛和鹅的态度转变了?"批注方法提示:人物心情要通过人物动作、神态、心理等细节描写来理解。课堂上请同学们自行批注、上台展示,教师点拨、示范。

3. 在不理解的地方进行批注

《一只窝囊的大老虎》是全书当中最长的文章,学生阅读起来有一定困难。在课文教学中,以在"不理解的地方"作批注作为训练点。这个训练点又可以分解为两个:一是针对不理解的字词作批注,提出疑问或者猜一猜它的意思;二是针对不理解的内容作批注,提出并归纳出文章的主要问题。

4. 在体会比较深的地方进行批注

《陀螺》这篇文章距离孩子的生活较远,现在的孩子已经不怎么玩木质陀螺了。作者的语言表达独具特色,因此学生在读文章的时候会有较多体会比较深的地方。这堂课要着眼加强批注和语言表达之间的联结。引导学生感受语言诙谐幽默,分享类似的生活经验,并鼓励学生积极记录生活中有意思的事。

(三)教学效果反思

1. 课堂表现

在学本单元之前,同学们在默读时往往不知道该批注些什么。通过教学生批注的角度和方法,再分侧重点进行练习,学生基本能大胆批注、乐于批注。课堂上学生的批注是多角度的,且能借助批注表达想法。批注较工整,语言较简洁。学生克服了畏难情绪,找到了批注的乐趣。

2. 学生发展

学会了批注,学生可以在阅读中使用这个方法。从应试的角度,学生能够在文中标注关键词语,标注自己的理解与感受,必然有利于更准确地理解文章含义,提取文章信息。不动笔墨不读书,这是一个良好的阅读习惯,所以从学生的长期发展来看,批注是一项重要的技能。

3．减负效果

学生在课堂上学会一项技能，自然能使课堂提质增效，为学生今后的学习提供了方法，能提高学习效率，为学生节省许多时间休息、玩耍，减轻了学生负担。

三、补充学习资料，拓展课堂空间

（一）明确语文要素

统编版四年级上册第七单元的人文主题是家国情怀。"天下兴亡，匹夫有责"。语文要素有两个：关注主要人物和事件，学习把握文章的主要内容；学习写书信。

（二）补充学习资料

1．学生搜集资料

在单元预习时，我强调一定要注意发现自己不懂的内容，然后去查阅相关资料。在学习《夏日绝句》这首诗的过程中，学生通过查阅写作背景，能较深刻地体会作者感情。还有些学生搜集了项羽的资料，有助于理解古诗。学习《梅兰芳蓄须》这课前，学生搜集了梅兰芳的个人资料，能更深入地理解人物形象。

2．适时补充典故

在讲授《夏日绝句》时，我简单补充了关于项羽的故事，比如垓下之围、四面楚歌、霸王别姬和乌江自刎，能帮助学生更深入地理解人物形象。

3．课外阅读对比教学

历史上有诗人对项羽颇有微词。比如：杜牧的《题乌江亭》和王安石的《乌江亭》。但李清照为什么却如此赞赏项羽的行为呢？这时候学生联系本诗的写作背景，李清照的丈夫赵明诚弃城叛逃，让李清照十分不耻，因此她经过乌江亭的时候写下这首诗。

（三）教学效果反思

1．课堂表现

学生很享受课堂，典故深深地吸引了他们。这也提醒了我，作为一名教师，一定要扩大自己的知识储备。在讲授《梅兰芳蓄须》一课前，我阅读了梅兰芳的传记，了解了他的一生。在讲到梅兰芳买房度日这件事时，我给学生描述了梅兰芳在北京的房子。这是一座七进四合院，里面摆满了艺术文化珍品。在几年间，参观梅兰芳住宅的各国元首、名人、艺术家就多达几千人。梅兰芳待人和善品行高尚，在自己无法演出没有收入的情况下，先是变卖家里的古玩珍品，然后拍卖自己的字画，最后只好卖掉这座房子。在艰难的生活境况下，他没有解雇任何一位员工。学生专注地听着我的讲述，眼神里流露出对梅兰芳的敬佩与赞美。

2. 减负效果

在学习课文时，我一步一步推进，学生联系旧知，结合资料，逐个击破困难，体会到了巨大的成就感。学生十分专注，发言积极，相互合作，努力使自己的语言更简洁。教师在课堂上帮助学生达到学习发展区，切实可行地提升学生学习能力，减轻学生的思考负担，这是真正的减负。

结语

充分挖掘教材，熟知统编教材的编排思路，明确教学中需要落实的语文要素，这是教好语文的前提条件。单元总体设计，分步落实语文要素，是教好语文的基本方向。融合语文要素，合并穿插教学往往是节约教学时间，避免浪费学生精力的有效手段。落实语文要素，提质减负增效，提升学生素养，还需教师在探索中前行。

小学语文统编教材古诗词整合教学的实践研究

北京市昌平区回龙观第二小学　徐辉　于慧

一、小学古诗词教学的重要性

古诗词是中华文化的瑰宝，而诗教是我们中华文化传承的一个特有的传统。古诗词教学也是新时代弘扬中华优秀传统文化的一个重要手段，是传承我们中华民族精神"根"与"魂"的绝佳载体。

二、小学古诗词整合教学的实践研究

统编版语文教材中古诗词的数量非常可观，达112首。其中61首出现在课文中，还有51首出现在日积月累和古诗词诵读篇目中。从体裁上看，这些古诗词中有91首绝句，5首律诗，还有8首古体诗和8首词。

在课题实践过程中，笔者根据统编教材古诗词篇目的选编特点，根据诗词的不同主题、不同诗人、不同意象等具体内容，探究了小学各年级段古诗词的整合方式。同时加入了一些促进学生理解的课外古诗词资源作为拓展，以提升学生积累数量、增进其对诗词的理解，达到了提高课堂效率，减轻学生负担的目的。

（一）同一单元内精讲古诗词整合，对比阅读的整合方式

如三年级上册第二单元《山行》《赠刘景文》两首古诗的整合，结合单元内容编排的特点，由美丽的秋景切入，抓住"霜叶红于二月花""最是橙黄橘绿时"最后归于两首诗的作者对于生活和生命的乐观豁达的精神。

将同一单元的古诗加以整合，可以通过对两首诗进行对比阅读，在引导学生理解诗词大意的基础上，让学生通过对比思考，比较两首诗之间的异同，从而使其感受到诗意中更深层的内涵，达到1+1>2的效果。

（二）不同单元之间的古诗词整合，前粘后连的整合方式

统编教材中，有一些诗人的作品分布在不同年级当中，如：王安石的作品分别出现在了二年级上册、三年级下册、六年级上册及六年级下册中，四首诗是王安石一生政治抱负的写照，《梅花》表达了诗人的品格如梅花一般高洁,《泊船瓜洲》表现了诗人对政治改革的抱负和对家乡的思念，《元日》体现出了作

者对改革之后国家面貌焕然一新的期待，《书湖阴先生壁》则表现出作者在改革遇到障碍的之后隐居田园，心境恬淡的情怀。四首诗串联之后，就是王安石一生的缩影，结合背景引导学生去解读，学生会对王安石其人，以及四首古诗有更深刻的领悟，从而更全面的了解王安石的高洁品格和济世安民的人生理想。

（三）课内古诗与课外古诗整合，以诗解诗的整合方式

在古诗词教学过程中，利用课内古诗和课外古诗整合教学的方式，以诗解诗，用一首诗，带动一类诗，可以开辟学生更深层理解古诗词的新的途径。

如：教学《墨梅》一诗时，将王冕的《白梅》一诗引入课堂，利用这首课外的古诗词，可以加深学生对王冕的品格的理解。《墨梅》是画，突出了王冕的清气一般的品格浩荡在天地之间，而《白梅》是花，同样不畏严寒、不同桃李，要散作乾坤万里春，诗人的品格也在两首诗的互读中促进了学生的理解，从而领略的王冕人格的高尚，对王冕有了更加立体的认识。

（四）课内古诗和课外文本的整合，以文解诗、以画解诗的整合方式

在古诗词教学过程中，笔者发现，有很多课外的资源都可以作为理解古诗词的辅助材料。现在的图书、绘本等资源浩如烟海，如果教师仔细了解、广泛搜寻，可以找到一些资源可以整合到古诗词的课堂里，从而加深学生对古诗词的理解。如，在教学《浪淘沙（其一）》一诗时，可以结合绘本《黄河》进行互文阅读，加深学生对黄河的宏大之美的理解。

三、多种途径助力古诗词整合教学

（一）预习单的使用

在整合教学的实践过程中，笔者基于提升课堂效率，激发学生兴趣、提升学生参与度的目的，尝试通过预习单来引导学生在课前进行充分的预习，从而可以更高效地利用课堂时间解决学生的核心问题，进而促进学生的思维发展。如：在讲授《山居秋暝》和《枫桥夜泊》一课时，教师预先设置预习单，引导学生通过注释理解诗意，再提出自己不明白的问题，经过统计发现，学生的问题集中在"王孙自可留"和"江枫渔火对愁眠"两句诗中，学生不理解的点是王维为什么说"王孙自可留"和张继为什么"愁"，于是，在课堂教学过程中，教师就这两个核心问题引领学生思考和理解，减轻了学生的学习负担，更有针对性地从问题出发，高效地完成了课堂教学的任务。

（二）现代信息技术的应用

运用现代的信息技术，提升古诗词整合课堂的效率，可以让古诗词插上信息的翅膀，焕发新的生命活力。在实践过程中，笔者着重通过PAD教学、微

课教学等先进的技术手段，引领学生通过新的互联网＋的前沿技术，将穿越千年的古诗词和时代前沿的先进技术有所关联。利用PAD的预学统计、随堂练习、资料链接等功能，让古诗词课堂更加高效，如：《墨梅》+《白梅》一课的讲授过程中，教师就通过课堂上的随堂练习，PAD上资料的推送，让每一位学生及时参与到课堂当中，提升学生的课堂参与度和对学习的兴趣和热情。

（三）学习兴趣的多样激发

心理学研究表明，学习兴趣的水平对学习效果能产生很大影响。学生学习兴趣浓厚，情绪高涨，他就会深入地、积极主动地学习相关方面的知识，并且广泛涉猎与之有关的知识，遇到困难时表现出顽强的钻研精神。

为了激发学生学习古诗词的浓厚兴趣，笔者通过实践，探究出了一系列可以激发学生学习兴趣的方法。如，很多学生喜欢诗人李白，喜欢他的潇洒飘逸和乐观豁达，教师就从学生的兴趣出发，创作诗词课本剧《李白的朋友圈》，将李白在不同人生时期的古诗进行串联整合，将和李白有交集的诗人也整合在剧中，创编出了四幕剧：黄鹤楼送孟浩然、酒家会贺知章、哭别贺知章及桃花潭畔赠汪伦，将古诗《春晓》《黄鹤楼送孟浩然之广陵》《蜀道难》《对酒忆贺监》《赠汪伦》等诗整合入剧，学生一边演、一边记，对古诗词的兴趣也油然而生。

笔者还尝试了古诗今唱的方式，将一些现代艺术家谱曲的古诗播放给学生，有了朗朗上口的曲调，学生更愿意去背诵古诗、把它们唱出来，古诗词也被赋予了新时代的韵味。

当然，限于知识和经验有限，研究的层面还不够深入，实践研究的眼界也相对有一些局限之处。今后笔者将继续努力，进一步通过学习打开思路，探索更深层次的小学古诗词整合策略，进一步提高学生的学习质量，加深其对古诗词的理解。

小学语文学科作业设计初探

北京市昌平实验小学　田晓刚　刘雪燕

老师们在设计作业时要突破以往"重知识、轻能力"的习惯，切实减少简单记忆、机械重复的作业，在形式和内容上设计出一些具有实践性、创新性、趣味性和开放性的个性化作业，促进学生的思考、探究和创新能力的提升。

一、背景分析

作业一直是教育领域中关注的焦点，也是课程改革的关键词之一，它既是学生学习活动的重要组成部分，又与学校教学质量有着内在关联，还直接影响着家庭对学校教育的关注。

二、现状分析及存在问题

（一）作业设计现状分析

提高作业设计的关键在于教师，为提高教师作业设计能力，我校围绕教师"作业观"进行了问卷调查。本次共收回100份有效问卷，受学科特点的影响，其中85%的教师认为作业是有用且有必要的；88%以上的教师认为作业是课堂教学的延伸，要围绕课堂教学设计进行。对于作业来源70%的教师认为作业的来源不仅仅为教辅资料的习题，不认同直接拿来用就可以；对于作业的设计者是否只有教师参与，持不同观点，在实践中还有待进一步探讨。

（二）作业设计存在问题

通过与教师访谈及现状分析，我们发现教师在作业设计方面存在很多问题，具体表现为：

作业功能单一，认为作业主要是巩固课堂知识与技能；

缺乏目标意识，目标指向单一，且低水平目标多；

低难度和中等难度的作业过多，而难度高的作业又远远超过学生特点和课标要求；

以书面作业为主，类型单一，机械重复性作业过多；

作业目标、难度、类型的分布比例不合适，设计缺乏整体性、序列性；

缺乏针对不同学生的差异性作业；

作业与教学脱节；

作业时间长。

三、实施原则

（一）凸显全面育人

语文作业设计要落实立德树人根本任务，确保正确的价值观，体现德智体美劳全面发展的育人理念。作业不仅是巩固知识与技能，发展学生问题解决的能力，还要培养学生的责任心，激发学生的学习自信，培养学生的学习兴趣。

（二）实现目标一致

语文作业目标要符合学科课程标准的规定，要兼顾识字与写字、表达与交流、阅读与鉴赏、梳理与探究方面的目标。

（三）注重设计科学

语文作业设计要科学。作业要用语精炼，要求明确，易于理解，答案正确。对于开放性、综合性的作业任务，答案要合理，并且体现不同的水平标准。

（四）关注类型多样

语文作业设计要体现多种类型，激发学生作业兴趣。除了常规书面作业外，还应该设计听说类、活动类、合作类、开放类、综合实践类作业。学校还应探索跨学科作业设计，以发展学生真实问题解决能力。

（五）聚焦难度适宜

语文作业设计要避免难度过高或过低两种极端。教师要依据学生实际，设计符合学生实际情况的作业。作业难度判断要准确，不同难度的作业分配要合理。

（六）统筹时间合适

作业时间过长，会导致学生睡眠时间减少。学生睡眠时间减少会使学生第二天听课效率低下，从而导致第二天作业时间更长。因此学生作业时间要保证在合适的范围内。

四、实施策略

（一）以多样化作业设计提高学生思辨能力

现在的小学语文作业主要有"预习、抄词、听写、单元习作、小练笔"等。这些作业大都以基础知识型为主，注重基础，但类型单一，在培养学生思辨能力方面比较薄弱。因此，我们要想办法在作业设计上探索多样化的创新路径，如：

自主型作业、拓展型作业和跨界型作业。

1. 自主型作业

自主型作业就是引导学生自己总结，自己设计相应的习题来巩固延伸课堂教学。学生自己设计作业体现的是学习的主动性和创造性，激发的是作业的热情和兴趣。

在学习了《只有一个地球》一文后，我让学生自己设计作业。有的学生说，这篇课文很适合朗诵，打算选一段音乐，进行配乐朗诵；有的学生说，打算再多找点相应的资料，写一份保护地球的倡议书；有的学生说，打算写几条保护地球的公益广告……

自主型作业，充分尊重每一位孩子的选择权，让学生根据自己的特长、爱好、需要等做出自主选择，充分体现"学生是学习的主人"这一教学理念。

2. 拓展型作业

拓展型作业强调对课堂教学内容的拓展延伸。语文教学不能只局限在教科书中，还要引导学生走向更为广阔的语文天地。

《宇宙生命之谜》是一篇科普说明文。课后，我引导学生思考地球之外的太空中是否有生命存在？学生兴趣浓厚，纷纷表达自己的看法。我再相机引导学生查资料来佐证自己的观点，并于数日后举行"地球之外是否有生命存在"的辩论会。

拓展型作业，对于拓宽学生的知识面，激发学生的学习热情，发展学生的思维，都能起到很好的作用。

3. 跨界型作业

跨界型作业是基于语文学科的特点，将语文学科与其他学科进行融合，从而促进学生对语文知识的理解和把握。

《四季之美》是一篇意境优美的散文。课上，我引导学生想象画面，诵读美文。课后，我让学生在理解的基础上，把想象到的画面画出来。学生通过画画再现课文情境，感受祖国语言文字的优美，个别学生还可以借助自己的画来帮助背诵，激发想象力，提高审美能力。

作业类型还有很多，如探究型作业、表演型作业等，但不管如何创新，其最终目的都是为了促进学生语文能力和素养的提高。

（二）以开放性作业设计促进学生个性发展

很长时间以来，教师对于作业的理解只局限于对教学内容的复习巩固。现在，随着教学理念的更新，老师们必须在作业的设计上走出封闭空间，体现学生的个性表达，重视学生的个体差异，紧抓生活化的语言实践，让作业设计走向多维开放。

1. 体现学生的个性表达

学生的个性表达指的是学生在完成作业的过程中，需要充分整合多种资源，进行个性化理解和表达。这样的作业，有利于培养学生的思辨能力，促进学生思维的发展和提升。

如学习了《圆明园的毁灭》一文后，学生对侵略者的野蛮行径无比愤慨。课后，老师可以让学生写一份对英法联军的控诉书。

犯罪时间：1860年10月6日。

犯罪成员：英法联军，共3000余人。

控诉词：…………

这一作业，把以往的"写感想"改成写"控诉词"，更利于激发学生的表达热情。为了完成此份作业，学生需要联系文本，搜集资料，来控诉侵略者的行径，激发对祖国的热爱。

2. 重视学生的个体差异

教师要设计可供不同类型学生选择的作业，让学生根据自己的背景知识、兴趣爱好等选择喜欢的作业，激发其探究的欲望。这就需要教师能客观认识学生学习能力的差异，在作业设计上既能保底，又有提升，让各层次的学生都能得到更好的发展。

如学习了六年级下册的《古诗三首》后，根据学习能力的差异，A层次的学生可以有感情地朗读课文，背诵古诗，大致理解诗的意思。B层次的学生可以在A层次的基础上，说说古诗大意，并再积累两首描写传统节日的诗。C层次的学生可以在B层次的基础上，根据诗的意境，把其中一首改写成现代文。

这样针对不同学习水平的学生进行分层布置，让学生都能在适合自己的作业中获得成功的体验。

3. 紧抓生活化的语言实践

《语文课程标准》指出，语文课程是学生学习运用祖国语言文字的课程，学习资源和实践机会无处不在，无时不有。因此，应让学生在大量的语文实践中体会、把握、运用语文的规律。因此教师要积极引导学生观察生活、体验生活。

如学习了《白鹭》一文中对于白鹭外形的写法后，可以引导学生观察生活中自己喜欢的一种小动物，仿照课文，写一写这种动物的外形，表达喜爱之情。

这样的作业，如果没有生活化的细致观察，学生是很难写好的。

（三）以合作型作业设计培养学生团队意识

当下，是一个非常注重团队合作的时代。在作业的布置上，老师可以给学生提供合作交流的机会，让学生在完成作业的过程中学会与人合作。合作型作业的形式可以有小组作业、接力作业和互助作业。

1. 小组作业

小组作业指的是在作业过程中，全班分成几个合作小组，在老师的引导下，按照作业要求，小组成员分工合作，共同完成作业任务。

如学习了六下第一单元后，老师要求学生完成一份关于"中华传统习俗"的手抄报。于是，根据每个人的特长，学生们可以分别负责"搜集资料、排版设计、写字、美工."等不同的工作。学生在分工中有合作，最终拿出一份凝聚集体智慧的作品。

在小组合作中，学生体验到了合作与成功的喜悦，并且在合作中提高了共同学习能力和交流沟通能力。

2. 接力作业

接力作业同样需要分成合作小组，在作业过程中，小组成员在同一个本子上轮流作业。

以"日记"本的接力为例。从内容上来说，日记本内容可以以班中每天发生的人和事为题材，在记录的同时发表自己的感想和看法。这样，一方面引导学生留心观察生活，另一方面随时培养学生的思辨习惯和能力。在方法上，第二位接力的同学既要写当天的日记，还要对前一天同学的日记留言点评。教师每周可以给予一次评语。

在接力作业中，小组内每位组员在完成自己作业的同时，还可以阅读其他组员的作业情况，并开展互评工作，在鼓励肯定别人的同时激励自己更好地完成下一次作业。

3. 互助作业

互助作业在这里指的是学生自己出作业题，然后同学间相互答题。学生将学过的知识通过出题的形式进行再创造，达到对知识更深入的理解和更有效的内化。

五、实施反思

我们需要重新定位作业的功能与本质，重新建构作业体系，提升作业设计与实施的质量。作业的改革和创新，绝非一朝一夕之功，需要教师在日常教学中不断地摸索和探究。只有这样，才能提升教师作业设计与实施的能力，使作业的功能真正回归教育本质，回归育人初心。

整本书阅读教学

北京市昌平第二实验小学　井泉

2022版语文新课程标准明确提出了整本书阅读的要求：根据阅读目的和兴趣选择合适的图书，制定阅读计划，综合运用多种方法阅读整本书；借助多种方式分享阅读心得，交流研讨阅读中的问题，积累整本书阅读经验，养成良好阅读习惯，提高整体认知能力，丰富精神世界。

但是，当前的整本书阅读大多仍停留在阅读任务的完成、表层的感知等，远离阅读者的生活、发现与感悟。因此，整本书阅读教学亟须引领学生学会凝视、融合生活、学会运用。

一、由模糊走向清晰

当下的整本书阅读教学的现状——大多流于浅读，在文字表面"跳荡"。学生常常是一读而过，要么是人云亦云状的惯性阅读，要么是"吃瓜群众"状的惰性阅读，脑海中留下的是"一团糨糊"。所以我们的整本书阅读教学要让孩子领悟到主题，学会一些方法。

（一）读出"一根线"

整本书是由多篇或较长篇幅的文本构成，常常由多个人物、多个场景、多个事件构成。由于阅读的精力分配很难兼顾整体，读着读着，学生便"犯糊"起来，逐浪于故事的表层。整本书的故事再多，也一定有阅读之线——明线或暗线。如：四年级上册第四单元"快乐读书吧"推荐阅读的《中国神话故事》全书采用儿童喜闻乐见的形式，编织了许多生动神奇的故事，让学生汲取中华民族传统优秀文化的丰富营养。阅读过程中，我们可以带领学生聚焦"神奇"的故事，不断寻找故事的神奇。有的主人公在遇到困难时，总有一股神力来帮忙；有的主人公在执迷不悟时，总有一股神奇的力量来点醒；有的主人公（坏人）要做坏事时，总有一股神力让他受到应有的惩罚。这样，在整本书阅读教学中，让学生学会品读"神奇之处"，且学会体会"神奇"发生的美好愿望。

（二）读出"一张网"

整本书阅读当然不能止于"一根线"的厘清，还应读出纵横交错的"多根线"，构成立体结构图。这就如蜘蛛结网一般展开,先由一根蛛丝开始,然后不断链接形成一张四通八达、韧性牢固的网。如,六年级上册第四单元"快乐读书吧"推荐阅读的《童年》一书,是一部深受学生喜欢的儿童小说。这部著作人物众多,但都是围绕着主人公来塑造,弄明白他们和阿廖沙之间的关系网,就不难分清了,而且小说生动的故事情节会有助于孩子们记住一个个性格各异的人物,如此,由线性阅读变成结构阅读,人物、事件便成了一个整体,不再是一个个孤零零的散点。

(三)读出"一条链"

在关注点一线一面的基础上,整本书阅读还要进一步读出层级链,这关键在于前后勾连,聚焦某点,察其变化,这样便读出了文本的深度与厚度。如,五年级下册第二单元"快乐读书吧"推荐阅读的《西游记》一书,是一部古典名著。在《西游记》中,"三"也无处不在,唐僧叫三藏,收有三弟子,取经途中三打过白骨精、三探过无底洞、三借过芭蕉扇、斗法降过那三怪,战得了有三昧真火的红孩儿,打得过有三头六臂的哪吒三太子……纵观此书,无论是情节内容,还是人物、法术很多都与数字"三"有关,"三"这个数字在《西游记》中有着举足轻重的地位。因此,便可以数字"三"为起点,进一步确定主题阅读的方向,将阅读走向纵深。

二、由阅读走向生活

整本书阅读不能止步于书面的解读,而要走向身临其境、设身处地地阅读,进而走向书中的角色与故事,并最终使阅读融入我们的生活。

(一)想到那时那境

真正走进文本的阅读,是丰富的阅读,是有血有肉、感同身受的阅读。从《西游记》中我们知道,唐僧是从长安出发,到达的终点是天竺国,也就是现在的印度境内,在我们国家的西南方。他们走的路线是这样的:先从东到西再到南的路线。这就引发了孩子们的思考:他们为什么不是直接向南,直接奔向目的地呢? 这就要联系当时的唐朝环境。玄奘选的这条路线其实是张骞出使西域的路线。因为张骞出使西域,所以中原和西域的频繁往来的一个路线。路线成熟,相对安全,更有利于完成取经的大业。同行的商旅也比较多。当时西域佛教盛行,多数国家都信仰佛教。国君有些也是虔诚的佛教徒,这样玄奘通关时就会很顺利。

(二)想到当下生活

在《西游记》中,八戒是一个充满矛盾的人物,他既有聪明可爱诙谐幽默之处，又有懒惰讨厌搬弄是非之时，但是正因为他身上这些矛盾的地方，让这个角色更"真实"，更有人间烟火气。可以说，八戒这个人物更像我们现实生活中的人，但是我们也要想一想，在面对各种诱惑各种挫折的时候，我们又会做出什么样的选择呢？八戒，这个"亦丑亦美，亦庄亦谐"的人物，留给我们的不仅是欢笑，还有更多的深思。

（三）想到未来生活

阅读不仅能丰富自己的知识，更是为未来做足准备；阅读也不仅能了解曾经的人情世故，更是为了走向未来的生活。整本书是一个个微缩社会的宝藏，是面向未来的源头活水。六年级下册第二单元"快乐读书吧"推荐阅读的重点是探险类世界名著，目的是激发学生阅读外国名著的兴趣，传授学生一定的整本书阅读方法。在阅读《骑鹅旅行记》时，学生会读出尼尔斯成长过程中的重要他人，不仅有帮助过尼尔斯的人，还有被尼尔斯帮助过的人。整本书阅读过程中，我们要引导学生在思辨中走进尼尔斯的内心，帮助学生形成正确的人生观和价值观。这样的阅读是可以"带得走"的阅读，是在看似杂乱的生活现象中厘清出来的能让学生走向未来。

语文教师对学生整本书阅读的引领，是要帮着拉近孩子与书籍的距离，是引领着孩子梳理出一条线、一张网、一条链，降低阅读的难度；是要学会找准时机，适切相扶，让学生从阅读中凝视生活。

习作教学初探

北京市昌平第二实验小学　董晓英

一、小学高年级习作现状

对于小学高年级学生来说，习作既是语文学习的重点，又是难点。在小学高年级学生中，不乏这样的孩子，熟知各种写作方法，却不会写作文；一到写作文就抱着作文书疯狂地找范文；还有更甚，家长花重金给孩子报作文班，学习如何用各种套路写作文。还有一个现象，语文老师通常会把写作文安排在周五，给学生留出更多的时间去完成。可见写作文对于很多孩子来说"难于上青天"。

二、习作减负增效的策略

语文老师如何让学生在最短的时间内，以最少的负担写好作文呢？

《语文课程标准》（2022年版）课程建议中指出要创设真实而富有意义的学习情境，凸显语文学习的实践性。创设学习情境，教师应引导学生关注家庭生活、校园生活、社会生活等相关经验。高年级习作减负增效可以这样做：

一方面，让生活成为习作的源泉。习作教学需要创设情境，情境源于生活。教育家叶圣陶曾说：生活充实，才会表白、抒发出真实深厚的情思来。这说明作文和生活密不可分，学生作文的素材也源于生活，离开了生活就成了无源之水。

另一方面，让课堂成为习作的主阵地。习作课最好是两节课连着（每节课40分钟），第一节用来指导学生学习写作方法，联系生活实际，搜集素材。第二节课就用来写作文和评改作文。如果只有一节课，我们可以安排学生在课后服务完成写作文，老师要进行指导。学生尽可能在学校完成习作，既得到教师有效的指导，又保证了习作时间和休息时间，避免孩子回到家后，无从下手，拖延到很晚，影响休息。

三、让生活成为习作的源泉

（一）创设真实、有意义的习作情境

真实的习作情境指的是真实发生的，或者将要发生的，且接近学生的实际生活，能让学生产生共情的情境。有意义的习作情境应该为提升核心素养服务，符合学生认知发展规律的。避免为了创设情境而虚构情境，或者创设无意义的情境。

《语文课程标准》（2022年版）课程理念强调要从学生语文生活实际出发，创设丰富多样的学习情境，设计富有挑战性的学习任务。小学五年级上册教材中第六单元习作"我想对您说"，要求用书信的方式进行交流。有的学生认为现代生活中不再需要书信。我们可以通过书信交流的真实情境让学生感受书信也是生活所需要的。我们还可以创设情境让学生写信表达真实需求。比如学生之间闹矛盾了，用书信的方式来表达歉意，更容易化解矛盾；比如想给长辈提一些建议，可以用书信的方式，显得更加有礼貌。

（二）作文素材源于生活

1. 重视生活经验和写作积累

《语文课程标准》（2022年版）学段目标中强调学生要"留心周围事物""能不拘形式的写下自己的见闻、感受和想象""有意识地丰富自己的见闻，珍视个人的独特感受，积累习作素材"。教师平时要培养学生留心观察周围事物的习惯，如家庭成员之间发生了什么事，家人有什么变化；在外面遇到什么人，什么事。高年级学生还要关注社会，如新冠疫情再次出现，人们是如何抗疫的？北京举办冬奥会，给我们生活带来的变化等等。对于高年级学生来说，不光可以用日记是形式，还可以用微信朋友圈的形式所见所闻所感，文体也不限。

2. 激活学生生活经验

在写作文之前除了教授必要的方法，还要激活学生的生活经验。小组学生围绕习作主题进行头脑风暴式的搜索生活经历，用思维导图的方式呈现生活经历，一改以往师生对话的方式，尽可能多地帮助学生搜集素材。学生搜集素材要经历"发散——对比——提炼"的过程。学生自由地表达自己的想法；对比各种素材，选出最有典型的材料；深入思考，提炼自己的观点。

以小学五年级下册习作"我长大了"为例。通过发散思维，小组合力搜集素材就比自己一个人搜集的素材丰富得多。结合生活实际，发现学习骑自行车不是五年级学生这个年龄段学到的本领，放在本次习作中不能更好地说明自己长大。对比不同素材，发现学生独立乘坐公共交通工具上下学，照顾弟弟妹妹，在各种大型活动中发言，是进入高段后的学生日常生活，也是学生较之前突出的变化。和爸爸一起上班、面对挫折、当志愿者，这些素材比较有新意。学生

通过对比，提炼，能够选出更典型、更有新意的素材，避免千篇一律地"学做饭""照顾生病的妈妈"。多样的素材还可以满足不同学习层次的需求。

四、让课堂成为习作的主阵地

（一）用好教材、精讲方法

统编教材选编的课文都是文质兼美的文章，老师备课的时候要加强阅读教学和习作教学的联系，尤其是习作单元，阅读教学是为习作教学服务的。老师要聚焦学生某一方面写作能力的发展，将知识和技巧在阅读和练习中讲解和训练，为单元习作夯实基础。在习作教学中，精讲方法，让学生明白本次习作的重点是什么，教师切忌追求完美，面面俱到。每学期八次习作，不必要求学生全部整篇整篇地写。可以根据习作要求进行整篇写作或者片段写作。

（二）保证学生课堂写作时间

以往习作课的时间大部分用在讲解技巧方法上了，采用的方式多为师生一问一答式。学生开展写作基本上都是课下完成，这样效率比较低下。所以教师精讲方法，小组合作高效搜集素材，剩下的时间留给学生充分写作。《语文课程标准》（2022年版）第三学段目标指出习作要有一定的速度。教师根据难度和篇幅长度，设定时间。时间到，转为评改环节。充分写作也不是无限制地写下去，这样会直接造成学生拖延。个别习作有困难的学生，可以利用评改环节再次学习写作方法，利用课后服务时间完成写作。

（三）针对写作重难点进行评改

学生之前写作文要花很长时间，是因为不会写。教师又没有及时指导，导致学生习作经常不达标，学生写作的兴趣越来越低。现在每次课堂上都要留出评改时间，针对本次习作重难点进行评改。通过评改环节，写完的学生知道自己是不是写对了，没写完的学生也知道该怎么写了。

（四）针对性辅导写作文困难的学生

写作文困难的学生，往往有两大问题：不知道写什么和怎么写。小组合作搜集素材能帮助他们解决写什么的问题。怎么写的问题主要由教师来帮助他们解决。在第一次写的时候，允许他们按照自己的理解去写。第一稿完成后，教师要指导他们重组作文，如理清顺序、突出重点、运用恰当的写法等。第二稿完成后，错别字、修辞方法等问题就可以由小组帮忙解决了。教师要允许学生出现一些错误，允许写的字数少。最重要的是让学生有兴趣写，不把写作当负担。

浅谈语文作业减负增效策略

北京市昌平第二实验小学 杜晶晶

《语文新课程标准》提出："教师要精心设计作业，要有启发性，分量要适当，不要让学生机械抄写，以利于学生减轻负担。"因此，教师在进行作业设计时，要转变观念，不能再将作业窄化为检验学生语文知识掌握情况的唯一手段，而应该细思量巧设计，探究内容的开放和整合，强调过程的合作和实践，关注学生的个性差异，注重形式的创新和趣味，更加贴近学生生活和社会实际。如何使学生在语文作业中提高能力和发展个性，我进行了一些有效的尝试。

一、形式多样激发兴趣

"兴趣是学生学习的内驱力"。学生只有具备了浓厚的学习兴趣，做作业的积极性才会高，才能乐学好学，高质量地完成作业。因此作业设计应该是多样化的，既要有书面的，也要有口头的；既要有用脑思考的，又要有观察和动手操作的；既要有语文活动的，又要将语文与其他学科进行整合。

读一读。在学习《果敢的判断》一课时，课前我让学生了解有关日本指挥家小泽征尔的生平及事迹，而且在收集到这些信息后，还要把这些内容筛选、记忆，课上要用自己的话向老师和同学介绍，不能照资料来念。这样的作业布置锻炼了学生收集信息与处理信息的能力，获得了与课内学习知识的相关积累，为课堂学习奠定了基础。

画一画。很多写景的文章文字美，通过语言文字描写的景色更美。学生的理解是千差万别的，其表现自然也就可以是多种多样的。让学生将其领悟的景色美以"画"的形式表现出来，不但可以检查其对课文的理解状况，而且可以培养他们的学习兴趣。如学习了《草原》一文后，让学生用自己的画笔将"一碧千里，而并不茫茫的景色表现出来，从而加深了对课文的理解。"

演一演。对于故事情节较强的课文或具有较强动作性的场面描写，可以让学生编写课本剧演一演，甚至可以鼓励学生别出心裁，编、排演出原文不曾有的而又合理的情节和对话，把语言文字直接变成活生生的现实，加深对课文的体验性感悟。如教学《将相和》后，可布置学生从"完璧归赵""渑池会见""负荆请罪"三个小故事中任选一个写剧本、排练，设计服装、道具，演一演。

认一认。如学习《自选商场》前我先布置预习作业，请学生到自选商场看一看，买一些吃的或用的，把商标收集起来做一个贴纸，认识上面的汉字，告诉学生明天要选"认字大王"。生动活泼、充满智慧与情趣的实践性"动"中"做"作业，为学生搭建了主动探索、获取信息、展示个性的平台。教师有机的设计实践性作业，有利于学生在生活中学习、在实践中运用、在开放中创新，也有助于学生增长知识、发展能力。

总之，新课程理念下的作业布置要注意优化多样，听、说、读、写、玩都可以成为语文作业，要让学生总保持一种新鲜感。通过作业不仅使学生巩固在课堂上所学的知识，还要使学生获得轻松愉快和满足的心理体验，以便更好地开展智力，培养能力。

二、自主作业培养创新

《语文课程标准》中明确指出："语文课程必须根据学生的身心发展和语文学习的特点，关注学生的个性差异和不同的学习需求，爱护学生的好奇心、求知欲，充分激发学生的主动意识。"在新课程精神召唤下，我对作业设计做了大胆尝试，即给学生一点自由，让学生给自己布置作业。鼓励他们主动地学习，让他们自己去安排，自己主动做作业。

如：教学《冬阳·童年·骆驼队》一课，我做了如下大胆的尝试。

师：学完《冬阳·童年·骆驼队》后，你能不能根据自己的学习情况，给自己布置一份家庭作业呢？

（一语激起千层浪，学生议论纷纷，兴奋不已）

生1：我课文没读好，我给自己布置读课文的作业。

生2：老师，我的作业也想好了，借助录音我自己练习听写词语。

师：字、词、课文都掌握好的同学，你们可以设计丰富的作业。骆驼为文中"我"的童年带来了别样的快乐，爱读书的你，不妨阅读林海音的《城南旧事》，感受他更多童年的快乐；爱写作的你不妨回忆自己的童年，做个小作家写写自己难忘的故事，也可以写写自己与小动物之间的故事；爱文学的你，不妨摘录文中的优美词句……

生1：我准备阅读《城南旧事》，看看林海音的童年还有什么事情。

生2：我要上网找一找骆驼还有什么特点，好品质。

生：我家养了一只小松鼠，我也要学习林海音回家仔细观察小松鼠，把我和小松鼠之间的事情记录下来。

师：课文是最好的例子，相信你和小松鼠之间也有动人的故事。

其他的同学想布置什么作业，请告诉你们学习小组的伙伴们。

让学生自己留作业富有创意，打破了教师统一标准，布置统一作业的局面，为学生提供了宽松的作业环境，体现了对学生的人文关怀；给自己留作业，选什么难度、拟什么题目、定什么内容，都掌握在学生手中。学生根据自己对文本的感悟及生活背景和学习水平，选择恰当的切入口自创作业，满足了不同类型与不同层次学生的心理需求。学生的能力水平虽然不在同一条起跑线上，但他们各尽其思、各展其能，均在自己的基点上得到了发展与提升，获得成功的体验，享受着作业的乐趣。

三、分层作业轻负高效

学生语文知识水平的差异需要教师因材施教。"一刀切"式的作业往往令学业不精者难以保质保量完成，而令学习优秀者又感到太过轻松，脑力过剩。教师布置作业时可分几个层次，使学生有选择的余地，各项作业"使得其所"，不过在设计此项作业时，要考虑到学生应掌握的基础知识的尺度，以利于学生均衡发展，防止出现"两头粗"的现象。

（一）作业量上的不同

抄写生字、生词是一项教师们常留的作业，对此我采用了课上及时反馈的方法，课上学完的生字、生词当堂听写，对于已经掌握的学生在写作业时就可以少写或是不写。也可以随着教师对学生们的了解，哪些学生记忆力较好，他们就可以少进行抄写类的作业，单独出一部分提高能力的题，以提高其对知识的灵活掌握程度

（二）作业内容的不同

我们布置的作业可以参考一些 A、B 卷的出法，精心考虑出几种不同的作业供学生选择，学生可以根据自己的能力或是自己的喜好选择题目做。这样既可以增加学生的兴趣，也能激发学生的挑战意识。

如：学习《杨氏之子》后我给学生这样布置的作业

☆会写课文中的 6 个生字，并能有感情地诵读课文。

☆☆发挥想象想一想如果不是杨氏之子，如果是李氏之子或是其他人，仿照课文的样子也来当回文言作家刘义庆，写一写《××之子》。

☆☆☆有兴趣的同学看看刘义庆的《世说新语》。

作业说明：

一颗星作业必须一个人独立完成，重在查漏补缺。

请根据你的兴趣和能力自行选择作业，最少选做一个，能全部完成更好，完成星数越多的作业越能证明你是好样的。

当然，让学生自主选择作业，教师最好要先让学生把作业计划写下来，并且要根据每个学生完成作业的具体情况及时评价和鼓励，以免造成有的学生动口不动手的现象。

总之，作业是巩固知识、形成能力的重要手段，是培养学生良好学习习惯，促进学生个性发展的良好途径，是教学过程中一个不可缺少的重要环节。语文教学应落实课程理念，改革作业设计，开放作业形式，拓展作业空间，发展学生个性，培养创新精神，落实轻负高效。在作业的设计中，教师要把学生看成有血有肉、情感丰富的学习主体，充分尊重学生的个性差异，努力促进学生的个性发展。让学生在广阔自由的空间里，拥抱知识，展露才华，获得成功。

聚焦自然拼读绘本促进小学生自主阅读的活动设计研究

北京市昌平第二实验小学　张月

一、引言

从课程内容的六要素可以看出，主题的作用是联结和统领其他内容要素，同时为达成语言学习的目标和课程育人的目标提供语境范畴；语言知识和文化知识用于表达主题，而两者应该是由语篇进行承载的，而语篇也为学生提供多种多样的文体素材。语音教学不应该是独立存在的，而是应该在主题的统领下，语篇的承载中将自然拼读知识和绘本阅读进行有机结合，实施有意义的教学。绘本故事的使用能够为学生学习语言提供语境，在理解语言的基础上，自然拼读绘本能够帮助学生体会并归纳语音规则，最终形成系统的语音意识。

二、文献综述

（一）核心概念的界定与诠释

1. 自然拼读法

英语为母语的国家的儿童常常学习、使用自然拼读法。冯冰清认为能够有效指导学生认读、拼读和阅读的主要方法就是自然拼读法。何花指出，独立教授字母音和读音的拼读法是无法达成学生能力培养的目标的，教师应该在真实的语言情境下进行拼读法教学，以培养学生的拼读和拼写能力。

基于国内外专家学者对于自然拼读的不同定义和解读，我们可以发现其共同特征。自然拼读强调26个字母的字母音，通过将字母及字母组合和其发音链接对应关系而形成的一套教学体系。通过学习音形对应关系，提升学生的拼写和拼读能力。因此，为达成提高学生的词汇量、提升阅读能力的目标，自然拼读法占据着重要的地位。

2. 绘本阅读

绘本，指的是由文字与图画共同表达意义的图画故事书，通过图画和文字两种媒介，进行情感和主题表达的读物。本研究通过将自然拼读融于绘本教学中，设计出相关的教学活动，帮助孩子将音、形、义结合，提升学生的词汇量，做到见词能读，听音能写，最终达成自主阅读的目标。

3. 自主阅读能力

自主阅读并没有一个同一的概念界定，它是由自主学习引申而来的。国内外学者对自主学习有不同的定义。Holec（1981）认为"能负责自己学习的能力"就是自主学习。Dickinson（1987）认为自主学习是一种学习模式，指学习者在自主学习的过程中能够确定自己的学习行为和内容，并对自己的学习决策负责任，同时还是一种学习态度。何莲珍（2003）提到，自主学习是学习者自己确定教学目标、学习方法、学习过程及学习评估手段的一种学习方式。

综上所述，自主阅读并非阅读者完全独立的、意义上的自主，它可以理解为在遵循教学大纲、选定合适教学材料的基础下，学生在教师的一定指导下，能够感兴趣地独立阅读，并能在确定学习目标和方法后监控、调整和反思自己的学习行为。

（二）主要理论观点的阐述

1. 母语迁移理论

Fries 和 Lado 在 1940 年代首次提出语言迁移，又叫母语迁移，指第二语言和第一语言之间造成的正面的或负面的影响。在语音、词汇、语法、语用、语义等方面的学习中，母语对第二语言的学习会产生影响就是迁移。迁移包含了正迁移和负迁移，例如小学生在一年级就学习了汉语拼音，而英文的辅音字母的发音和汉语拼音相似，如 b、d、k、l、p、m 等，在学习过程中，教师可以利用母语的发音习惯帮助学生记忆字母的发音，加强学生的记忆，这种就是母语迁移的正迁移。

2. 语言习得理论

Krashen（1985）认为，人们对语言的习得是按照自然顺序进行的。在学习者接触英语初期，应当大量输入可理解性的语言，并使得学习者在轻松愉悦的环境中学习语言。在大量输入的基础上，学习者对英语有了一定的接触，在后续的自然拼读学习过程中奠定了前期的基础。本研究中使用的自然拼读分级绘本在创设了有趣的情境的基础上，图文匹配的方式帮助学习者理解故事语言和含义。在反复模仿和讲述的过程中习得语言。绘本中的词汇针对某一个或两个自然拼读规律，通过重复的出现、朗读和练习，此规律一直冲击学习者的大脑，有利于他们对自然拼读规律的掌握。生动的绘本故事也有利于提升学习者的学习兴趣，枯燥的规律和词汇学习融进入绘本故事更能激发学习者的学习内驱力。

三、国内外相关实证研究综述

（一）国外相关实证研究

众多外国学者对自然拼读领域做出了大量研究。Juel（1988）针对学生的阅读能力做了大量的研究，结果显示，有88%的学生在小学一年级结束时阅读能力较弱，到了小学四年级结束时这种比例依然存在。大多数阅读能力较弱的学生解码能力较弱，在阅读过程中遇到的障碍就会更多，阅读就会越来越吃力，从而产生不愿意阅读的畏难情绪，阅读能力也就会越来越弱。反之，解码能力强的学生阅读会更流畅，阅读技能和水平也会越来越高。

（二）国内相关实证研究

国内许多专家学者也对自然拼读法进行了详尽的研究。黄亚玮（2018）开展了为期十周的自然拼读法教学实验，实验结果表明学生学习英语的兴趣能够在自然拼读法和绘本结合的教学模式下被激发出来，在实验结束后，学生的词汇拼读拼写能力和阅读能力都有很大的进步和提高。

结合国内外学者对自然拼读法的研究可以看出，自然拼读法在英语为母语的国家和英语为第二语言的国家的教学中都占据着极其重要的地位。自然拼读法对学生在英语阅读方面的学习产生了积极的促进作用。在文段阅读方面，无论是高年级小学生还是低年级小学生都有不同程度的能力提升。自然拼读法符合学生的认知水平和需要，学生可以在玩中学、学中玩，很大程度上调动了学生的学习积极性。

四、自然拼读活动设计探索

（一）小学各段课程实施重点及用书

课程实施之初，教师规划了各段课程实施重点及用书，如图1。接触英语初期，应当大量输入可理解性的语言，并使得学生在轻松愉悦的环境中学习语言。在大量输入的基础上，学生对英语有了一定的接触，前期奠定的基础才能在后续的自然拼读学习过程发挥作用，使得自然拼读的学习更加顺利。所以在幼小衔接阶段，也是课程实施的第一阶段，教师融入大量绘本阅读，如年级共读书典范英语，经典分级绘本，sing along books 等，关注学生可理解性语言的输入。又因儿童读物中50%-70%的内容由视觉词构成，学习自然拼读以达到最终的自主阅读也离不开视觉词的同步学习，所以教师加入了视觉词类的绘本教学。

小学一年级下，学生开始学习26个字母的基础发音，教师在第一阶段的阅读基础上加入了北极星自然拼读绘本，开启自然拼读的系统学习进程。基于学生已经学习了拼音,所以教学重点放在了元音字母的学习上;利用拼音的正迁移,在学习元音字母的过程中,迁移巩固辅音字母的学习。

小学二年级在学习自然拼读绘本的基础上,尝试结合 sing along books,在其中感知和应用所学的字母发音。

小学三、四年级,学生的拼读教学重点在元音字母组合的发音规律上,在学习典范和北极星的基础上,尝试阅读桥梁书,在半自主阅读中实践自然拼读,开始踏入自主阅读的门槛。

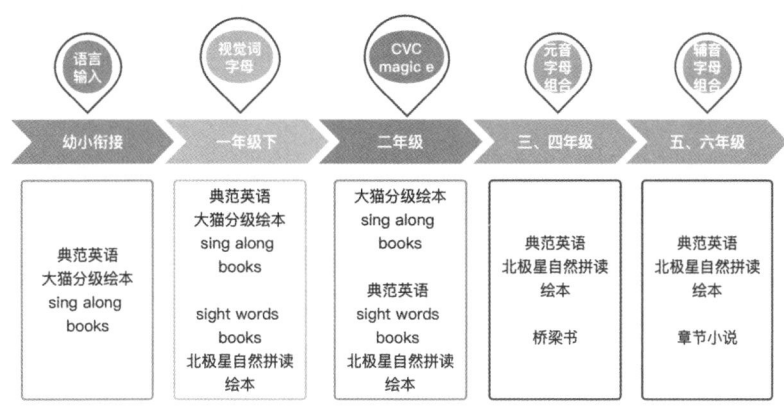

图1 各段课程实施重点及用书

小学五、六年级引导学生步入自主阅读。其中,教师带领学生系统学习北极星拼读绘本和视觉词类绘本,总结发音规律,并在共读书、经典绘本、sing along books 等绘本资源中迁移运用所学的拼读规律。

(二)自然拼读课堂活动——趣味讲故事

以《丽声北极星自然拼读绘本》第二级 *Eggs for Ben* 为例,本文通过介绍小男孩 Ben 收获鸡蛋的过程,传达出"遇到问题时,应积极思考办法,努力解决问题"的主题意义。

在 post-reading 环节,教师巧妙设计教学活动——I have, who has 游戏,如图2。四个学生结为一个学习小组,每位学生拿到句子中的一个词语,该词汇可能是绘本中的可解码词汇,也可能是不可解码的视觉词,学生通过询问:"I have Ben, who has gets?"的句型找到自己后边的词汇,以此类推,四位学生询问完后即可组成一个完成的句子,如 Ben gets a hen。所有小组组成的句子又可以在全班展示后形成完整的绘本故事。在主题情境中该活动设计既关注了拼读词汇的内化与应用，也复习了视觉词，更重要的是关注了主题的引领和语篇的依托。

图 2　I have, who has 连词成句游戏

（三）自然拼读课余活动——棋盘游戏

棋盘游戏是对课上拼读规律和视觉词学习的一个巩固性活动，如图 3。学习完拼读规律或视觉词后，学生结合所学内容，设计包含视觉词、可解码词汇或字母的游戏棋盘，丰富学生的课间活动的同时，促进学生在游戏中巩固对知识的理解和掌握。

图 3　棋盘游戏

（四）自然拼读云端活动——自主阅读大闯关

以《丽声北极星自然拼读绘本》第二级 Pip and Kit 为例。

在学完绘本的后续活动中，教师为学生设计了闯关大冒险。闯关游戏共分为三关。第一关是开罐头，喂小猫；第二关是读故事，陪小猫；第三关是做雪糕，哄小猫。第一关，教师先带领学生为小猫 Kit 寻找食物，学生每拼读完一个句子，即可爬上梯子为小猫 Kit 拿到一条小鱼，讲完完整故事即可获得鱼罐头。学生先尝试拼读重点词汇，如 dig, Kit, Bin，再将词汇串成句子，如 Kit digs in the bin，学生逐步达成自主阅读句子，最终合作完成完整故事的讲述；第二关，准备午睡的小猫想听故事，学生通过听音选词，将音、形、义进行一一对应，最后学生独立朗读绘本哄睡小猫；第三关，小主人 Pip 带着小猫去公园玩，Kit 想吃雪糕，学生通过选词造句，拼读词汇，最终朗读句子的过程，为小猫 Kit 获得一个三色雪糕。这三个闯关游戏涉及了拼读、听读、自主阅读的培养维度，让学生在趣味活动中巩固已知的拼读知识，融合视觉词汇，培养学生在活动中逐步获得自主阅读的能力。

（五）自然拼读年级活动——冬奥冰壶竞技赛

结合即将到来的冬奥会，教师设计冬奥主题情景，将拼读知识融入其中，通过完成各种拼读活动，赢得比赛道具，最终参加比赛。例如冬奥冰壶竞技赛，龙娃娃与冰墩墩成了无话不谈的好朋友，他们决定一起进行冰壶比赛。在比赛前，他们要获得参加比赛用的冰壶。只有读出冰壶上的单词，才能获得比赛的用具。两个学生一起，一个饰演冰墩墩，一个是龙娃娃。两人比赛拼读出冰壶上的单词。拼读出 5 个及以上的学生能过的全套道具，低于 5 个的学生只能获得冰球、冰球棍、防护服等部分道具，只有再次挑战，才能完全装备好自己参加比赛。需拼读的词汇都是学生本学期学习的 CVC 词汇和视觉词，如 cat, mat, fed, has 等，学生运用拼读知识，或结合拼读手势，两人进行 PK 赛。冬奥竞技场的情境让学生倍感新鲜，在竞技的气氛烘托下，学生在前期努力学习拼读知识，课后运用游戏盘等方式进行练习，都在为在竞技场上能一决高下。

五、结语

低年级学生的抽象思维能力还处于发展阶段，他们认识世界、感知世界的方式主要来源于视觉。绘本的特点符合低年级学生的认知发展水平，在一定的情境中，绘本能够刺激学生的视觉、激发学生的情感，双重作用下能让学生学习拼读规律的效果提升，听说读写的能力得到均衡发展，最终达到自主阅读的水平。

通过将自然拼读的规律、音素意识的培养融入绘本教学中，在特定的语言情境中学习语言、探索发音规律、学习拼读知识，在新绘本、韵文等新情境中运用拼读知识，并在多种活动中运用、巩固、迁移拼读知识，在实际学习生活中鼓励学生运用，利用各种新颖的活动提升学生学习的兴趣，激发学生的内驱力。自然拼读和英语绘本阅读相结合的教学模式对小学生的拼读能力和自主阅读能力的影响是积极且高效的，也改变了词汇孤立教学的现状。

以"阅读关怀"理念打造小学低学段班级阅读环境的有效策略研究

中国人民大学附属中学昌平学校 张雅慧

2022年版《语文课程标准》中提倡少做题，多读书，好读书，读好书，读整本的书，鼓励学生自主选择阅读材料。

一、问题的提出

（一）小学低学段学生年龄特点分析

苏霍姆林斯基曾经提出，"教育技巧的全部奥秘也就在于如何爱护儿童这种积极向上的精神和努力提高道德水平的积极性。"[①] 因此，小学低学段的阅读教学，最重要的是保护好学生的阅读积极性。从小学低学段学生的学业情况来看，课外阅读是小学学业的重要组成部分。

（二）小学低学段学生阅读情况分析

读物选择存有盲目性问题。儿童读物是各类适合儿童阅读的出版物，可以分为六大类：儿童启蒙读物、思想品德教育与励志类读物、科普读物、传播人文历史知识的读物、卡通读物、文学读物。在一、二年级的教室里，这六大类书目都有，但是对于儿童文学的重视还不够高。

阅读时间安排比较随意，阅读时长较短。本学段的学生日常会有少部分的大块时间和一些零碎时间，这对于学生的阅读习惯的养成是非常不利的。

二、"阅读关怀"理念应用于小学低学段的适用性分析

（一）从"阅读关怀"理念的结构来看

江苏省盐城市教育科学研究院马群仁老师于2017年开始进行关于这一理念的理论思考和实践探索，马老师认为"阅读关怀的结构也是学生'阅读'的

---

① [苏联] 苏霍姆林斯基. 爱护儿童敏感的心灵 [A]. 魏志渊. 苏霍姆林斯基教育学 [C]. 桂林：漓江出版社，2014：15.

结构，包括阅读动机、阅读环境、阅读策略和阅读评价。"[1] 阅读动机分为内部阅读动机和外部阅读动机，阅读内部动机指的是"为了满足好奇心、求知欲及获得能力和成长情感的需要而产生的阅读动机"[2]。阅读环境指以阅读为中心的客观环境与主观环境的有机结合，阅读策略是阅读方法的选择和使用，阅读评价是学生阅读行为的检测。

（二）从"阅读关怀"理念的原则及目标来看

1. "阅读关怀"理念的应用原则

对话是一种理想的阅读状态。关爱原则是难度最大、最高层次的原则，"关怀者和被关怀者们构成远近不同的同心圆，其共有的圆心是关怀者'我'。在最靠近这个圆心的内圈，我们因爱而关怀。"[3]

2. "阅读关怀"理念的应用目标

第一，养成良好的阅读习惯。小学低学段的学生可塑性较强，是各种良好习惯养成的最佳时期。第二，保护并增强阅读积极性，让阅读成为日常必需品。第三，培养阅读兴趣，提升阅读幸福感，尽早进入阅读自动化阶段。

"阅读关怀"理论适用于小学低学段的学生并且具有非常明显的优势。研究表明，阅读环境是阅读动机、阅读能力、阅读生活质量的重要影响因素[4]，本文就从班级阅读环境的打造入手来落实"阅读关怀"的理念，希望为教师更高效地打造班级阅读环境带来一些思考。

三、打造小学低学段客观阅读环境的有效策略

运用"阅读关怀"理念打造的班级阅读环境应该包含以下几项要素：阅读资源的准备和充实，充分的展示与交流的机会，还要有基于师生共读、生生共读的他人阅读示范的隐性环境建设。

（一）阅读资源准备与充实

1. 阅读空间的用心布置

创设并管理班级图书角，增加学生的参与感。创设班级图书角，学生可以将自己喜欢的书放到这里。比起创设，管理更加重要，图书角的书要分区摆放，可以按照读物的类型分，可以按照读物的不同来源分，可以留有一个区域专门

---

[1] 王蕾. 儿童文学与小学语文教学 [M]. 北京：人民教育出版社，2015:3.
[2] 马群仁. "阅读关怀"的理论思考与实践探索 [J]. 江苏省教育年会学会文集 [C].2017.
[3] 宋凤宁，宋歌，佘贤君等. 中学生阅读动机与阅读时间、阅读成绩的关系研究 [J]. 心理科学，2000（01）.
[4] 侯晶晶. 内尔·诺丁斯关怀教育理论述评与启示 [D]. 南京：南京师范大学，2004:38.

展示学生的作品以供其他同学学习。图书管理员可以采用轮岗制的方式，结合部编版语文教材口语交际的内容，全班共同商议"图书借阅公约"。

充分利用教室外的阅读资源。空间的更换会给学生带来充足的新鲜感，这不仅是很好的阅读资源，还是作用强大的奖励资源。教师可以每周固定时间带领学生到图书馆进行整块时间的师生共读，日常阅读积极的同学，可以奖励教室外阅读的机会。

营造安静、舒适的阅读氛围。学生在图书馆这样安静的环境中阅读时，不仅阅读状态好而且阅读效率也非常高，这给班级及家庭阅读氛围的营造带来了启发，要尽量让学生拥有独立的阅读空间。

2. 阅读读物的适时转变

童年期的生活以学习为主导，富于幻想，特别喜欢那些充满幻想和故事性强的作品，符合学生认知特点、顺应想象力发展、开阔认识世界视野的儿童文学作品必不可少。对于小学低学段的学生来说，就要由幼儿文学转向童年文学，一个学期内要定时更换读物，一般以一个月为宜。教师需要发挥一定的引导作用，可以与学生商议，选出三本左右的每月共读书目。

3. 提供多种文体的儿童文学读物

童话、寓言、儿童诗歌、儿童散文、儿童小说、图画书是儿童文学最常涉及的六大文体。班里学生阅读水平不同，阅读喜好不同，这些文体应该都有所涉及。儿童散文、儿童小说相对来说难度可能较大，但是可以满足一些阅读水平相对较高学生的需求。图画书是经常容易被忽略的一种类型，这里所说的图画书是通过图画和文字的有机融合来诉说故事，具有情节、人物形象、主题等文学性的图画书。

4. 阅读时长的灵活调整与时间的逐步固定

《打造阅读环境》这本书提出：每天安排的阅读时间应根据年龄的不同有所调整，如 7 岁左右的小朋友，一次大约 15 分钟，9 岁左右的小朋友，一次大约 30 分钟，一天可以安排两次，也就是说，即使是同一学段内，也需要根据学生的年龄、知识储备等方面的变化做出调整。教师可以在熟知本周学校教学安排和活动安排的情况下，安排好本周本班的阅读时间。

（二）创设充分的展示、交流机会

1. 丰富的阅读活动

活动的举办有非常重要的一点，就是要有相对固定的时间，让学生知道什么时间该做什么，例如，每节课的课前两分钟和每天进班后和午休的阅读规范，每周一节阅读课，上周评选出的"好书推荐官"可以在这节课进行分享，每个月举办阅读交流会，每学期举办读书节活动等。

2. 与课内所学内容的巧妙衔接

部编版语文教材中，从小学一年级开始就设置了"快乐读书吧"栏目，这些内容都与该册书有一定的关联，教师还可以围绕单元的人文主题进行读物的推荐。

（三）学生的阅读成长有迹可循

学生在阅读中收获了什么？哪方面获得了明显的进步？学生自己可能大多数情况下无法察觉，但是教师通过对学生间及每个学生的横向和纵向变化的细致观察，可以发现学生的成长与进步。教师可以将这种变化随时传达给学生，这是一种肯定，更是一种鼓励。

（四）充分发挥榜样的力量

朱永新教授指出阅读要"共读、共写、共同生活"。既是师生之间，也是生生之间。教师应该让学生意识到，老师必须通过阅读才能满足自己的工作需求，让学生意识到阅读的确是"日常必需品"。还要发挥同伴的榜样作用，不仅是经常阅读的学生，一定还要关注通过阅读出现了阶段性进步的学生。

四、打造小学低学段主观阅读环境的有效策略

主观阅读环境在无形当中影响着师生的阅读心态，更应该引起高度的重视，教师应该将更多的心思用在主观阅读环境的巧妙设计中，具体可以从以下几个方面入手：

（一）营造"阅读是日常必需品"的班级阅读文化，激发恰当的阅读动机

要让学生意识到阅读如同空气，是促进头脑发育的必需品，也要让学生清楚自己的阅读目的，提高学生的预期回报，也就是让学生知道通过阅读可以收获到什么，可以让喜欢阅读、坚持阅读的学生进行分享，教师也可以结合自己的经历说一些具体的收获。还要引导学生降低预期付出，对于本阶段学生的阅读不提出额外的附加要求和限制条件。

（二）完善的激励与奖励制度

外部刺激需要以内部动机为前提。比如，学生可以将自己读完的书按照统一的格式要求"读完日期、书名、作者、出版社、总页数"记录在阅读记录本上，教师在固定的时间为学生印章，这样可以帮助学生逐步形成整本书阅读的意识。每周获得印章最多的学生被评选为下一周的阅读推荐官，并且颁发证书和书签。

（三）让"对话"成为常态

阅读关怀理念提倡的是：以培养学生独特的阅读品味、深刻的阅读判断为

目的的阅读教育模式。"对话"是阅读关怀的基本原则。对话是师生一起探寻的过程，师生的思维要始终保持在线的状态，定期举办的阅读情况汇报和交流会必不可少。

同学之间的对话不容忽视，甚至可以说生生之间的对话会产生更多的可能性。学生之间的对话，不仅能共享阅读知识与收获，还可能会引导学生以阅读交友，形成良性循环的阅读环境。

（四）引导家长树立正确的阅读价值观

大部分家长都能认识到阅读的重要性，根据网络、教师的推荐，积极为学生提供丰富的读书资源，但是家长应该做到示范作用，除了亲子陪伴阅读，还要阅读与自己工作、生活息息相关的书籍，让孩子意识到，原来阅读也是家长的"日常必需品"，务必要避免让阅读成为文艺、娱乐的"秀场"。家庭的阅读环境需要改善，除了亲子阅读的时间，需要给孩子营造安静、舒适、放松的阅读氛围。这要根据学生具体的阅读情况来定，如果学生已经掌握一定的阅读方法、比较享受独自阅读的状态，需要为孩子打造独立的阅读空间。

更要务必重视的是，家长应在培养孩子阅读的过程中尽快改变急功近利的心态，不提出过高的要求或标准，或者希望孩子通过课外阅读有提高成绩等单一方面的、快速的改变。这样会将孩子误入歧途，以为阅读只是为了这样单一的目的，就大大降低了孩子的阅读幸福感。

小学生开展家庭阅读的实践探索

中国人民大学附属中学昌平学校　卢新元

一、实践背景

近年来，家校共育的理念得到广泛认可，已成为教育发展的一大趋势。完善家校社协同机制，进一步明晰家校育人责任，密切家校沟通，创新协同方式，推进协同育人共同体建设。

阅读是课余时间的重要活动内容，全民阅读已成为共识。《关于做好2021年全民阅读工作的通知》倡导家庭阅读、亲子阅读。正是基于这样的实践背景开展家庭阅读的实践探索势在必行。

二、实践措施

小学生家庭阅读的实践探索主要从书目的推荐、阅读策略的指导及阅读作业的布置等几个维度展开，积极构建完整的家庭阅读体系，协同家长培养学生良好的阅读习惯，从而全面提高学生的语文核心素养，打造新时代的书香家庭。

（一）甄选书目，丰富资源享受阅读

文学著作浩瀚如烟海，网络上推荐的书单也令人应接不暇，让很多家长挑花了眼。对于开展家庭阅读来说，书目的选择显得至关重要。通过与家长的沟通，在具体书目的选择上可以遵循以下依据：

1. 参照2022版课程标准进行选择

课程标准在附录2部分有《关于课内外读物的建议》，分不同的文体类型提出了书目选择的建议。例如，关于寓言，提出："寓言，如中国古今寓言、《伊索寓言》等。"这个部分还指出："根据教学需要，语文教师可按照《中小学生课外读物进校园管理办法》的规定，从中外各类优秀文学作品中选择合适的读物，特别是反映革命文化和社会主义先进文化的作品，向学生补充推荐。"这些内容都可以作为合理的书目选择建议，提供给家长。

2. 根据部编版教材的"快乐读书吧"栏目和教学内容选择

统编版语文教材专门为整本书阅读的开展编写了"快乐读书吧"栏目，每册教材一个，往往是结合相关单元课文主题进行整本书阅读书目推荐和阅读方

法指导。纵观统编版小学语文教材的"快乐读书吧"栏目，从阅读书目上来看，题材和体裁都很丰富，能够循序渐进地拓宽学生的阅读视野；相应阅读策略和方法目标的定位，既与具体书目阅读紧密关联，同时在能力要求和思维品质提升上，也体现了循序渐进的编排意图。

3. 遵循学生的精神成长需要进行选择

家庭阅读书目的选择还应该是家长对于孩子进行充分了解的基础上，根据年龄特点、性别差异和理解接受能力，找准兴趣点，以促进学生精神成长为目标而选择的图书。这类书籍的主题应该是积极阳光，文质兼美，能从多角度助力学生的精神成长。

比如班级中很多男孩子特别喜欢捉昆虫，家长可以多次为契机和孩子一起阅读《昆虫记》，以此来激发孩子的阅读欲望、探索欲望。之后再向孩子推荐不同种类的阅读篇章，让学生在家庭阅读的浸润下更加细致、高效、全面地阅读。

4. 结合社会热点进行选择

每一个家庭都和整个社会的命运息息相关，我们的学生不应该成为两耳不闻窗外事的"书呆子"，可以阅读符合当下社会热点的、传扬积极正能量的书籍。通过与社会热点相结合的整本书阅读，语文教学可以由生活中的现象走向文字，再由文字产生思考，加深对生活中各种现象的理解，促使语文学科的界限外延，从而形成大语文概念。

（二）突破时空，多种渠道学习策略

选定书目是家庭阅读的第一步，只是为孩子提供了阅读的资源，而怎样指导孩子进行阅读，如何安排阅读时间，用怎样的方法读，怎样加强阅读中的感受、体验，家长并没有太多经验，这就需要家校合作共同解决。

1. 线上指导营，学习阅读策略

老师根据孩子的年段特点，结合相关的阅读策略，制定了完整的家庭阅读计划，以学习小组为单位设置了家庭阅读学习群，老师、学生和家长进行同步阅读。老师会在微信群上传一些小视频，指导学生进行批注等等。家长可以随时提出在指导学生进行阅读活动中的困难。学生则是借助照片、语音等功能进行读书感受的交流和分享。教师在指导学生家庭阅读时，不能仅仅是布置读书任务，而是要提出具体的要求，具体的执行需要广大家长的支持、配合与监督，同时留给孩子充分的时间让其进行自主阅读。

2. 线下阅读场，运用阅读策略

学生家庭阅读的时间主要集中在放学后到睡觉前这段时间，这时候父母的陪伴和引导就非常的重要。依托每学期的家长会，分享给家长一些陪伴孩子阅读的方法和经验。鼓励家长和孩子共读一本书，给孩子营造一个良好的读书氛围，尽量指导孩子在阅读中尝试运用阅读策略。

比如孩子在和家长共读《鲁滨孙漂流记》在妈妈的指导下，借用思维导图的阅读策略来梳理整本书阅读内容。《鲁滨孙漂流记》中鲁滨孙有四次航海经历，且每一次的情况也不一样，经过思维导图的梳理，孩子能够全面清晰地了解鲁滨孙的四次航海经历。阅读策略的运用让学生的阅读向思维更深处漫溯。

3. 读书交流会，享受阅读策略

根据孩子的阅读情况，定期召开读书交流会。读书交流会的形式多样，不受场地限制，有的时候是在教室里，有的时候盘坐于操场，还有的时候相约在学校图书馆。交流中学生会分享自己阅读的故事内容，阅读感受，交流自己的阅读经验和阅读策略的使用。通过这样的交流，促进了相互的学习，实现了共同成长。通过班级读书会读整本书有利于深度阅读，为个体交流提供丰富的资源，使学生的体验在交流讨论中得以升华。通过班级读书会读整本书有利于学生进行情感的交流。

（三）统整融合，多元作业展示风采

家庭阅读的图书种类包罗万象，与各个学科都有着密切的联系。学科整合是现在教育的一种趋势，家庭阅读活动也可以成为践行学科整合的前沿阵地。在实践过程中，改良了以往单一的阅读打卡作业，鼓励学生根据自己的喜好选择家庭阅读作业的类型，学生可以是最美朗读者，可以是小画家，还可以是小作家。学生可以选择自己喜欢的方式来展示自己的阅读成果，也让家庭阅读的评价方式更加多元化。

1. 最美朗读者——把阅读化作声音

对于孩子来说，朗读是孩子最喜欢的作业。于是开展了"最美朗读者"的招募活动，借助班级小管家的小程序，让美好的声音和文字带给孩子一段温馨的家庭阅读时光。语文课上会将孩子的阅读作品在班级里进行分享，孩子的声音更贴近孩子，更能打动孩子，也更能激发起孩子的阅读的兴趣。

2. 小小绘画家——把阅读画作蓝图

本学期我们班孩子共读了《中国古代神话故事》，班级里掀起了一股居家阅读的热潮，邀请父母和同学一起享受美好的阅读时光。孩子们通过手中的画笔再现了自己从书本上感知到的神话人物形象。随着家庭阅读的开展，孩子们走进了神话故事，他们的世界从此有了一抹特别的色彩，那是属于孩子自己的想象的翅膀和纯洁的心灵。

3. 妙笔小作家——把阅读写作文字

阅读是吸纳，写作是倾吐。为了激发学生对秋天的热爱，我们开展了一次以"秋"为主题的居家阅读活动，学生课外阅读了大量的关于秋的文章，还把自己的感受写在了一片片秋叶上，里面有对秋天丰收的满满喜悦，也有对于秋姑娘离去的恋恋不舍，更有对来年秋天的期待。

三、实践效果

1. 开启了家庭阅读的新样态

家庭阅读活动关注孩子阅读的全过程，从制定阅读书目到阅读策略的制定，最后用多种形式展示自己阅读的成果。这一系列的家庭阅读活动中，学生真正做到了亲近书籍，走进文本，全身心地浸入阅读，用心触摸每一个文字。定期开展的读书会给学生创设了交流平台，实现了同伴读书经验、方法策略的相互借鉴，促进课外阅读的共同成长。

2. 开拓了教师科研的新路径

在指导家庭阅读活动的时候，教师的教学科研又多了一条新路径，在活动的设计、阅读方法的指导、作业的评价实施过程中，教师提升了课程的开发能力，转变了固有的教育观念，提升了自己的阅读素养。

3. 搭建了家校合作的新桥梁

儿童早期阅读的根在家庭，要创建良好的家庭阅读环境，首先要改正家长的观念，让他们为孩子营造一个家庭阅读环境。通过家庭阅读系列活动的开展，搭建了家庭和学校的桥梁。

学生进行家庭阅读具有巨大的现实意义，在此过程中，语文教师需要与家长进行密切交流沟通，并且搭建起与学生积极正向交流沟通的桥梁。"路漫漫其修远兮，吾将上下而求索"，我们将在家庭阅读的道路上不断摸索，且行且研，不断优化完善。

小学语文教学"减负增效"的策略研究

中国人民大学附属中学昌平学校　郑春超

随着教育改革和素质教育的不断发展，在小学语文教学中，应打破知识的固化，激发学生主动获取学科价值的意愿，减轻学生负担同时，提升教学质量。授课时将课堂的主体还给学生，对小学语文课堂教学模式不断进行革新与突破，切实将立德树人的根本教育方针贯穿到日常教学工作中，让学生向内生长，向外延伸，在轻松民主的学习环境中减负增效，促进学生的全面发展。

一、小学语文教学"减负增效"的内涵

提升课堂教学质量和课后服务品质、提高学生在校学习效率，以及多方面结合生活设置学科实践活动尤为重要。教师通过优化课程结构、深度整合大单元教学内容、融合学科生活实践，以此为基准构建学科学习任务群，打造以学生为主体学习探究与合作的小学语文教学新模式。教师真正把课堂交还于学生，祛除"灌输式"教学和"机械式"作业，让学生有"会学""深学""乐学"的能力和自主意愿，以此满足学生的真实学习和生活需求，让学习更加轻松愉快有价值，从而实现"减负增效"的目标。

二、小学语文教学"减负增效"的意义

当前，小学语文教学中还存在着一些问题，课堂中教师过多关注于自身生存，更倾向于教学内容是否顺利完成，面对认知水平不一的学生在教学方法上一视同仁。在新课标指引下对学科核心素养缺乏深入的探索与研究，以致学生枯燥被动接受知识，无法感受学科的魅力并从中获取学习的乐趣，让学习这件事日渐成为负担。

（一）助于调整课程结构，阳光健康育人

改变传统的讲授式教学法，让学生由被动接受者转变为课堂的主体，教学活动的参与者和教学情境的主要角色。课堂中更多倡导互动式学习、探究式学习和合作式学习的方式，在此过程中发挥学生的主观能动性和学习意愿，建立对已有知识和生活经验的链接，让学生感受到知识并非仅局限于应对考试，而

与生活息息相关。教师在教学的变革中逐渐成为学习内容的设计者、活动的组织者和学生发展的领路人，巧妙有效把握作业的"质"与"量"尤为关键，结合学生的实际情况合理布置作业，融合实践活动，尽可能在课后服务中缓解学习压力。

（二）助于构建教学共同体，师生协同发展

"减"在学生的负担，"增"在课堂的效率。将此理念融于小学语文课堂教学时，教师会致力于探索提高学生学习兴趣的创新路径，采用新颖的教学模式优化课堂教学时间和课后服务时间，规避学生"课上不专心，放学乱投医"的现象。从教师的教会转向学生自主学会的新型课堂，构建师生学习共同体，在"平等互助"原则下形成学科思维，提升学科素养，加速转向教与学的双向互动课堂。这种情况下，学生效率明显提高，学习兴趣也会明显增强，课堂教学的效果也会有所提升，促进师生的协同发展。

三、小学语文教学"减负增效"的策略

（一）单元整合，巧用现代信息技术

新课程标准指导下的大单元教学设计，以"大概念"将每单元中涉及的共通教学目标归整在一起，通过设置情境的方式层级抛出问题，引导学生突破一个接一个的知识点，让学生如同闯关挑战激发其学习驱动力。其次，制定系统学习计划，教师要灵活备课，以思维导图方式呈现知识点间的逻辑关系，强化学生的课堂主体地位，为其创造自主学习和小组合作探究的机会，不断创新课后作业内容，摒弃机械抄诵，设置在有限时间内可完成的活动探究类问题。教师可结合现代信息技术合理设计教学计划，为学生营造科技化和体验感极强的学习环境，让思维目标更加直观发散。

（二）完善机制，加强家校共育建设

不断完善课后服务和课后作业机制是"减负增效"的重要内容。课后服务中，鼓励学生大胆提问，一部分重视稳固基础知识，夯实根基；另一部分采取探究式方法面对不同认知水平的学生实行分层服务。课后作业的设置应与教学内容紧密相关，多以体验式实践活动为主，活跃学生思维，引导开展主题合作交流的活动，以沟通的形式解决问题，既能放松身心，又能避免作业压力带来的孤僻。书面作业鼓励学生尽量在校完成，实践类作业可以在课后完成，实现由基础到拓展，由校内到校外的层级递进和有序转变。

（三）丰富活动，引领学生自主学习

无论是教学还是课后作业，将活动贯穿其中才能让学习增加实用性和趣味

性。在课堂中，教师可以根据学生的学习状态和水平进行小组合作学习，自由交流想法，完成知识的传递和学习的互助，在活动亲身感受中理解记忆相关内容。这种模式既能有效活跃语文课堂的枯燥氛围，也能让学生从课本中角色的视角和口吻理解知识。因此，课堂情景模拟和小组合作的方式调动起学生的参与度和互动兴趣。课后的实践活动可贴近学生生活布置，从生活中发现课本知识的结合点，与生活实际相联系。

四、结语

总而言之，科学教育必然追求的结果，但还需要不断探索实践。深度学习遵循大单元教学设计理念，利用现代信息技术平台，实现家校共育，发挥学生的课堂主体地位和学习自主性，最终让学习真实发生，体现语文学科的智育和德育价值。

巧用"鱼骨图"激发低年级学生的习作兴趣

北京市昌平实验小学　姜利娜　李　华

一、研究背景及意义

（一）当前小学语文低年级习作课堂存在的问题

长期以来，许多教师在小学语文作文教学上做了诸多探索和尝试，取得了可喜的效果。但从整体上看，习作教学费时低效的状况仍然没有改变，大多数学生对习作兴趣寥寥，作文中假话、套话、空话不乏，更有甚者习作成文言之无物、言之无序，习作已经变成了应付。尤其是在低年级，学生因为缺少素材，缺失方法，不懂表达，习作写话大多变成了流水账。

想要走出习作教学的困境，关键在于激发学生的写作兴趣。

（二）"鱼骨图"写作法对激发低年级学生习作兴趣的作用

爱因斯坦说过："兴趣是最好的老师。"《义务教育语文课程标准（2022年版）》指出："1~2年级学生要对写话有兴趣，留心周围事物，写自己想说的话。"当学生对写作产生了浓厚的兴趣，才能以最佳的心理状态，满怀热情地参加作文锻炼。小学作文教学应该顺应学生的心理特征，以"趣"引路，提高学生习作的积极性。

那么怎样才能激发学生的写作兴趣呢？"鱼骨图"写作法是一种简单高效的趣味思维工具，若将其运用于低年级语文习作教学中，对于学生写作将大有裨益。

二、鱼骨图的含义、特点和对小学低年级语文习作教学的意义

（一）鱼骨图的含义与特点

鱼骨图是思维导图的一种，由日本管理大师石川馨先生所发明，故又名石川图。其特点是简捷实用，深入直观。它看上去有些像鱼骨，主题标在鱼头处，在鱼骨上长出鱼刺，上面按出现机会多寡列出产生问题的可能原因，有助于说明各个原因之间是如何相互影响。

在习作教学中，利用鱼头和鱼尾固定好习作格式，梳理开头和结尾所要表达的内容；利用鱼身将习作内容按照不同方面、不同类别分别罗列。利用"鱼

骨图"进行习作练习的方式不仅极具趣味性，还能在梳理过程中使学生写作逻辑清晰顺畅，作文呈现更有条理。

（二）鱼骨图写作法对小学低年级语文习作教学的意义

在语文写作教学中，鱼骨图写作法的应用，效果较为明显。

作为一种图文并茂的写作方法，它能够激发学生的习作兴趣。小学低年级的学生正处于活泼好动的年纪，注意力容易被分散，要想使他们专注地做一件事，使用传统的教学模式收效甚微。在应用鱼骨图作文法的过程中，流线型的小鱼造型、鲜明的色彩、不同的骨刺分支、提示性的关键词和图式解说等等，让小学生们眼前一亮，兴趣倍增。

鱼骨图写作法作为一种新型写作方法，在写作中，赋予学生更多的灵活性，也让思维更加开放。鱼骨图写作法有助于学生的思维建构，有助于学生写作中逻辑性的培养，有助于开发学生的创新思维。

三、绘制鱼骨图的方法

（一）用线条绘制鱼骨图

如果说一篇完整的作文是一尾灵动的、色彩多姿的小鱼，那么顾名思义，鱼骨图就是这篇作文的骨架。在进行习作练习之前，先分析题目要求，找准重点，勾勒出大致脉络，就是我们绘制鱼骨图的过程。

绘制鱼骨图分为三个部分，鱼头、鱼身和鱼尾，正好对应了低年级习作的常用写作格式——开头、中间和结尾。绘制时，先用简笔画画出鱼头、鱼尾，用一条横线将鱼头与鱼尾连接起来。完成鱼尾与鱼尾部分的绘制以后，根据首尾的内容绘制"鱼骨刺"。在鱼骨图中，连结鱼头与鱼尾的粗长横线叫作主骨，写作时在主骨上根据作文内容、类别不同可分别绘制出大骨与中骨。绘制大骨时，大骨与主骨呈60度夹角，大骨间平行排列于主骨两侧。绘制中骨时，中骨贴近其主大骨，并与主骨平行。鱼骨图基本样式如图1所示。

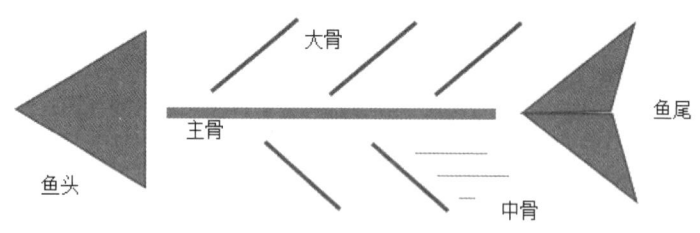

图1 鱼骨图基本样式

（二）鱼骨图绘制要点

鱼骨图中，鱼头与鱼尾对应习作中的开头与结尾。首先，根据作文主题确定题目，书写在鱼骨图上方，也可以在鱼头处以"小气泡"方式记录。然后，思考习作开头结尾内容，在鱼头处简明写出习作开头，点明主题；在鱼尾处进行作文总结，抒发情感。注意补充头尾后，主题一致，首尾照应。

完成鱼头、鱼尾后，根据作文内容、类别不同绘制各层级骨架。在实际写作中，可以先构思作文内容，进行初步分类，将关键词记录在鱼骨图中大骨外侧。确定大骨内容后，还可将大骨内容进行发散，获取下一层信息，记录在中骨线上。

绘制鱼骨图时，除鱼头、鱼尾、主骨等主要结构外，其他部分随意性较强，一切为完成习作服务。因此，在实际绘制时，可按照具体分类内容确定具体层级及大骨、中骨数量。

四、有效应用"鱼骨图"，提升小学生语文作文能力

（一）教师引导学生绘制思维导图

在小学低年级语文的习作教学中，学生的思维开发较少，教师应该主动引导学生用这类新型的趣味习作工具，通过画图的形式，将放射性思维的内容具体化、简单化，使低年级的习作教学变难为易，让学生在趣味中爱上作文。

（二）鱼骨图写做法在习作中的实际应用

在低年级习作中常见的看图写话就可以应用"鱼骨法"进行习作构思。以看图写话《做值日》为例（图2）。

图2 《做值日》

学生看到图片后，确定习作主题《做值日》，教师以此为契机，指导学生利用鱼骨法完成习作梳理。首先绘制鱼骨框架，依次画出鱼头、主骨和鱼尾。在鱼骨图上方写明题目《做值日》；在鱼头处简明写出习作开头，"三名同学做值日"，点明主题；在鱼尾处进行作文总结，"教室变干净了"，与开头照应。

完成首尾部分后进行鱼身的填补，绘制三根大骨，把图中三个人正在做的事情，扫地、擦桌子、擦黑板标注在大骨上。这样，一幅简单的鱼骨图就完成了（图3）。

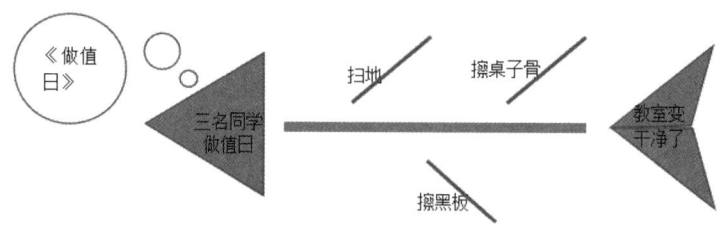

图3 《做值日》鱼骨图

鱼骨图是提纲，是线索，在完成鱼骨图的初步绘制之后，还要用更丰富的语言把习作补充完整。

《做值日》

今天是星期二，有三名学生在教室里做值日。

贝贝拿着扫帚在扫地，他扫得非常仔细，地上的纸屑和灰尘都不见了。丁丁在擦黑板，他踮着脚，把黑板的每一个角落都擦好了，干净的黑板好像能照出人的影子。苗苗在擦桌子，每一张桌子都被她擦得干干净净。

不一会儿，教室就被他们打扫得一尘不染。

在完成层级较多、内容较多的习作时，鱼骨法同样适用。

以作文《美丽的秋天》为例：首先按照方法，绘制鱼头、主骨和鱼尾等基本结构。然后，在鱼骨图上方写明题目《美丽的秋天》；在鱼头处写出习作开头，"秋天是个美丽的季节"，点明主题；在鱼尾处进行作文总结，"我爱五彩斑斓的秋天"，与开头照应，抒发感情。接着，按照类别完成鱼身的填补，绘制三根大骨，按照地点分类，把公园里、田野里、果园里标注在大骨上。最后，根据具体类别在每根大骨上画出一定数量的中骨，在中骨上标注具体内容。如"果园里"分支下的中骨上依次写出苹果、柿子、梨、葡萄……分别填补内容后，一幅层级较多的鱼骨图就绘制完成了（图4）。

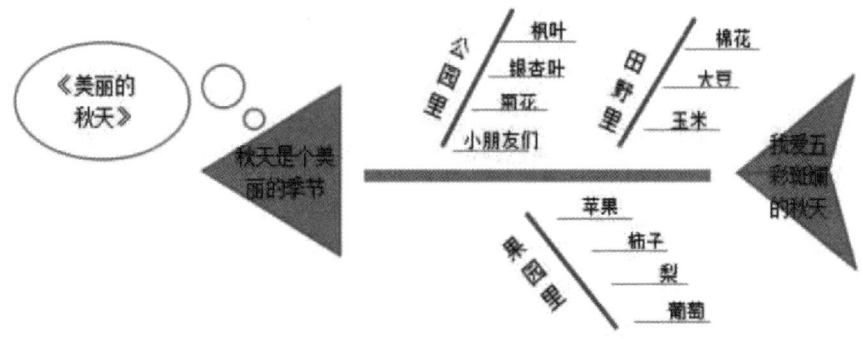

图 4 《美丽的秋天》鱼骨图

五、结语

综上所述,"鱼骨图"作为一种极具趣味的、高效的信息呈现模式,将其运用于小学语文低年级习作教学中,可以激发小学生的习作兴趣,提升他们的习作能力。因此,我们以后应将"鱼骨图"写作法作为重点运用到小学低年级语文习作教学中去,不断探究它的运用方式,最大限度发挥它的作用,使课堂更灵动,学生学习兴趣更浓,从而不断改进习作教学的现状。

基于单元整体教学提升学生思维能力的实践研究

昌平第二实验小学　贾茅茅

为了顺应国家政策，切实提升课堂教学质量，在学校"211"课堂模式的引领下，我们三年级语文教研组开展了《基于单元整体教学提升学生语文核心素养的实践研究》的小课题，在研究中，我们不断探索，努力进行课堂实践，并总结出课堂教学策略，以落实减负提质的语文高效课堂，培养学生思维发展，从而提升学生的语文核心素养。

一、单元整体教学的实践意义

在新时代的背景之下，培养具有核心素养的人逐渐成为教育发展的共识。"学科核心素养"概念的提出引发了对既有的教学理念、教学方法、教学内容及教学评价等的重新审视。而"单元整体教学"是课堂教学中落实学科核心素养的抓手，教师进行单元整体教学是学科教育落实立德树人、发展素质教育、深化课程改革的必然要求，也是核心素养落地的关键路径。

（一）单元整体教学的重要性

语文核心素养的单元整体教学方式强调的是人文性和工具性的并重，让学生在学语文的同时学会用语文。因此，要提高教学质量就要提升学生的语文核心素养，结合中年级学段学生的特点，运用着眼于学生整体素养提升的单元整体教学方式，提升学生思维能力、激发学生学习兴趣、提升综合素养。

（二）三年级上册单元整体教学概况

当前我们教学中所使用的是部编版小学语文教材，教材围绕"人文主题"和"语文要素"双线组织编写，每一单元都涉及明确的语文核心知识，各单元之间横向联系密切。本次研究针对三年级上册单元整体教学展开探索，使学生在参与单元整体语文学习的过程中，将置身于一个可以深入、自由地思考交流的空间，这对引导学生成为能够自我调控的学习者起着重大作用。因此，合理的单元整体教学能够有效激发学生的学习热情，提升学生的语文素养。

二、单元整体教学的课堂实践策略

语文的主战场在课堂，要坚守好语文课堂，完成语文教学任务，达到提质高效是重中之重。经过一学期的实践研究，我们将单元整体教学实施到语文课堂教学中，努力寻求学生的思维能力的发展，下面以部编版小学语文三年级上册第三单元为例，总结梳理出课堂教学策略。部编版小学语文三年级上册第三单元主要是围绕"童话世界"这个专题进行编排，主要由《卖火柴的小女孩》《在牛肚子里旅行》两篇精读课文和《那一定会很好》《一块奶酪》两篇略读课文组成。本单元重点教学任务是"感受童话中生动有趣的形象""学会讲故事、演故事、编写童话故事"。为达成如上目标，我们在本单元第二课时的教学中，设计了讲故事的语文实践活动环节，并设计了思维导图的学习单，力求让学生在理解课文内容的基础上，达到学生创造性思维的发展与提升。

（一）小组合作学习，理解课文内容

小组合作学习方式是教师组织高效课堂的重要工具，通过指导小组成员展开合作，形成"组内成员合作，组间成员竞争"的学习模式，发挥群体的积极功能，提高个体的学习动力和能力，达到完成特定教学任务的目的。而合作学习在很大程度上促进了单元整体教学，能够形成较为稳定的学习氛围，有利于学生的思维发展。

《卖火柴的小女孩》课文篇幅比较长，为了让学生更好地理解课文内容，我抓住小女孩的五次幻象进行设计："自学：默读课文，圈一圈小女孩几次划燃火柴，每次都看到了什么？并填写在情节梯上。共学：为什么小女孩会看到这些景象，说一说你的体会。"课文的写法和现实意义却不好理解，所以本节课要紧紧围绕着落实本单元的语文要素进行，让学生感受到童话故事想象力非常丰富。《那一定会很好》课文内容浅显易懂，根据课文提示，设计这样合作任务："自主学习：默读课文，圈出一粒种子的变化过程，并将每一次变化填在情节绳上。合作交流：说一说你的感受。"学生能够准确地梳理出种子的变化，在理解课文内容的基础上，逻辑思维得到了培养，感受了童话丰富的想象，落实了本单元语文要素。《在牛肚子里旅行》在教学时，我设计了如下合作学习任务："读课文，圈出红头都来到牛肚子的哪些地方，试着绘制红头的旅行线路图。"学生能够提取文中的重要信息，并能将自己的想法与同学进行交流与分享，在这一过程中学生的语言表达得到了锻炼，逻辑思维也得到了培养。接着我有设计了四人小组合作的探究任务："自学：默读课文7-19自然段，用直线画出红头的表现，用曲线画出青头的表现，圈出重点词语，试着批注他们的心情。共学：小组内交流所画内容和感受，并练习朗读。"这一任务更进一

步了解课文内容,感受童话语言的丰富性,在对话中,体会其中蕴含的科学知识。《一块奶酪》也是一篇略读课文,为了理解课文内容,结合阅读提示,我设计了合作探究提示:"自学:默读课文,课文围绕着一块奶酪讲了一件什么事?把起因、经过、结果在文中画出来。共学:将所画内容连起来说一说,组内评一评。"在小组合作交流的过程中,体会蚂蚁队长以身作则、严于律己的美好品质和蚁群严格遵守纪律的精神,从而让学生感受到童话故事赋予动物以人的精神,为学生自己创作提供思路。

本单元的课堂实践中,我们不难发现,小组合作学习中核心问题的提出能够统领整节课,将课堂时间还给学生,由他们自己发现,自己分享,教师点拨和提升,不断锻炼他们的语文学习能力和逻辑性思维。

(二)巧用学习工具,讲述童话故事

《语文课程标准》中明确提出:"语文课程必须根据学生身心发展和语文学习的特点,爱护学生的好奇心,求知欲,鼓励自主阅读,自由表达。"在了解课文内容的基础上,为了减负提质,教师在课堂中利用学习工具引导学生讲述童话故事,培养学生的语言表达能力,激发学生的学习热情,进而提升学生的逻辑思维能力。

在本年级组郭雯蕊老师教授的《卖火柴的小女孩》一课,教师设计了:"结合情节梯,说一说小女孩看到的景象,简单复述这个故事。"有了这一课的铺垫,在学习《那一定会很好》这篇略读课文时,运用这样的方法,根据板书的情节绳讲述一粒种子的变化。贾茅茅老师在市级督导中讲授《在牛肚子里旅行》一课,更是大胆地用红头的旅行线路图接力讲故事,以达到复述课文的目的,学生在接力的过程中,逻辑思维也得到了锻炼,这一个深受市级领导的好评。这样的接力讲故事,引申用到《一块奶酪》一课中,学生按照起因、经过、结果的顺序讲述故事的经过,了解写作顺序,为自己创编打下基础。

工具的开发对于高效的课堂来说是非常有效的教学手段,在本单元中,将学习单再利用,达到教学的一致性,并将学生思维可视化,有利于学生的思维发展。单元整体教学将传统的语文教学碎片化、单一化进行整合,体现大语文、大单元的理念。语文课堂变得灵动、有趣,提质增效的同时激发学生学习语文的兴趣,培养学生的语文学习习惯,更提升了学生思维发展,为获得语文核心素养助力。

立足核心素养发展，实现合理教学

育新科星路小学　申然

减轻学生和家长的负担，让学习回归学校。这需要教师以学生为本，遵循教育规律，开展多样的活动，提升教学水平，实现学生的全面发展。

一、"增"课堂教学的改变

要保证课堂的提质增效，就要求教师提高备课水平，创新作业内容和形式。

1. 整合式的备课

统编版语文教材强调单元的双线结构。教材的更新促使教学方式要变化。在减轻学生课业负担的同时，又能提高课堂效率。

认真钻研教材，注重单元之间的衔接。认真梳理各单元人文主题和语文要素之间的关联，把握学生的已学和要学。同时，整合单元素材，融合多学科核心素养要素，制定出各单元独特、贴近学生生活的单元实践活动。例如，第三单元的人文主题是连续观察，语文要素是体会文章、准确生动地表达，感受作者连续细致的观察；学写观察日记。单元实践活动主题设计为"我是观察小达人"。在任务驱动下，学生通过学习课文来了解每篇课文的作者是如何进行观察的，观察动物、植物可从哪些方面入手，借助课后资料袋，融合美术、信息技术等学科知识，如何生动、清楚地记录观察过程和结果。在单元学习之后，结合自己的观察记录，完成一篇观察日记。教师根据观察记录和观察日记来进行本单元的学习效果评价，评选出班级观察小达人。

2. 自主的课堂学习

课堂，不再只是教师提问学生回答，更多的是学生之间的思维碰撞和全员参与。既提高了教师的教学效率，又提高了学生的学习效率。

本学期的语文课堂上，笔者增加了小组讨论环节，保证学生每课在任务的驱动下进行学习。比如，第七单元的略读课文《梅兰芳蓄须》，设计了四个课堂学习任务。第一，自学生字，朗读课文，把字音读准确。第二，勾画出梅兰芳的拒演方法和遇到的困难和危险，填写在学习单中，后进行小组讨论。第三，思考哪部分内容让你印象最深，结合语文园地的词语，说说梅兰芳是怎样的人。第四，默读课后阅读链接《难忘的一课》，说说感受。课堂中热烈的讨论、激烈的辩论都促使学生对课文内容理解得更加深刻。

3. 用心的作业设计

课堂教学模式的变化促进了评价方式的变化。作业要求少而精，实践性和趣味性强。本学期我创新了作业形式，包括推荐阅读、绘制课文思维导图、诗配画、制作神话人物介绍卡等，改善了作业完成的质量。

第一单元的人文主题是自然之美，旨在引导学生边读边想象，感受自然之美。在学习每篇课文后，都结合单元主题和内容布置作业。如《走月亮》一文中，学生读完作者和阿妈走月亮的场景，可以结合自己的生活或进行联想，写一写自己在月下的某个场景。旨在引导学生用心体会生活，感悟亲情，学有余力或是擅长画画的学生，还可以将想象的月下情景描绘出来。通过单元课文的学习，学生在课文的文字中感受了自然之美，在作业中描绘、描写了自然之美，在口语交际和习作中表达出了自然之美，继而完成了本单元的学习任务。

二、"增"课余生活的安排

为满足学生多样化的需求，学校需要提供多样化的课后服务和校园活动。本学期，学校和老师们创造了更多的阅读机会，提供了学生更感兴趣的体育活动器材，增加了趣味运动技能比赛和动手劳动实践的比赛等。

1. 创造阅读机会

读书可以丰富和提升自我，增加知识和词汇量，拓宽视野。这学期的课余时间让我可以更积极引导学生利用零碎时间进行阅读。

本班级每周安排一节课，学生可以带着学生卡去图书馆借阅图书。每个同学挑选一本自己喜欢的书籍外，还要为班级图书角添加不同方面的书籍。在阅读时，我鼓励学生摘抄阅读笔记，分享读书心得。阅读完借阅的书籍阅后，可到班级图书角更换，或和同学交换。此外，在本学期每天的兴趣小组时间，教师和学生一起阅读、朗读名家名篇及神话故事，在师生共读中感受文字的美妙。

2. 鼓励体育锻炼

学校每天开设一节体育课，保证学生得到足够的锻炼。

学校为学生提供了很多活动的机会。比如开展全员运动会，针对每个年级学生的身体特点和基本技能训练点，设置有趣、差异化的项目。比如四年级开设旋风跑、车轮滚滚和集体托大球，锻炼学生的手脚并用爬行能力和仰卧推起成桥的能力，增强了学生的凝聚力。大课间活动把古诗韵律操、健身啦啦操结合起来，还有兴趣小组，最美声音、棋奕、舞动起来等活动。

3. 开展劳动实践活动

在每周五的班级大扫除中，每个学生都有劳动项目。一段时间后，在进行班中轮换，以引导学生学会劳动和合作。

利用班队会时间进行劳动技能的学习和比拼。比如本学期年级统一开展编织"爱心"围巾活动，从学习起头到会织平针，再到能快速熟练地织出成品，并鼓励学生将织好的围巾送给长辈、朋友，引导学生热爱生活、发现生活中的美。

春种秋收的"开心农场"一直是学生们喜欢的劳动活动。十月份，学生们收获了上学期种下的白薯，并且烤出来品尝。这个过程让学生体会到了劳动的艰辛和收获的快乐。

提升课堂教学质量，优化教学方式，鼓励支持学校开展各种课后辅导育人活动促使学生多方面发展。作为教师，要不断学习，不断思考，不断实践，不断进步，我的许多做法还有待完善，我会在实践中总结反思，与班里的学生共同前行。

以理驭法 发展学生思维的深刻性
——例谈"除数是小数的除法"教学

北京市昌平实验小学 张久超

《数学课程标准》对于计算教学明确指出：让学生经历抽象出数的过程，积累数感；在从实际情境提出计算的过程中，积累四则运算的感性认识；通过尝试，探究计算方法。在学习四则运算的过程中，提高计算正确率，树立自觉选择合理算法和估算的意识，逐步发展计算的深刻性。

一、研究背景

"除法运算"是小学数学算法教学中的重要组成部分。在小学数学教材编排中，关于"除法运算"的内容，基本划分成三个知识组块。分别是"除数是一位数的整数除法"，"除数是两、三位数的整数除法"，"小数除法"，且分布在不同年级段进行学习。然而，无论是哪个年级段的"除法运算"，相对于同年级段的其他的算法学习内容来说，都是学习的难点。根据以往教学经验及对学生的前测发现，学生学习除法时一般存在以下困难：一是难以理解和讲清算理；二是算法掌握停留在记忆各种算法上，优化、估算意识不强，计算灵活性也较差；三是学生对算法学习的认识存在思维偏差——算法课的学习通常就是实现教师给出的方法。主动探究算法的经验较少，能力较弱，认知机械而不深刻。

基于以上分析，有必要深入研究如何在"除法运算"的算法教学过程中帮助学生摆脱现有学习困境。为此，笔者选定本校五年级学生为研究主体，确立小数除法中"除数是小数的除法"教学内容为研究主题，针对如何帮助学生建构算法的心理活动过程开展实践、对比分析与研究，以期能在实践探究中发现计算教学更有效的教学策略和手段。

二、情景过程描述与分析

（一）初次实践

1. 课堂案例片段

师：出示（复习引入）

120÷30=4　　　　　　　4.5÷15=0.3

12÷3=　　　　　　　　0.45÷1.5=

1.2÷0.3=　　　　　　　0.045÷0.15=

（教师先引导学生对除数是小数的除法推演结果进行验证，然后指出商不变性质在小数除法中同样适用）

师：（创设情境问题，为学生提供自主解决问题的平台）

（1）买9本练习本共10.8元，平均每本练习本多少元？

（2）一块橡皮0.7元，用10.5元可以买几块橡皮？

（3）每个小气球0.15元，1.8元可以买几个小气球？

师：能列出解答这3个问题的算式吗？

根据学生回答板演：

10.8÷9　10.5÷0.7　1.8÷0.15

（学生独立完成第1题的竖式计算）

师：除数是整数的小数除法，我们已会计算，那么，像10.5÷0.7、1.8÷0.15这样除数是小数的除法怎么计算呢？今天我们就着重研究除数是小数的除法。（揭示课题：除数是小数的除法）

提问：有没有办法把除数是小数的除法转化成除数是整数的除法呢？（此时，大部分学生想到了利用商不变性质解决新问题……）

2. 案例分析

（1）个人思考：除数是小数的除法关键是先利用商不变性质将它转化成除数是整数的小数除法，再按除数是整数的小数除法法则计算。因此，首先应通过复习激活相关知识——商不变性质，来引发新问题的解决思路——利用商不变性质把除数是小数的除法转化为除数是整数的小数除法。

（2）实践效果：由于课始出示了一组利用商不变性质进行填空的习题，大部分学生想到了借助商不变性质把小数除法转化成整数除法，课中没有多种个性化的问题解决方法出现。在教师的引导下，学生逐步掌握了除数是小数的除法的竖式计算，使课堂进行比较顺利。

（3）问题分析：当学生有能力自主获得新问题解决思路时，教师是否还有必要进行思路引导？预设的多种解决问题的方法没有出现的原因是什么？通过思考及与同伴的交流，我感受到：第一层次的填空题，虽然只是表明了商不变性质在小数计算中同样适用，但同时也明显地暗示了学生新问题解决的基本思路——用商不变性质可以把除数是小数的除法转化成除数是整数的小数除法来解决。虽然知识技能目标达成度较高，但教师在激活旧知、使学生判断推理符合逻辑的同时，将高水平认知要求降低为低水平的认知要求，即缩小了学生思考的空间，降低了学生思维的深度。

（4）改进方法：过多的知识铺垫，有时会不利于学生深层次的思维。学习除数是小数的除法，关键是转化思想的运用，同时，"除数是小数的除法"此学习内容，也是学生获得数学转化思想的极好素材。因此，应该采用减少教学铺垫，直接从同类的思想方法引入，让学生自己发现问题，并寻找解决问题的方法。

（二）第二次实践

1．课堂案例片段

师谈话引入：同学们，前段时间学习了小数乘法，回忆一下，我们是怎样获得小数乘法的计算方法的？利用这种转化思想，可以把新问题转化成我们学过的问题，从而解决新问题。那么，同学们能否继续用这种转化思想解决除数是小数的除法问题呢？

出示题目：$1.8÷0.15$ $1.02÷0.8$

师：今天我们就研究除数是小数的除法计算方法。随即板书课题：除数是小数的除法。（学生尝试解决第一题后板演并交流。）

板演：（学生大部分把小数除法转化为整数除法来计算，但通过竖式计算，答案各不相同。）

2．案例分析

（1）实践效果：学生在教师的谈话引导下，利用原认知结构中的已有知识——小数乘法计算的转化方法（先把小数看作整数计算，再确定小数点的位置）进行类比思考：除数是小数的除法计算也可以先把小数看作整数计算，再确定商的小数点的位置。但是在怎样确定商的小数点的位置时，遇到新的学习困难——难以找到一个统一、便捷的方法。因此，影响了整堂课的教学效果。

（2）问题分析：学习除数是小数的除法，关键是运用转化思想。因此，在课堂引入时，从同类的思想方法引入比较合理。但我在课前分析中忽视了对学生认知水平的分析。"数学转化思想"对一个刚初学小数除法的小学生来说，是较抽象的概念。也就是说，目前学生并不能很清晰地认识数学转化思想的本质所在。那么，当教师从"回忆一下，我们是怎样获得小数乘法的计算方法的"

来引导学生"利用这种转化思想,可以把新问题转化成我们学过的问题,从而解决新问题"时,学生对于转化思想的演绎更多的是基于原认知结构中的已有经验——小数乘法计算的转化方法(先把小数看作整数计算,再确定积的小数点的位置)进行类比思考:除数是小数的除法计算也可以先把小数看作整数计算,再确定商的小数点的位置。在这样的思路引导下,学生探究的焦点集中在"如何确定商的小数点的位置?"由于利用小数乘法计算的转化方法迁移至除数是小数的除法计算方法,在怎样确定商的小数点的位置时,却难以找到统一、便捷的方法,且产生更多新问题,不能达到利用"化新为旧"的思想方法解决新问题的初衷,因此,影响了课堂效果。

(3)改进方法:课堂教学情境创设、任务提出,必须基于学生的生活、知识经验和认知发展水平。由于实践课中学生的认知状态还处于能在问题的驱动下想到某种解决办法,但运用"化新为旧"的思考策略来解决问题的意识不强(也就是新情境下解决问题的策略性知识掌握和运用能力不强)。因此,第二次实践中的学习任务,就高估了学生的认知发展水平。而初次实践中的复习引入,又低估了学生的能力发展水平。所以,笔者考虑在第三次实践中,剔除"复习引入"部分,直接从学生生活经验、知识经验和认知能力水平出发,创设学生感兴趣且真实的问题情境,让学生去解决问题,再通过交流协商,形成共识,逐步深刻理解算理,进而建构算法。

(三)第三次实践

1. 课堂案例片段

师:在国庆节期间,你们爸爸妈妈一定给了不少零用钱对吗,你用它买过东西吗?

生:买过……

师:小明和他的弟弟在国庆期间也带了自己的零用钱去超市买东西,小明有10.8元,他去超市选购了9本练习本,你能知道每本练习本多少钱吗?

(学生独立进行计算后板演并交流。)

交流:

生1:我是把10.5和0.7都化成整数,都扩大10倍,因为商不变的性质里面说被除数和除数同时乘以或除以同样的数,结果不变。所以,10.5÷0.7与105÷7结果就相等,然后再除,结果是15。

(此时学生们普遍点头表示赞同这位学生的想法。)

生2:我与××(生1)想法是一样的,只是写法不同。

生3:我是把10.5和0.7同时乘以10,它的商不变,然后再列竖式计算,结果是 15。

生 4：我开始和前面的同学想法是一样的，后来想到书上计算法则说商的小数点要和被除数的小数点对齐，所以就在商上点上了小数点。

师：他这样想有道理吗？

生 3：我认为不对，10.5÷7 才等于 1.5，现在 10.5÷0.7 先变成 105÷7，小数点位置改变了，商的小数点就不能再与原来的小数点位置对齐，应与改变后被除数的小数点对齐。

（听了生 3 的解释，生 4 点头表示赞同。）

生 5：我跟××（生 3）的方法相同，也是将它们同时乘以 10，不过我是用图示把它表示了出来。

师：你能上来向大家介绍，你是怎样用图示表示转化过程的？

生 5：我先把 0.7 的小数点向右移一位，（该生把 0.7 的 0 划去，并用"　"表示小数点移动了一位。）再把 10.5 的小数点也向右移一位，这样变成 105÷7，算出商是 15。

生 6：我原来的想法是和乘法一样，先不看它们的小数点，相除，再看一共有几位小数，再点上小数点。

师：你也是想利用我们以前学过的知识来解决这个问题，对吗？那为什么结果不对，问题出在哪儿？

生 6：我想错了，因为在除法中，被除数和除数都扩大 10 倍，商是不变的。

（此时，同学们各抒己见，有条理地表达自己的想法，同时在倾听交流中完善自己的想法。）

师：听了刚才几位同学的介绍，有没有发现他们在解决问题时思考方法上有什么共同的地方？

生 1：把两个数都扩大成整数。

师：为什么要扩大成整数？

生 1：因为整数除法我们已经学过了。

生 2：我觉得他们都利用了商不变性质。

师：都利用了商不变的性质，都想办法把这个新问题转化成我们已经学过的知识去解决，是不是这样。那么，请你们像生 5 那样把下面两题转化成能用我们学过的除法计算方法来解决。

出示：0.18）1.5　　0.18）3.618

此时对于第 2 题学生出现两种转化方法：0.18）3.618　　0.180）3.618

（当同学们通过计算，认可两种转化方法都正确后，教师再让学生选择一种较简便的转化方法计算 0.5) 1.725，结果选择第 2 种方法的速度比选择第一种方法的速度要慢许多，此时学生才从实例中体验到，只要将除数是小数的除法转化成除数是整数的小数除法，即可解决问题。）……

2．案例分析

通过情境创设—独立思考—交流协商—形成共识这么一种活动模式，使学生在有限的课堂时间内，不仅建构了正确算法，同时，也有更多的机会有条理地思考，清晰简明地表达思考过程，学习有意识地用数学思想方法分析问题和解决问题的策略。因此，本次实践中，学生的认知性目标、过程性目标和情感性目标达成度相对较高。

三、反思与提升

通过对"除数是小数的除法"教学内容的 3 次实践与反思，笔者对计算教学有了更为清醒的认识，浅谈如下：

（一）对于课前引导性材料运用，有时不能简单地用好与坏来认定

例如，初次实践中，复习引入的引导性材料，它的优势是能帮助学生激活旧知，引发思路。如学生认知能力发展水平较弱，就需要教师给予搭建知识建构的脚手架——激活旧知，引发思路。如果学生的认知能力水平较强，已具备一定的面对新的情境问题，能自主调用认知结构中已具备的知识和策略解决问题的能力，那么，第三次实践的引导性材料更具有适切性。而第二次实践的引导性材料开放度较大，一般来说，它适应于已具备一定逻辑推理能力和数学转化思想方法，且具有一定的用数学思想方法解决问题的多次经验的学生。因此，教师在提供引导性学习材料时，深入了解学生的知识基础和认知能力水平是很重要的。

（二）在平等协商中，引导学生自助建构，完善认知

为了简化学生自主建构的思维表达形式，适应新的学习内容的需要，教师必须引导学生在协商中逐步建构。例如，第三次实践中，由于学生知识经验、生活经验都存在个体差异，观察思考问题的角度也会不同，所以，产生了多种不同的问题解决方法和表达形式。此时，教师首先应充分尊重学生的个性特征，允许学生从不同的角度认识问题，采用不同的方式表达自己的想法，给予学生独立思考和解决问题的时间和空间。但并不简单地追求算法多样化，而是在多样化的基础上，引导学生表达自己的想法，倾听别人的想法，感悟"化新为旧"的数学思想方法（化归思想渗透），在交流协商中优化问题解决策略，从而帮助学生逐步建构新算法。

（三）数学活动过程就是学生开展积极有效的学习活动过程

通过对小学数学"除数是小数的除法"教学课例分析与研究，得出：

关于"除法运算"的算法探究活动，实质是一种积极有效的学习活动。因为，通过算法探究能改变学生对数学的态度，让学生把学习数学看成是一个过程，而不是简单的记忆程序和按程序操作。算法探究活动能为学生提供思维的空间，鼓励学生沿着更合理的途径解决问题，获得对数学的认识，让学生体验到他们能够主动的从事问题解决，学生会因为自己发现算法而感到高兴。

小学数学作业设计的初步探究

北京市昌平实验小学　杜春林、樊景依

由于社会的高速发展和竞争的日益激烈，很多孩子在小学阶段承担了很大的压力。为减轻孩子学习压力，使素质教育和核心素养理念不断完善，对课后习题的优化设计也成了学校教育的关键变革目标之一。

一、小学数学作业优化的重要性

数学知识比较抽象，加之小学生的理解和逻辑思维能力不足，使得不少学生认为数学学习比较困难。再者，传统教育中以教师为中心的教学模式也不利于学生学习能力的提高。当前，以核心素养为基础的素质教育重点是培养学生的学习能力，特别是在数学教育中，学生的思维能力、空间想象能力、抽象能力和合作能力都十分重要。作为巩固学生数学基础知识、培养学生数学应用能力的关键环节。

二、当前小学数学作业设计存在的问题

在应试教育理念影响下，许多教师认为作业的目的是让学生能够熟练运用所学知识去解决问题，所以帮助学生形成固定的数学思维，提高数学考试成绩。然而，现代小学数学教育应注重培养学生的学习能力，因此传统的作业设计方式存在以下问题：

作业量太多。大量习题的方式，不仅不能让学生有效提高学习能力，还可能产生一定的厌倦情绪。因此，控制作业量是"双减"政策主要的目标之一。

重复性作业多。大量习题的作业很容易出现同类作业。反复做类似题目不仅不能给学生留下深刻印象，还会让他们丧失学习兴趣。对于学习能力强的学生来说，重复性作业可以提高他们的学习成绩，但也固化了其思维模式，在遇到变化的问题时束手无策。

作业设计片面。目前，数学教师设计的作业大多来源于课本，拓展内容较少，内容较枯燥，难以很好地锻炼学生的思维能力。

与生活脱节。数学来源于生活，也当应用于生活。有些教师布置作业时优

先考虑基础知识的应用，且应用背景也较简单，导致学生产生了数学知识无法应用的错误认知。

三、小学数学作业设计的优化措施

面对作业设计的诸多问题，教师必须以"双减"政策为基础，进行作业改革。可采取以下措施：

把作业融入生活。小学数学教育的核心是让学生打好数学基础，实现数学与生活的关联。在巩固知识、熟悉概念的同时，还可以培养学生的生活能力，使其对数学学习产生更高的兴趣。例如一年级时，学生在学习《元角分》之后，单纯的货币单位换算及加减计算作业很难让学生熟悉货币的概念，这时教师可以布置去超市购物的作业，让学生自己付钱并且观察收银员如何找钱，并记录商品价格、支付金额及找零的钱数，在实践中认识到货币的换算及加减。在二年级学习长度的测量后，可以让学生用尺子测量家里物体的长度，如窗户、柜子的尺寸等，并记录数据，直观地感受长度的概念。这种练习也有助于日后的面积及体积的学习，以此让学生形成一种数学和生活的关联意识。

创新作业模式。由于小学生爱玩游戏，教师可抓住学生的这种心理和兴趣点，设计游戏性强的作业。例如在学习10以内加减法时，可给学生设计扑克牌游戏作业，让学生和家长之间或者生生之间进行游戏，规则可以参考经典纸牌游戏"21点"，也就是1~10十张牌，手上的牌相加越接近10或者等于10算赢，但只要超过或者相加的数较小便输。相信这样的游戏模式不仅能提高学生对作业的兴趣，积极完成作业，同时能在游戏中巩固相应的知识点，从娱乐中培养学生的数学思维能力。

采用分层设计的作业模式。教师在设计作业前必须先对学生的掌握情况及学习能力进行全面了解，按照学生的理解程度和思考方式的差异，分层次设计作业内容，依次布置基础性的必做作业、难度稍高的趣味拓展作业、以提高学生能力为主的特殊作业等。还可设计内容相同但是难易不同的内容，不能一刀切。另外，教师需要根据学生的学习情况展开多层次评价，还要让不同层次的学生展开互助。注意作业的评价要以鼓励等积极引导为基础，最大限度发挥数学评语的激励功能。

合理掌握作业数量。教师要将基础作业量控制在放学前可完成的范围，其他的延伸作业和趣味作业则可以让学生回家继续做，给每个学生设置一个够得着的目标，持续激发学生的学习兴趣。此外，作业的设计内容必须是以巩固知识和概念、培养学生学习能力为主，保证提升学生数学学习的能力。

四、结语

小学数学作业设计的根本任务在于培养学生的数学学习能力和掌握数学基本的概念及知识。因此，教师一定要重视习题的内容和类型，尽量减少书面上的习题和理论类习题，增加作业的实用性和趣味性，使学生在练习的过程中切实获得数学学习能力的提高。

小学低段课堂教学活动化的研究

首都师范大学附属回龙观育新学校　赵红

与其他学科相比，数学这门学科的基础性、实践性、逻辑性和应用性更强，低学段小学生，由于学习经验不足，抽象逻辑思维能力偏弱，对数学这门课程存在一定的畏难情绪。教师需要意识到这一问题的重要性，了解小学数学教学的具体变动，从学生视角出发，开展教学工作。

一、小学数学教学活动现状分析

（一）教学内容枯燥乏味

有些小学数学教师将知识讲授作为课堂教学的重点，且讲授的内容局限于课本和教材，而不是通过有效引入课外话题来激发学生的兴趣，不断丰富学科教学内容及形式。

（二）教学活动形式化

有些教师在开展教学活动时，为了活动而活动，出现了表面化、形式化现象。殊不知，活动本身也是一把"双刃剑"，组织不好、指导不力、选题不当，也会影响教学效率。

二、低段小学数学课堂教学活动化策略

基于以上分析，如何增强数学课堂活动化教学的有效性，让学生在体验中学到数学，在探索中学到数学，是摆在我们面前的新课题。笔者从以下几方面进行了探索。

（一）超越数学教材，活化教学资源

1. 活化教材资源

（1）教材知识动态化。在教学中，应根据实际需要，适当改变教材的呈现形式，化静为动，激发学生学习兴趣，有利于学生主动探索的活动情境。如，教学"第几"时，教师创设了这样的活动情景：一大早小动物们要到智多星家里参加音乐会，可是出发前，它们为怎样排队吵了起来，谁都想排在最前面。请小朋友帮它们排排队。学生操作学具后，反馈交流，结果方法各异，教师让

他们说出各自的理由，学生学得兴趣盎然。

（2）教材知识现实化。教师应根据自身情况和书中实际，使教学内容贴近学生，成为学生喜闻乐见、便于参与的活动。如在教学"元、角、分的认识"时，教师可以不用教材中的主题图，让学生分组扮演售货员和顾客，进行售货、付款与找钱的游戏活动。

2．活用生活资源

（1）人身资源。教师的形象、学生的风采和言行有时可以被转变成教学资源。如教学"比轻重"，可先找一胖一瘦两名同学到讲台前进行比较，让其他学生说说比较的结果。学生可能有的以高矮、胖瘦的角度进行比较。根据学生的回答引出并板书课题：比轻重。这样可以让学生通过直观形象的体验，感受到物体有轻重之分。

（2）环境资源。指的是把学生感兴趣的题材引进数学的"大课堂"。例如，在教"可爱的校园"时，教师组织学生到操场熟悉校园，到现实情境中观察，数出各种物体的数量。回到课堂中，要求学生当一回小导游，为大家介绍美丽的校园。这样做使枯燥的数学问题变为鲜活的生活现实，引发了其数学学习的内驱力。

3．活现差异资源

（1）起点差异资源。学生的生活经验多原始的、粗浅的、局部的、零散的，但却是难能可贵的。在活动化教学中，教师要利用好这些"起点资源"，让每一个学生从现实数学世界出发，通过活动与数学内容相联系，建构自己的数学知识体系。如在一年级的"统计"课上，教师让学生分小组"摸球"，边摸球边记录。然后组织大家交流各自记录的方法：

生1：我是看到几号球，就写几。

生2：我先画4个圆分别代表1号、2号、3号、4号球，摸到几号球就在圆下写几。

生3：我与他不同，是先写1、2、3、4表示4种球，然后在下面画加圆圈。

在此基础上，教师适时组织学生对比交流：

师：请把其他同学的做法与自己的方法比一比，说说你的想法。

生4：我觉得他们记录得都很好。

生5：我不同意，第一种没有分一分，看上去不清楚，第2种与第3种记录比较好。

生6：我也觉得第2种与第3种方法好。看上去很清楚，一下子就能看出有多少个。

生7：我认为第3种方法最好，看清几号球，就直接画圆圈了，很简便。
师：这是个好方法，用比较简单的符号来记录，可以看得更清楚。
……

（2）智能差异资源。学生的能力是多元化的。教师要充分了解学生的兴趣爱好和特长，创造条件使每一个学生都有机会发展和展示特长。如在教"图形的认识"时，不仅要求学生根据图形的特征来拼图案，更需要各小组成员以特长来分工，确定设计剪、画、贴，以及"图案"介绍的最佳人选，只有充分发挥小组成员的智能强项，才能确保任务完成得既快又好。他们不再因自己某方面的不足而感到羞愧难当，而是为自己因超越他人的才能为小组争光而感到自信和骄傲。

4. 捕捉过程资源

（1）意外资源。要使学生成为学习的主导者，就要追求课堂教学的真实性，敢于放手，敢于直面意料之外的情形，再现"原汁原味"的课堂生活情景，让这些资源成为"催化剂"。如在教"可能性"时，一位教师设计了"摸彩球"的活动。盒里放进6个白球，3个黄球，由各小组进行"摸球"活动。有一个小组摸的结果是黄球比白球多，并且他们坚决不同意袋里边什么颜色的球多，摸到这种颜色球的可能性就大。于是，教师又让他们摸了5次球，然后问这位学生现在怎么想？学生说他们对的可能性大一些。教师马上说像你们小组发现的那种情况属于什么现象？谁能举几个生活中发生得很偶然的现象？通过意外资源的利用，每个同学都有所得，他们认识问题的角度会更全面，认知结构会更合理，而老师的教育智慧、教育艺术得到了磨砺、发展。

（2）"错误"资源。活动化教学中，由于课堂的开放，学生出现的问题或错误相对增多。巧妙处理这些情况，可成为一种难得的活动资源。如在教学"左右"一课时，学生掌握了前后、左右、上下等位置关系后，老师让学生们做起了游戏：老师报到哪个方向，学生就赶紧指向哪个方向，看谁反应快。看来这个游戏并不难，学生动作整齐划一。可是细心的老师发现：有一个孩子似乎对此不感兴趣，有时还调皮地反其道而行之，比如老师说"左"，他偏指"右"。老师问他："你是怎么了？"没想到孩子站起来大声说："这样做更有趣！"老师心里一动：是啊，既然学生都已经掌握了位置关系，反过来做游戏岂不是更有挑战性？于是老师马上做出决定："行，就按你说的办！"接下来，孩子们玩得更加带劲了。就这样，课堂到了最后，又掀起了一个高潮。

综上所述，我们有理由认为，教学活动中不要拘泥于教材，应该变"静止状态"的学习材料为"动态生成"的活动情景，这种除了书本以外的活动资源在课堂中不是多了,更不是不宜,而是少了。艺术家罗丹曾说:"生活中并不缺少美,缺少的是发现美的眼睛。"在教学中并不缺少活动资源,缺少的是发现资源的慧眼和开采资源的妙手。相信只要教师们不断更新自己的观念,不断实践、反思,活动化的课堂教学一定能有"源头活水来"。

(二)活动化教学的模式的构建

1. 活动化教学模式的意义与特征

活动化教学模式是以学习者对数学知识的主动构建为线索开展数学活动的教学模式,强调通过学生的"动"——动手、动脑、动口,让学生学得"活"——活泼、灵活、有创新。

本模式适合于小学低段数学课堂教学,是学科课程教学与活动课整合的尝试。它既有传统学科教学的重知识形成和教师主导作用的特点,又有活动课充分体现学生的主体性和创新精神的优点,是知识与能力、情感与态度、主导与主体的和谐统一。

2. 活动化教学模式程序

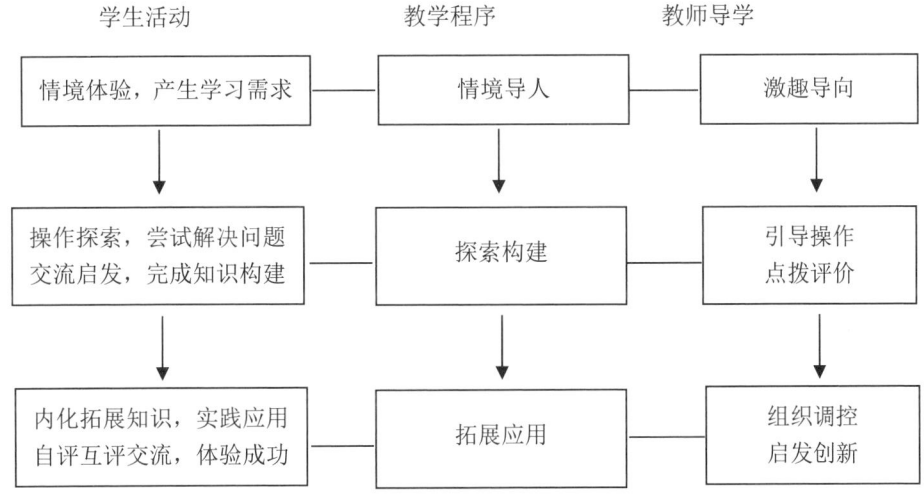

模式说明:

(1)情境的设置要有利于激活学生已有的知识经验,诱发学生的求知欲望。

(2)探索构建环节是通过师生互动完成知识的意义构建,要充分体现学生的主体作用。活动的形式要有可操作性,利用学生个体参与;有广泛的思维和创造的空间,有探索价值。注意教师对学生的评价和学生的自我评价,评价要关注学生的学习热情、协作交流能力、实践创新能力。

（3）拓展应用阶段使数学完成从生活中来回到生活中去，这一环节教师要由扶到放，充分调动学生的创新思维，让学生体验成功的喜悦。要做到活动内容的探索性、开放性、层次性。

通过对活动化教学的研究和探索，我们发现：小学数学课堂活动化教学是一种较为理想的新的教学方式。它在吸收传统教学优点的同时，融入了活动课以知识的应用为主的优点，进一步完善了数学学科教学体系，使数学学科课堂教学更能体现学生学习的主体性和创造性，提高学生学习的积极性，提升数学知识的运用能力。

提高小学低年级学生计算能力的策略探究

首都师范大学附属回龙观育新学校　王蓓

笔者最近对本校一二级学生进行了一次口算能力普查，发现当前小学低年级学生的计算准确性不容乐观。就学生的计算差错原因，部分家长、老师和大部分学生，都将此归结为"粗心大意"。笔者不禁要问："粗心大意"又是怎么造成的呢？本文试从小学低年级学生非智力因素角度讨论引起计算错误的成因及一些针对性的对策。

一、问题的提出

笔者从事小学低年级数学教学工作，经常发现有一些公认的聪明孩子，对于有一定难度的思考题，能够顺利解出，但平时数学作业的正确率一直不高，数学测验考试的成绩也很少有满分。因为他们在练习的过程中，经常出现诸如"9-2=6"之类的"低级错误"。对此，老师和家长一再提醒他们做题时要细心。但这种"教育"的效果并不理想，"低级错误"还是屡见不鲜。

培养小学低年级学生准确而迅速的计算能力是小学低年级数学教学的重要任务。然而在"双减"政策的制约下，古老的"题海战术"显然是不科学的，如何在不增加学生负担的前提下，培养学生的计算能力是小学低年级数学教师值得研究的课题。其实，除了对有关运算的数学概念，如法则、性质、公式等理解掌握不好外，小学生运算错误大多源于心理障碍引起的，而非"粗心"导致的。

二、小学低年级学生计算能力的影响因素

（一）兴趣的影响

兴趣是最好的老师，是推动人类学习的动力之源。数学教师在运算教学中，要将数学的运算和实际运用结合起来，使学生感到计算不是单纯枯燥的，而是为了解决自己或他人在现实生活中所遇到的具体困难；要设计情景让学生从运算中体会成功的快乐。通过这些努力使学生培养起对计算的浓厚兴趣。

（二）基础的影响

数学是系统性强的学科，数的运算也受到基础的影响。学生对前一阶段已学过的运算掌握的牢固程度，运用的熟练程度，很大程度上影响学生未来的计算能力，它与智力无关。比如，数的分解掌握不好，加减法云运算的准确性就不会高；加减法不熟练，乘除法出错的机会就会加大，运算的准确性就很难提高。

因此，教师在教学中必须保证学生打好基础，特别是10以内数的分解、20以内的加减法，乘法口诀德等更要达到脱口而出的程度，这对提高运算能力很关键。

（三）注意因素的影响

注意是心理活动对一定对象的指向与集中。就是当人们的心理活动有选择性地指向一定对象，而不理会其他对象时，这就是注意。

1. 注意稳定性不高

小学生由于注意力不集中，容易计算错误。有研究发现，7—10岁儿童注意力可持续20分钟，10—12岁儿童为25分钟，12岁以上儿童可持续30分钟。因此在解答结构步骤较简单的题时正确率比较高，而解答结构步骤较复杂的题时容易出错。

小学生还容易急于求成，加上长期训练的定势，使他们在计算时会过于集中计算的结果，而常常忽视数据处理的完整性。如，$250 \times 8 = 200$，结果漏添末尾一个"0"；$9200 \div 450 = 20 \cdots 20$，只记得被除数、除数缩小10倍去掉"0"而忘记余数要添上"0"。

2. 注意分配广度小

计算过程中需要把注意力同时分配在眼、脑、手上，而小学生的注意分配能力差，往往就会出现顾此失彼，丢三落四。我们知道，一道试题（特别是四则混合运算试题）是由若干个部分组成的，而各个部分对大脑的刺激有弱有强，其中知觉对象的个别细节部分是复合刺激物的弱成分，往往不会被觉察出来。如，计算 $1200 - 35 \times 4 \div 7 + 80 = 1200 - 140 \div 7 = 1200 - 20 = 1180$，学生只注意用1200减 $140 \div 7$ 的商，而把 +80 抄漏了。

3. 注意转移能力差

连续几道乘法后出现一道加法，一组除法中间夹上一道减法，不少学生的注意仍停留在原来的算法上，不能很快适应新的变化，仍按惯例使用之前的方法，也会导致错误。

（四）记忆因素的影响

小学生时常因为瞬时记忆或短时记忆问题而造成运算"粗心"。瞬时记忆也称感觉记忆或感觉登记，指进入感觉存储器的信息（由系统外的刺激引起）是在瞬间完成的，短时记忆的存储时间也很短，仅1秒或数秒，但是在运算过程中它们的作用是相当大的。

1. 瞬时记忆不能很快进入短时记忆

短时记忆主要包含当前正在思考和操作的信息，其特点是存储的信息并不总是长时间地处于激活状态，除非不断地被某种方式所刺激。运算工作开始时，小学生就会首先进行算式审题，这时注意被指向算题。于是，每一个数据经过感觉纳受器被复制出一个印象，并被很快送入短时记忆。在这过程中，如果受到无关信息的插入（刺激），则某些信息就会被感觉纳受器剔除，这样，算题的信息在被送入短时记忆时就会产生错误。如，计算 $2.5 \times 0.72 + 0.25 \times 2.8 + 0.6 = 2.5 \times (0.72 + 0.28)$。

（受"可以简便运算"的插入性信息刺激，将"+0.6"漏了）

2. 短时记忆的水平较低

在运算中，有许多数据在参与各种运算，却往往又不反映在运算的外显形式中，而是存储在短时记忆中。当小学生的记忆水平相对较低时，往往容易将未被强化的短时记忆中的信息弄丢。如，计算"1358+246"时，只记得个位满十向十位上进一，而忘记十位上也满十要向百位进一，而出现了"1358+246=1504"的错误。

（五）感知因素的影响

1. 感知笼统

感知是感觉和知觉的合称。感觉是当前客观事物的个别属性在人头脑中的反映，知觉是当前客观事物的整体及其外部联系在人头脑中的反映。所谓感知笼统就是指小学生在感知事物时留在脑中只注意事物的表面现象而不注意细节。要进行计算，首先必须通过感觉器官来感知数、符号或数和符号组成的算式，即看题、读题和审题。小学生感知事物的特点是比较粗略、不具体，在对计算题的知觉过程中，由于受到算题本身一无情节，二形式简单的影响，容易引起心理疲劳，造成知觉不全面，不精细。例如，有的学生遇到相似或相近的数字、符号，匆忙动笔，就会抄错数字或符号，把9写成6，52写成25，"+"写成"-"；有的学生还没有把多位数看完，急于计算，就会漏抄，把10000抄成1000；还有的学生观察不仔细，只看大致轮廓，忽略运算顺序导致错误，把 $8 \times 4 \div 8 \times 4$ 算成等于1。

2. 错误知觉

错误知觉简称错觉,外形刺激可能是产生错觉的重要原因。格式塔(Gestalt)曾有这样一个实验:面对诸如图 1 中的图形,人在知觉时,往往会自觉地将他们看作是一个三角形、圆或者正方形。

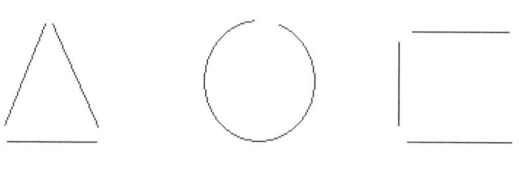

图 1

这是因为:第一,人们在知觉过程中,总倾向于对象的完整性、清晰性和对称性。第二、人们在知觉过程中,往往闭合的区域比开放的区域更稳定。所以,小学生在接替的知觉过程中,如果遇到算题呈现的符号及符号呈现的方式与记忆中的信息相似,那么就会自觉地倾向于后者。例如:常常可以看到有学生将算式 231+3,不是抄成 123+3 就是 321+3。

3. 感知选择性

小学生的感知伴有浓厚的情感色彩,容易受到题目中新奇的、感兴趣的成分的"强刺激",而忽略其他的弱成分,特别是受凑整、简便运算、大数目、0 与 1 等因素的干扰,更容易产生差错。例如,做填空 5+45( )5+54,学生会填写等号,原因是加法交换律的"强刺激",掩盖了 45 和 54 不同的"弱刺激"。

(六)思维因素影响

小学生受思维因素导致的计算错误主要指自思维定式和教学示范导向的负迁移。定势也称心向或者定向,是指个体以某种特殊方式进行反应的状态、倾向或趋势。在运算中,定势是一定心理活动所形成的准备状态,这种准备状态可以决定同类后继活动的某种趋势。思维定式在学生思维中占有牢固的地位,是一种思维的惯性,它有积极的一面,在不变的环境中,定势有助于迅速做出反应;也有消极的一面,在变化了的环境中,定势常常阻碍学生找到新方法解决新问题。小学生运算时容易受思维定式的干扰,消极的思维定式主要表现为硬套解题模式,用习惯的方法去解答性质完全不同的问题。如,60-39=39,由于小学生被"0 加任何数得原数"这一强化了的信息干扰,思维定式将"0+9=9"迁移到减法中,变成"0-9 = 9",而十位照样运算"6-3 = 3"。

三、如何培养小学低年级学生的计算能力

（一）设立生活情境

在教授计算能力的课程时，我们可以采用"情境介入—引出算式—教授算法—解决实际问题"的方式来参与教学。其实，现在很多题目都是采用了这样的方式，比如"鸡兔同笼"式题目。学习的过程中就会联想到当时的场景，能较好地吸引学生注意力。有些题目编得像是一个小故事。比如，在学习《1~5的认识和加减法》的时候，经常可以见到这样的题目"小明有两块饼干，小红有一块，小红把自己的饼干给了小明，现在小明有几块？"这样的命题更容易让学生接受和理解。同时，这种来源于生活的问题能够帮助孩子们理解到数学的实际应用价值，能够深入地分析和理解运算本身。

（二）借助学习工具

常见的学习工具，如圆规、直尺、三角尺、正方体等，能有效帮助学生训练小学阶段的计算能力。这种利用学习工具通过动作、直觉、探究等多元途径来学习，又称为"指尖上的数学"。在学习过程中，计算过程中的道理要比算法更难以理解，尤其对于偏科的学生来说，他们对于计算过程中道理的理解容易云里雾里。此时，借助学习工具能够帮助他们更直观地认识这些道理。如在四年级数学《角的度量》中，就可以利用三角尺来进行度量，让学生们认识到正确的角的度量的算法和原理，明白所有的运算都是有规律可找的。

（三）进行合理练习

当学生掌握基础的运算规律和运算道理后，就需要进行一些练习来巩固。在做练习时一定要梯度设置难度。有的学生基础没有打好，就让他做比较困难的练习，就起不到练习的效果。教师还要注重练习形式的多样化。如对待低年级的孩子，可以利用童话故事、游戏等方式。在教学中还要合理利用反复训练，所有同学已经熟练掌握的知识就不要再重复练习，而针对错误多发区则要练习到达标为止。

（四）回归生活实践

培养计算能力是为了使其运用到生活中来。教学的初始可以采用"设立生活情境"的方式，等学生掌握之后，要引导他们联系生活实践，感知。例如，今天要收书本费和学杂费，可根据学习进度给出数字让学生计算，让他们增强学习兴趣，体会到计算能力的重要性。再比如在学习二年级数学上《100以内的加法》时，可将习题代入具体生活情境：小明去超市买东西，拿了一袋果冻5元，帮妈妈买了一桶油38元，加起来一共多少钱？这样更能促进学生解决问题能力在课程实施中得到落实。

四、结论

计算能力的提升,是长期复杂的过程。教师遇到学生计算出错,不要简单归结为其"粗心"与"马虎",应该深入思考错误根源,遵循儿童的认识规律,寻找对策,后坚持不懈地训练,这样才能提高小学生的计算能力。

浅谈如何进行有效的作业设计

首都师范大学附属回龙观育新学校　龚文英

作业设计要发挥出作业诊断、巩固、学情分析等功能，将作业设计纳入教研体系，系统地设计出符合学生年龄特点和学习规律、体现素质教育导向的基础性作业，并鼓励布置分层、弹性和个性化作业，坚决克服机械性、无效性作业。本文主要从以下几个方面进行阐述。

一、因材施教，设计分层作业

早在两千年前，我国著名教育家孔子便提出了"因材施教"的教育原则，实施分层作业正是尊重学生个体差异，遵从"因材施教"教育原则的重要体现。为此，可以在分层作业的基础上进行细化，针对不同的学生制定阶梯式分层作业、弹性作业和个性化作业。

（一）阶梯式分层作业

教师布置作业时要少而精，指向性明确，针对性强。为此，可以在教学前编制《阶梯式作业题库》，便于安排不同层次的学生去完成。教师可为优生选择一些操作实践题，使之能够学有所为。对中等生，让他们选择性地完成指定题后，可尝试挑战优等学生的作业，增加他们的自信心。对潜力生，在完成基础性作业后，可指定一些题目给他们，使他们主动地学习。

（二）弹性分层作业

"弹性分层作业"主要指教师布置作业要具有一定的灵活性，建立"弹性作业制度"，弹性作业制度可包括弹性时间和弹性内容。弹性时间方面，可以让学生不必每天都要上交作业，根据作业量，设定一个宽限的时间。弹性内容方面，为避免作业冗长，效率低下，可根据孩子自身学习情况选择分层作业，让每个孩子都发挥出最好的水平。还可尝试让学生自己布置作业，自出自做；同伴合作完成有难度的作业、实践活动作业、收集整理资料作业、交流表达作业等等。

（三）个性化分层作业

"个性化分层作业"要求"为每个孩子量身定制"作业，这就需要教师掌握学生的个性化信息，设计更具有针对性、发展性的个性化作业。使"不同层次的学生均能得到不同的发展"。

二、小组合作，设计探究性作业

思想是理论的灵魂，内容是思想的展现，理论是方法的总结。作为教师，不仅要给学生传授知识，更重要的是要让学生学会思考。通过作业的研讨互动，分组合作，让不同层次的学生在组内自由表达观点和见解，发挥自我的创造力。如数学好玩一课中可以让小组成员共同设计滴水实验的操作方案，组员通过多渠道查阅各种资料后集中开展头脑风暴，提出方案的不足和改进之处，研讨出最终的实验设计方案并展示。

当然，设计探究性作业时，还要考虑这种探究性作业对学生的吸引力。这就要求教师在设计探究性作业时，多注意观察学生感兴趣的事物。

三、回归生活，设计实践性作业

学科教学要紧密联系学生的生活实际，从学生的生活经验和已有知识出发，创设生动有趣的情境，引导学生从学科的角度去观察事物，思考问题。教师在授课和给学生布置的作业时都应遵循这个原则。

如北师大版四年级数学上册《编码》一课，让学生通过收集身份证号码、邮政编码等数字，使这些广泛存在于生活、为学生所熟悉而常被忽略的"数学"展现在学生的眼前，使"数字与编码"这一看似很抽象的问题变得直观、有趣。学生充分开发和利用小区资源进行实践活动，运用所学数学知识探索数字编码的简单方法，自主编学号，发现生活中的数学，体现了新课标提出的"人人学有价值的数学"的教学新理念。

四、学科融合，设计综合性作业

学科融合是实施新课程改革的重要内容。随着新课改的不断深化，小学数学不再是一出"独角戏"，而是要利用多学科融合综合特性，充分利用学科间的联系解决实际问题，发展学生的创新思维。当前教育界兴起的"项目式学习"课题研究就是一种学科融合的新型学习方式。经典的项目式学习选取跨学科的主题内容，让学生基于现实情境，解决实际问题。

教师作为教育教学的推动者，在作业设计中，要注重学生是作业的主体，要尊重学生的个体性差异。既要根据课程目标安排，设计常规基础性作业，做到少而精；也要根据学生的不同学习情况设计分层性作业，注意阶梯式分层的精准性，弹性分层的合理性；还可充分利用小组合作设计探究性作业，结合生活实际设计实践性作业，掌握学科共性设计综合性作业，让学生有效地学习数学。

基于表现性评价的小学数学低年级作业诊断

北京市昌平区回龙观第二小学　王励　杜莞頔

一、研究背景

为进一步发展学生核心素养，我们从单元教学系统思维下落实核心素养的两大重要途径——课堂教学和作业设计两方面出发，落实立德树人根本任务，过程中我们发现，作业设计与核心素养之间有一个易被忽略的关键环节——作业诊断。作业诊断的过程就是读懂学生的过程，但以往的诊断多以结果为评价标准。我们需要重新审视作业，利用表现性评价关注作业的过程。研究发现，错误的结果表象背后也许有数学本质的正确理解；同样是正确的结果表象背后，也可能有多个思维层级。

二、研究内容

教育部在《3-6岁儿童学习与发展指南》中指出，学生在幼儿园时期已经开始在生活和游戏的实际情境中逐步理解数的概念。纵观北京版一年级上册的教材，我们重点研究了一年级《数的认识》和《数的运算》两个大主题单元。两个单元的核心目标包括理解数的含义、加减法的含义。在原来课时安排的基础上，我们还增加了综合实践课，旨在巩固理解数的含义和加减法的含义。因此，我们从书中典型习题、易错的加减法结构和研发实践性作业三个方面出发，在一年级的数数活动、数概念建立、加减法含义的理解中，发现学生的不同思维水平，探索出数学学习的幼小衔接有效策略。

三、研究过程

（一）数数活动典型习题诊断

刘加霞院长说过，小学生数数活动有不同阶段，可以分为：1.感知计数阶段：0~4个以内的物品不需要数数也能知道有多少。2.理解计数阶段：5个及以上的物品需要数一数才能知道有多少。3.在半形象半抽象的数尺或数轴上数数。在日常教学中，我们发现学生们在幼儿园时期有了唱数的经验，对于 0～4 以内的物品不需要数数也能知道有多少，所以进入小学之后，学生计数的水平应该从第一阶段向第二、三阶段发展。

在实际教学中，我们发现学生在数数活动中的表现不一。例如在北京版一年级上册第七单元认识完 20 以内数字之后，同学们完成一道练习题，内容是猜一猜摆放凌乱的草莓个数，再很快地数出一共有多少个。这道题的正确答案是 19 个，结果全班 40 个学生里，有 20% 的学生数成了 18 个，7.5% 的学生数成了 20 个，正确率仅为 72.5%。通过对学生进行访谈，并结合表现性评价，我们从两个维度分析发现学生大致分为以下三个水平，如表 1 所示。

表 1　表现性评价维度及量规

评价维度	评价量规		
	水平一	水平二	水平三
数清物品个数	不能准确数清物品个数	正确数清物品个数	正确数清物品个数
数数的方法	数数过程中没有顺序或手口不一致，出现重数、漏数的情况。	数数过程中有一定顺序，用一一对应的方法标记计数。	数数过程中有顺序，出现了按群计数的方法。

通过观察水平一学生数的过程，我们发现这类学生是点着数的，但是会出现手口不一致、重数、漏数的情况。当草莓数超过 5 个，排列密集无序之后，就会影响学生的数数能力。水平二的学生可以正确采用一一点数的方法计数，包括序号计数、标记计数等。而水平三的学生，有两个两个数、三个三个、五个五个数，在采访中他们说这样数的快，可见这部分学生已经有了按群计数的意识，还有一个学生把十个草莓圈起来，她说"我把十个圈起来就是一个十"，这个同学已经初步有了计数单位的概念。

通过对这道练习题的诊断，我们发现，在教学时要重视数数活动的价值，数数中渗透的"一一对应"思想、数形结合思想、有序的原则都是重要的数学思想。我们需要创设丰富的生活情境，带领学生在有序、无序中逐渐感悟，不能急于求成。

（二）易错习题诊断与分析

郜舒竹老师说过学生的认知过程大致概括为 3 个阶段，即感知、加工、输出。我们发现学生在学习完加减法模型后，在写作业时总会出现加法写减法、减法写加法的情况。尽管在课上多次强调过"求整体用加法，求部分用减法"，但学生仍然常常出错。

通过对学生习题的分析，我们发现，学生写出的算式中数的顺序与题目中阅读到的顺序是一致的。人的阅读顺序是"从左向右、从上向下"，因此进入脑中的信息也是有顺序的。这些信息顺序会在脑中产生"自然结构"，对于一年级的学生来说对信息的加工能力较弱，所以这种自然结构会对学生最后的输出形式产生影响。这样分析后孩子们所列出的算式也就合情合理了。

明白了学生们答案背后的道理，我们还发现，"已知数应当写在等号左侧，计算结果写在等号右侧"这种认识是对等号的一种误解，这仅仅是符合人们习惯的说法，是一个主观定位。其次，辨别学生对错的标准应着眼于数学本质，《加法和减法（一）》这一单元的核心目标之一就是通过整体与部分的关系建立加法模型，重点是"整体与部分"的数量关系。通过采访我们发现，有些本该写减法算式的题目，学生就是基于整体与部分的关系去理解，只是通过加法外显，他们的眼里更关注的是整体与部分的关系。而这种"欲加却减，欲减又加"的现象，说明低龄儿童的意识中很少有约定俗成的"规矩"，这恰恰是孩子创造性思维的基础，更需要老师们去保护。

（三）**实践性作业研发**

教育部提出要主动采取游戏化、生活化、综合化等方式实施课程。低年级教学的主要任务以培养学生的学习兴趣为主。尤其一年级学生喜欢涂画、喜欢故事、喜欢游戏，于是我们顺应孩子身心发展的特点，引导学生在涂涂画画当中去理解和感悟数学知识，设计了画图、讲故事等综合实践类作业。

比如在学习完一年级上册第三单元《认识10以内的数》后，布置以下活动任务：（1）把你在生活中遇到的数画下来或拍下来，并和同学讲讲这个数代表的意思；（2）创作一个与这个数有关的故事，并试着把它画下来。设计目的是希望学生通过画一画和讲一讲，经历"实物——数量——数"的过程，再让数回到现实中，真正感受生活中数的应用，发展数感。在之前的学习过程中，教师也一直锻炼孩子在生活中寻找与数学相关的情景或事物并分享，学生们已表现出浓厚的兴趣，此次将图画增添进去，更加激起学生们学习数学的兴趣。

四、总结反思

通过本次作业诊断，我们通过在关键题目上驻足，在问题串的带领下去了解孩子的内心，从而在制定教学目标时更注重匹配学生的认知发展规律，在教学时设计促进学生思维进阶的活动，在理解学生的同时，多给学生创设真实体验的机会，让他们真正理解数学的本质，爱上数学。通过表现性评价，老师可以带着发展的眼光看待学生的表现，不再高估或者低估学生的水平，针对不同层次的思维改进教学，学生可以审视自己是否完成了学习目标。我们希望"双减"后的作业，减的是数量，多的是理解和热爱。

"绘"聚童心"画"中成长
——"双减"背景下，借绘本之力为幼小衔接导航

北京市昌平第二实验小学　张士平

学校应尊重儿童的年龄特点和学习发展规律，主动加强与幼儿园教育的衔接。2022年5月新课程方案和课程标准的出台，更加强调"加强学段衔接，注重幼小衔接，合理设计小学一、二年级课程，注重活动化、游戏化、生活化的学习设计"。

《小学入学适应教育指导要点》中指出以促进儿童身心全面适应为目标，围绕儿童进入小学所需的关键素质，提出身心适应、生活适应、社会适应和学习适应四个方面的内容。入学适应教育阶段我们充分借助绘本的教育功能，让绘本伴孩子成长。

一、绘本助力衔接，平稳度过"适应期"

绘本是以图画为主，文字为辅（甚至完全没有文字），展现儿童视域中的审美世界图景，并能与儿童这个接受主体产生积极的、有意义的互动效应。有人说"绘本是儿童成长的维生素"。绘本能够帮助幼儿适应新环境新规则；还可以在阅读中感悟故事的真善美，促使儿童去体会生活，促进儿童健康成长。

（一）喜欢上学——身心适应，情绪情感的衔接

"喜欢上学"是身心适应发展的首要目标。喜欢上学是儿童入学适应的起点，积极的入学体验有助于儿童顺利开启小学生活。入学的前两周，我们打破学科界限，安排统一的入学课程（始业课程），用绘本故事开启"开学第一课"。

开学第一天，很多幼儿是紧张焦虑的。因此，做好情绪情感的衔接是首要任务。我们借助绘本《上学的第一天，我的肚子里有蝴蝶》来帮助孩子缓解焦虑的心情。幽默的图片再加上老师风趣的语言，让孩子哈哈大笑，内心也随之放松了。通过绘本故事，让他们发现学校也是一个有趣的地方，从而喜欢学校生活。

适合开学初阅读的绘本还有：《小阿力的大学校》《我喜欢上学》《我上

小学了》《我要上学啦》让孩子在阅读过程中知道上小学时可能面临的状况，包括上学前可能需要准备物品、在学校内发生的情况、小朋友之间如何相处、在学校注意安全等等。

（二）喜欢上学——生活适应，进行习惯的衔接

进入小学后，周围环境变得陌生而又困难，许多孩子会有迟到的情况。开学第二天我们把《迟到的理由》这个绘本带入入学课程。故事以小猪上学迟到为引子，想了各种借口，结尾则以一句实话"我起晚了"将故事迅速收场，既出人意料，又令人信服，让孩子明白"诚实才是最好的理由"。同时引导孩子早睡早起，养成良好的生活习惯，进行入学后的生活适应。

（三）喜欢上学——社会适应，规则意识的建立

《大卫上学去》一书主要描述了大卫在学校学习规矩的状况。大卫的身边有了其他的小朋友，他必须得学会与别人相处，并且遵守学校里的规矩。学会什么是"可以的""好的"行为和事情。《大卫不可以》也是大卫系列绘本中的一册。10月份我们为培养规则意识上了这节绘本课，调皮的大卫把家里搞得一团糟，孩子们被他的淘气行为逗得开怀大笑，课后老师让孩子们结合自己的生活创作"大卫还不可以……"学生在绘画作品中呈现了"大卫不可以闯红灯，不可以大喊大叫，不可以破坏教室里的物品……"对孩子进行规则意识的培养，不一定要用生硬的"说教"和冰冷的"规章制度"，用这种相对"柔软"的方式更易被孩子接受。

为了帮助孩子尽快熟悉校园，我们一年级教师自创绘本《龙娃上学记》以学校吉祥物龙娃为主人公，设计故事内容，带着孩子们认识图书馆、游乐园、生命花园……让孩子对校园生活充满期待。

（四）喜欢上学——学习适应，学习习惯、品质的衔接

培养学习习惯与品质也是幼小衔接中的重点工作。好的学习习惯能被孩子享用一生，可以帮助孩子形成稳定的作息时间，为他们树立起时间的概念，要求孩子自己的事情自己做、今日事今日毕、做事情持之以恒等，都是培养良好的学习习惯。常用的绘本有：《图书馆的狮子》《记事情》《我喜欢书》。

二、绘本助力课堂，开启快乐学习之旅

课堂的衔接是最核心的衔接。基于儿童的认知特点和经验，我们借助绘本创设"情境化、游戏化、生活化、综合化……"的学习场域，让幼小衔接课堂科学落地。

下面以数学学科为例，阐释我们如何借力绘本，助力学科知识的衔接。

幼儿园和小学低年级的孩子正处于"读图"年龄段，主要以形象思维为主，而数学绘本的故事性和趣味性可以带孩子进入奇妙有趣的数学世界。如：《认识立体图形》我们借助绘本《清扫机器人咕咚》故事情节贯穿整节课。神秘机器人圆柱形的胳膊、长方体的脚、球形的鼻子掉了，我们要帮它修理好。对于刚刚走进课堂的儿童，很难保持相对持久的注意力，所以我们设计趣味性、挑战性、合作性的活动，来锻炼和培养儿童长时间集中注意力。其中两个环节我们对绘本进行了改编，改编成两个探究活动。环节1主动编：请你回忆被机器人吞掉的胳膊、脚、鼻子的样子，把带来的物品按这些不同家族的样子分别放在小筐里；环节2创意改：神秘机器人的胳膊、脚、鼻子都没有了，你能帮帮他吗？请你在生活中找一找用什么物品来代替他的胳膊、脚、鼻子呢？

情境化、游戏化的活动，充满着童真童趣的愉悦体验。课后我们布置了实践活动——"智造"机器人。利用课前三分钟进行《我的机器人》演讲。我们的活动始于数学，又不止于数学，让幼小衔接课程"游戏化、生活化、综合化"，以适应刚入学孩子的身心特点（图1）。

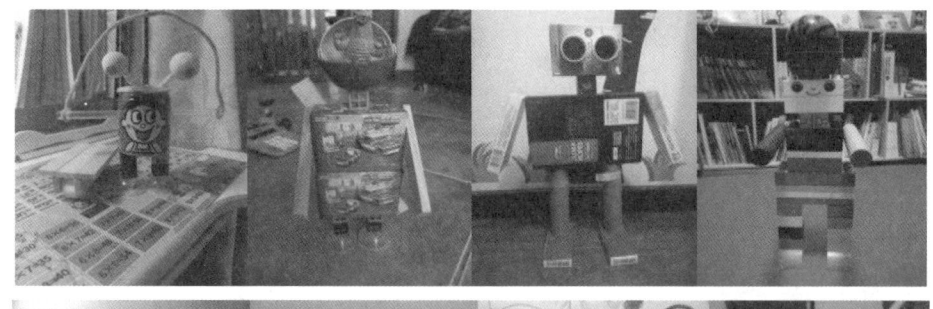

图1 学生实践作品——机器人

三、绘本助力素养，奠基儿童幸福人生

童画不仅能够表达儿童的内心世界，开启儿童的思维，激发儿童自身的潜能，唤起儿童创造的活力，还能培养儿童的专注力和观察、分析、想象的能力。

因此，我们在入学阶段不仅让儿童读绘本，还鼓励孩子拿起画笔，在创作绘本（童画）中学习数学的。

第一阶段：单篇单幅绘画。刚入学的两个月大多进行的是单篇创编（图2）。

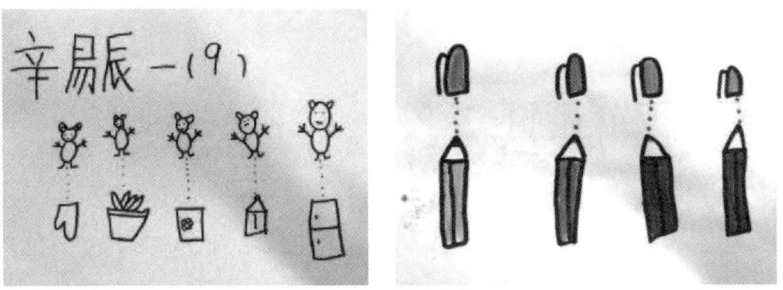

图2　绘画作品 一一对应

第二阶段：单篇多格绘画。"两格""三格""四格图""九宫格"……将问题故事化、情境化，再配上图文，"讲述"一个相对完整的故事（图3）。

图3　数学故事创编

讲完了绘本故事《我和123》后让学生创编生活中各种各样有趣的数这是学生们的一些作品，滑雪场上的数、9月1日开学都是开心的数，跨年倒计时是紧张的数，家门口的114路公交是忙碌的数，120、119这些是急救的数等等

（图3）。

第三阶段：（选做）多篇连环画（绘本故事创作）。一般是基于"一单元"或"一个主题"的绘本创编。学生学习完一单元的内容后将知识点以故事的形式进行串联。如：一年级的根据加、减法创编的《动物城加油》《快乐农场》（图4）。

图4　数学绘本故事创编

我们将全年级的绘本作品按主题结集成册并创造多种展示平台。班级的课前三分钟演讲、学校展板展出、公众号推送、数科节原创绘本我来讲，读书节原创绘本专场、绘本剧展演……学生的优秀作品宣传展示后，放到班级或图书馆，成为其他孩子的学习资源，也可供教师开展教学，成为教材的补充，丰富学校的教学资源库。

四、绘本教育的思考

绘本助力幼小衔接，让儿童慢慢地接受进入小学阶段的事实，给他们缓冲的时间，最大程度消除儿童的陌生体验和不适应，平稳完成过渡期，使每个孩子走好人生转折第一步，爱上一年级；我们坚信绘本教育定是落实"双减"，助力幼小衔接最有效的工具。后续研究我们将在充分考虑幼小衔接的基础上开发绘本课程，建立较完善的课程体系，在守正中创新，力求促进学生学习的可持续发展。

小学数学个性化作业设计的实施与策略

霍营中心小学　王茜

本文主要围绕三个问题展开论述。一是小学数学教师设计作业存在哪些问题？问题产生的原因是什么？二是教师设计小学数学作业应体现哪些原则和改进策略，才能使学生的数学核心素养得到提升？三是以北京版小学数学为例，如何呈现基于核心素养的小学数学作业设计案例？

一、小学数学作业优化的重要性

数学作业作为课堂教学的延伸环节，和数学教学一样，都是发展学生必备品格和关键能力的途径。2022版《数学课程标准》提到，培养学生核心素养，主要包括三个方面，分别是：培养学生会用数学的眼光观察世界；会用数学的思维思考现实世界；会用数学的语言表达现实世界。教师在设计数学作业时，应立足学生核心素养发展，集中体现数学课程育人价值。

二、当前小学数学作业设计存在的问题

结合我对北京市城乡接合部H小学二到六年级1035名学生进行行动法研究，通过案例分析和调查发现以下几方面情况：

（一）布置作业形式单一

当前，小学数学作业布置中，作业形式太过单一，存在"一刀切"现象，是教学中急需解决的问题。大多数小学数学作业布置的流程就是学生完成作业后，教师进行点评，没有考虑到学生在学习方面的差异和理解方面的差异性。

（二）传统作业观仍然存在

在小学数学教学课堂中，一些教师受到应试教育思想的影响，作业量过多，重复性过高，内容过于片面，无法与数学能力的应用形成关联。导致学生对小学数学产生较为严重的抵触情绪，进而影响学生学习质量和效率的提高。

（三）布置作业内容太过枯燥

一些学生在做作业的过程中会向教师反映作业的内容太过枯燥和乏味，不能有效激发自身的学习兴趣，只有少部分教师会对作业形式进行创新，严重影

响了学生学习效率和数学知识应用能力的提高。

三、小学数学作业设计优化措施

教师课上教学时，引导得怎么样？教得怎么样？学生学得怎么样？可以通过不同形式的作业得到反馈。设计作业时，教师一定要注重作业的改革，以"双减"政策为依据，在作业设计的过程中既要关注学生的学习结果，也要重视学生的学习过程；既要关注学生的数学学习水平，也要重视学生在数学学习活动中所表现出来的情感与态度，通过教学反馈调整教学。

（一）减负提质，教师要更新布置作业的观念

教师要秉持"大教学观"，从课程、教学、评价、资源环环紧扣来进行教学。近些年，我校做了大量的"单元教学设计与实施"的探索。主要体现在四个关注上，一是关注老师备课从"教"转向到"学"，二是学生学习从"被动学"转向"主动学"，三是学习内容从"学科"增加了"跨学科"的内容整合，四是教学组织从"课时"到"单元"。强调老师整体规划单元课时，面对挑战性的学习任务，学生完整的经历做事的过程，获得丰富的经验、形成较为稳定的解决问题的思路和方法，实现有意义的学习。

（二）减负提质，数学作业要注重形式多样化

减负提质要求作业设计要融入生活，要有创新，要分层设计，要控制作业总量。总的来说，在作业设计上注重作业内容和形式，减少书面作业和理论作业，增加实践和趣味性作业，让学生能够在作业练习的过程中活得真正的提高。

1. 基础性作业——技能训练 概念理解

对于小学数学教师而言，给学生设计作业是教学中的重要环节，基础性的作业可以帮助学生回顾课堂所学知识，促进对数学概念的理解。

在设计基础性作业时，要涉及基础知识技能的练习、分析理解、知识关联和猜想扩展等多种作业。形式可以是列算式，还可以是画图、列表格，也可以用生活的语言表达等。例如图1、图2，学习小学数学三年级上册乘法时，教师先对之前知识进行复习，然后让学生利用旧知识探究多位数乘一位数新知识。在理解算理的基础上，体会算法多样化，最终学生化直观为抽象，认为竖式计算最简洁、简便。由于学生的认知是有差异性的，不管是画图还是列竖式，最终使所有学生都能学有所获。

小学数学个性化作业设计的实施与策略

霍营中心小学　王茜

本文主要围绕三个问题展开论述。一是小学数学教师设计作业存在哪些问题？问题产生的原因是什么？二是教师设计小学数学作业应体现哪些原则和改进策略，才能使学生的数学核心素养得到提升？三是以北京版小学数学为例，如何呈现基于核心素养的小学数学作业设计案例？

一、小学数学作业优化的重要性

数学作业作为课堂教学的延伸环节，和数学教学一样，都是发展学生必备品格和关键能力的途径。2022版《数学课程标准》提到，培养学生核心素养，主要包括三个方面，分别是：培养学生会用数学的眼光观察世界；会用数学的思维思考现实世界；会用数学的语言表达现实世界。教师在设计数学作业时，应立足学生核心素养发展，集中体现数学课程育人价值。

二、当前小学数学作业设计存在的问题

结合我对北京市城乡接合部H小学二到六年级1035名学生进行行动法研究，通过案例分析和调查发现以下几方面情况：

（一）布置作业形式单一

当前，小学数学作业布置中，作业形式太过单一，存在"一刀切"现象，是教学中急需解决的问题。大多数小学数学作业布置的流程就是学生完成作业后，教师进行点评，没有考虑到学生在学习方面的差异和理解方面的差异性。

（二）传统作业观仍然存在

在小学数学教学课堂中，一些教师受到应试教育思想的影响，作业量过多，重复性过高，内容过于片面，无法与数学能力的应用形成关联。导致学生对小学数学产生较为严重的抵触情绪，进而影响学生学习质量和效率的提高。

（三）布置作业内容太过枯燥

一些学生在做作业的过程中会向教师反映作业的内容太过枯燥和乏味，不能有效激发自身的学习兴趣，只有少部分教师会对作业形式进行创新，严重影

响了学生学习效率和数学知识应用能力的提高。

三、小学数学作业设计优化措施

教师课上教学时,引导得怎么样?教得怎么样?学生学得怎么样?可以通过不同形式的作业得到反馈。设计作业时,教师一定要注重作业的改革,以"双减"政策为依据,在作业设计的过程中既要关注学生的学习结果,也要重视学生的学习过程;既要关注学生的数学学习水平,也要重视学生在数学学习活动中所表现出来的情感与态度,通过教学反馈调整教学。

(一)减负提质,教师要更新布置作业的观念

教师要秉持"大教学观",从课程、教学、评价、资源环环紧扣来进行教学。近些年,我校做了大量的"单元教学设计与实施"的探索。主要体现在四个关注上,一是关注老师备课从"教"转向到"学",二是学生学习从"被动学"转向"主动学",三是学习内容从"学科"增加了"跨学科"的内容整合,四是教学组织从"课时"到"单元"。强调老师整体规划单元课时,面对挑战性的学习任务,学生完整的经历做事的过程,获得丰富的经验、形成较为稳定的解决问题的思路和方法,实现有意义的学习。

(二)减负提质,数学作业要注重形式多样化

减负提质要求作业设计要融入生活,要有创新,要分层设计,要控制作业总量。总的来说,在作业设计上注重作业内容和形式,减少书面作业和理论作业,增加实践和趣味性作业,让学生能够在作业练习的过程中活得真正的提高。

1. 基础性作业——技能训练 概念理解

对于小学数学教师而言,给学生设计作业是教学中的重要环节,基础性的作业可以帮助学生回顾课堂所学知识,促进对数学概念的理解。

在设计基础性作业时,要涉及基础知识技能的练习、分析理解、知识关联和猜想扩展等多种作业。形式可以是列算式,还可以是画图、列表格,也可以用生活的语言表达等。例如图1、图2,学习小学数学三年级上册乘法时,教师先对之前知识进行复习,然后让学生利用旧知识探究多位数乘一位数新知识。在理解算理的基础上,体会算法多样化,最终学生化直观为抽象,认为竖式计算最简洁、简便。由于学生的认知是有差异性的,不管是画图还是列竖式,最终使所有学生都能学有所获。

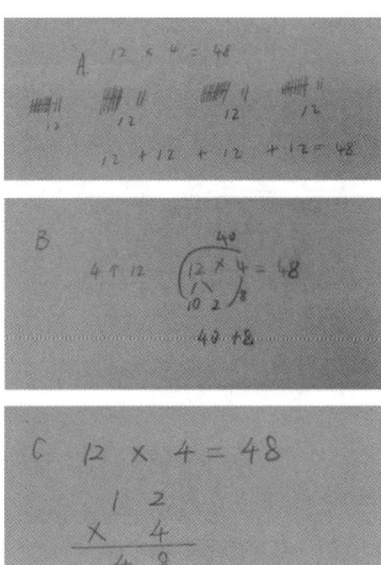

图 1

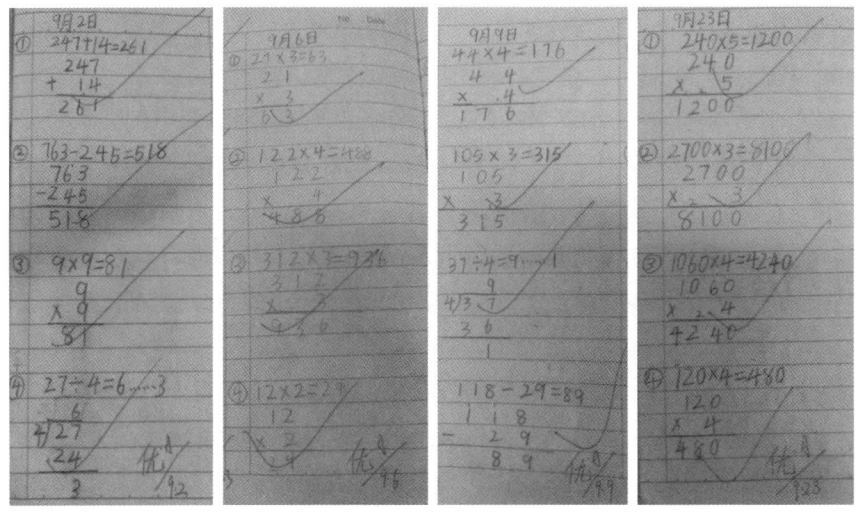

图 2

例如图 3，我们学习三年级上册 24 时计时法时，布置了这样一道"分析理解性"作业题。学生通过阅读提取信息，进行加工分析探究。这位学生在画图中分析做题，在做题中体现了化曲为直的思想，同时他在点数的过程中体现了点和段之间的关系，6 个点是 5 段，是 5 个小时，关键在于起点是 0，这也为后面学习植树问题做了很好的铺垫。

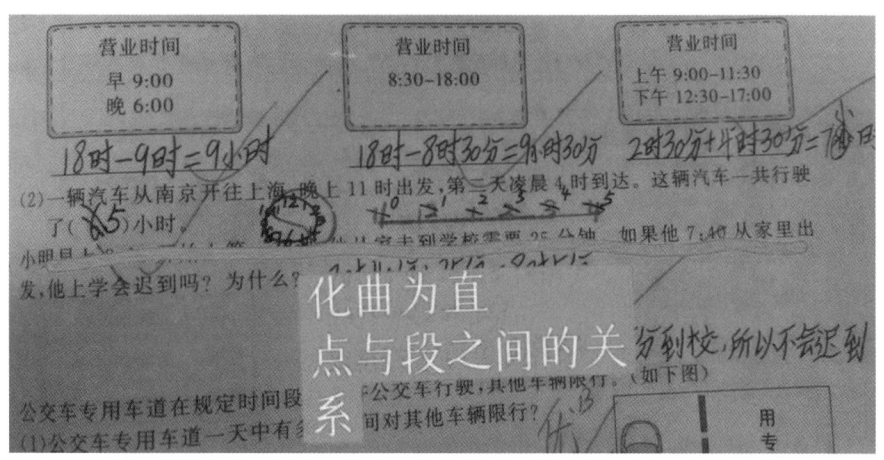

图3

很多数学知识是学生在动手的过程中获得的。在这个过程中，学生经历了发现问题、提出问题、分析问题、解决问题，从而感悟数学各部分内容之间、数学与生活实际之间、数学与其他学科之间的联系。

2. 实践探究作业——概念解释 理性思维

2022版新课标在综合与实践领域中明确提出，课时占比应不少于10%，也就是小学阶段90.3课时，一、二年级每学期不少于7课时，三至六年级每学期不少于8课时。相比之前，课时量有所增加，内容进一步细化，内涵进一步明确，实施指导进一步强化，更加强调跨学科主题学习。综合与实践性作业是学生将数学问题代入现实生活，通过自主探究、分析问题、解决问题，最终形成勤于实践的良好意识的过程。它培养学生的应用意识，让学生用所学的知识、概念解决生活中的数学现象，以此促进学生的理性思维。

例如图4：北京版小学数学六年级上册第四单元中的银行存款中的数学问题这一课，设计实践探究性作业，实现对数学概念的进一步解释，有很多值得学生发现和探究的"秘密"。因此，我在课堂教学之外，设计了综合实践探究性作业。学生是活动的主体，因此在研究存款单上的数学问题时，我让学生自主地发现问题，并进行探索与实践，在研究中联系数学知识进行联系，最终获得利率意识、发现利率的特点、利息的特点和利息的计算方法。通过实践培养学生创新意识、应用意识、问题意识、规划意识。

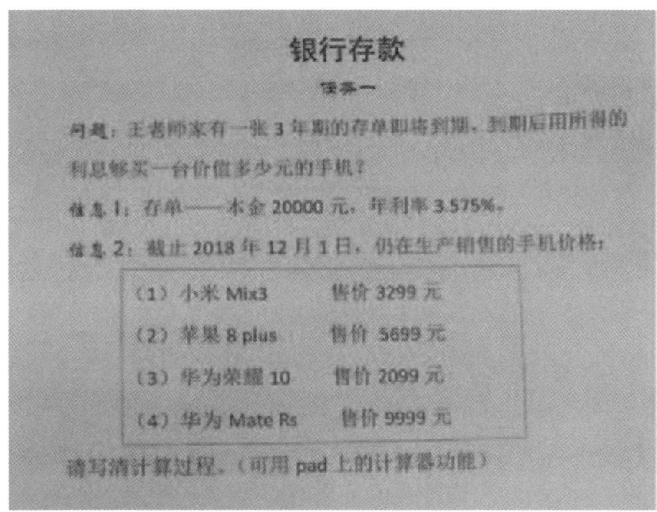

图 4

3. 阅读理解作业——提取信息 数学表达

学生通过阅读教科书上的知识窗或者阅读数学绘本等，在读书中提取数学信息，增进数学表达。尤其是低年级的小学生往往对趣味性小故事感兴趣，教师应该详细了解现阶段小学生的认知规律和特点。例如，教师在展开"加减法计算"相关知识点教学时，可以选择合理的绘本，尝试将数学绘本《神奇的胡萝卜》与这堂课相结合进行教学和布置作业，绘本中胡萝卜数量的变化帮助学生理解加减法计算的本质，从而总结出加减法计算的一般规律。

对于小学阶段的学生来说，往往抽象思维能力较差，教师在教学过程中应该积极运用形象化的数学绘本向学生展示知识点，促进学生了解数学本质。在选择进绘本时，应该结合当前小学生的实际接受能力和兴趣爱好，保证数学绘本故事具有针对性。

4. 知识关联作业——单元整体结构化

单元作业可以是思维导图类作业，让学生通过整理与复习，体现不同知识之间结构化的关系。例如图 5、图 6，我设计知识关联类作业，让学生自主进行单元复习。要求学生将每单元知识点，包括例题、易错题、概念等以知识导图或知识树的形式做成手抄报。思维导图创作灵活，故而能够充分体现个性化思维特点。既可以激发学生的潜能和学习兴趣，又可以帮助学生从整体上系统地提高学习效率和成绩。

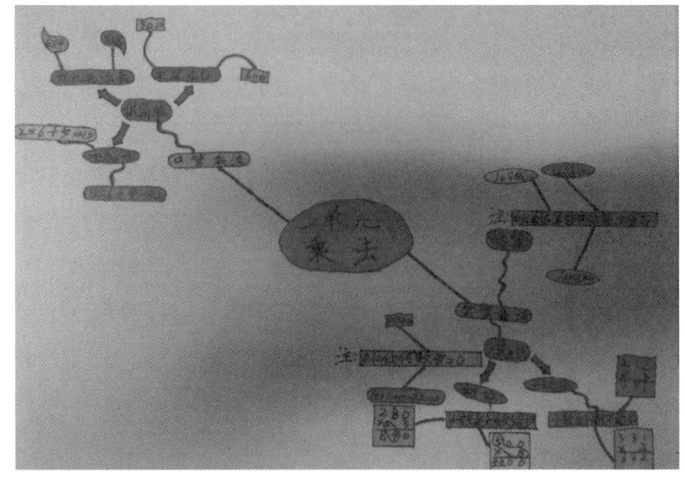

图 5

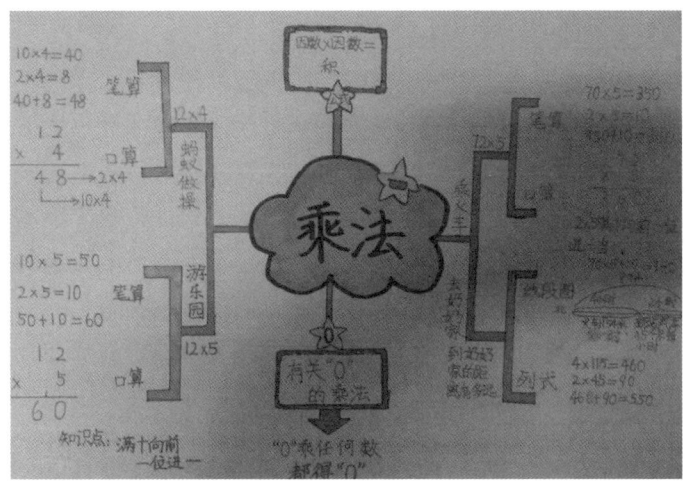

图 6

5. 学科整合作业——综合应用问题解决

利用教材内容，设计学科整合性作业。数学与语文、体育、美术、科学等学校联系紧密。将知识运用到实际的过程中，往往需要学生具备一定的学科综合能力，从而拓宽学生的知识面。

（三）减负提质，教师要认真对待作业评价

激励性的评价语，让数学作业焕发生命的色彩。如果评价形式过于简单敷衍，会挫伤学生的积极性和创造性。所以，教师一定要认真评价每一位学生的作业，可以是口述评价，还可以是书面评价。用激励性的评价语言让学生在完成数学作业的过程中享受到学习数学、运用数学的快乐。

例如图7，这是五（3）班韦程远同学当小老师给同学们讲书上例题的视频，其中王玮琦的评价是"不愧是数学小天才，膜拜了！"其他小朋友也纷纷表扬，这样的激励性评价使韦程远的变化特别大，私下里偷偷趴在我的耳朵边跟我说："王老师，您知道吗？我特别喜欢上您的数学课，尤其喜欢当小老师给其他小朋友讲题。"也正是小远的这句话让我更加地意识到，身为教师不要"吝啬"自己对学生的表扬，同时鼓励同学间用赞赏的眼光发现其他人的闪光点互相表扬。

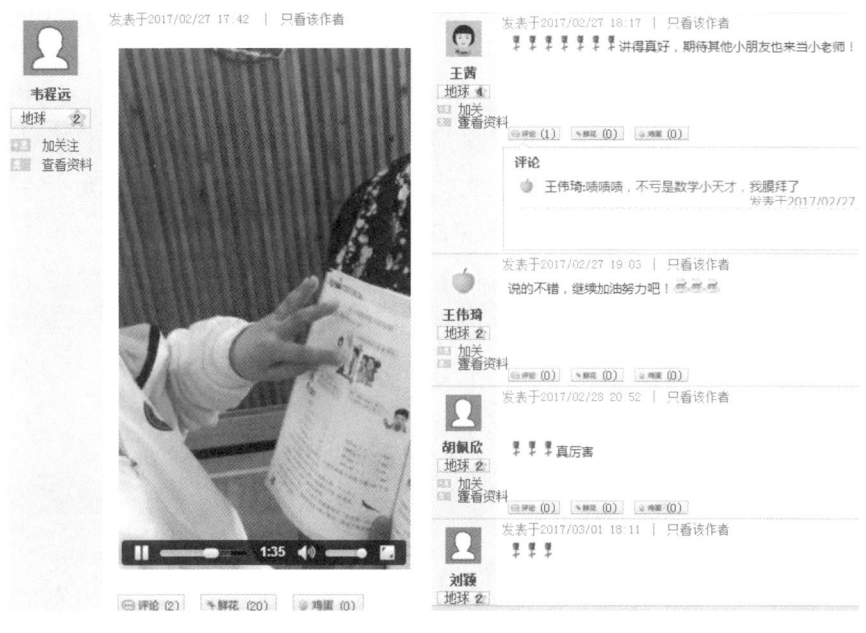

图 7

"教学艺术的本质不在于传授本领，而在于唤醒、激励与鼓舞"，因此我在书面的批改作业上，除了给出对错的判定和作业等级以外，同时注重评价语的使用。

三、结束语

就数学学科而言，教师需要从一个全新的角度布置小学数学作业，充分尊重学生的主体地位，激发学生的学习兴趣。培养学生"内驱力"，进而减轻学生的学习负担，最终实现"减负增质"的效果。

"面积尺"见证新时代数学课堂新玩法

——以《认识面积和面积单位》为例谈谈度量那些事儿

北京市昌平区霍营中心小学 徐文秀 杜欣颖

长度、面积和体积是最基本的度量几何学概念,是小学数学核心内容之一。度量单位的确定、测量过程的经历及测量结果的获得,都能帮助学生由对物体的定性描述发展到对物体的定量刻画,有助于学生在理解常见的量的基础上用数量描述现实生活中的简单现象、发展数感,有助于学生在对图形大小的描述与表示中,在对图形的转化、想象、分析与推理中,发展空间观念。

学生在正式学习面积一课前,对这个概念的认识是零散的、模糊的、感性的,缺乏全面、体验、抽象的过程。如何让学生在已有的知识、生活经验基础上,深入理解"面积"这个抽象的数学概念,形成一个面积表象,建构一个模型,就显得格外重要。基于此,我在实际教学中尝试让学生对"面积尺"进行了探究三部曲,通过层层的深入和递进,感受面积的概念和度量的本质。

一、我与"面积尺"初相识。

课堂上,随着教学内容的不断推进,引出第一把面积尺——平方分米。

【教学片段——介绍A4纸的大小】

师:你能不能想办法描述一下,这张A4纸的面积到底是多大(图1)?

学生小组合作,尝试用各种办法来描述A4纸面积的大小。

作品1:我们小组认为这张A4纸面积的大小大约是6张小正方形那么大。

图1 A4纸

作品2：我们小组认为这张A4纸面积的大小也就是这张报纸对折六次后的一个小块儿（图2）。

图2 报纸

作品3：我们认为这张A4纸的面积大约有12张和美币那么大（图3）。

（注：和美币是我们学校对学生实行代币制的一种工具。）

图3 和美币

作品4：我们觉得这张A4纸面积的大小大约是8把我的直尺那么大（图4）。

图4 直尺

作品5：我们用手掌量了一下，A4纸的面积大约是6个手掌的大小。

师：同学们真会想办法，现在我们的任务完成了，以后大家就可以这样去向别人介绍一个物体面积的大小了。

生1：不行不行，如果总是这样介绍太麻烦了。

生2：是有点麻烦，而且我们用来测量的东西都不一样，都是介绍 A4 纸面积的大小，却有这么多说法。

生3：要是给教室外的人介绍，会听不懂的，人家也不知道我们这些工具长什么样子。

师：同学们，你们的考虑真是全面又细致，那么这些问题又该如何解决呢？

生1：把测量工具统一了，都用小正方形或者都用和美币。

生2：和美币不行吧，其他学校的人又不知道和美币长什么样子。

生3：还是正方形好，大家都知道正方形长什么样。

生4：还要事先说好这个正方形的大小。

师：你们的讨论真是太有价值了，在数学中测量面积的时候，人们的确是选择了用一些固定规格的正方形来测量物体的面积，这些小正方形就如同一把把面积尺一样，用来刻画和描述物体或者平面图形面积的大小。

一、我用"面积尺"新体验。

学习不应止步于教材，课堂不应止步于教室。对"面积尺"的深入学习，必须有活动和实践，有使用"面积尺"的过程，才能真正地体会面积的概念。在面积度量中，学生需要关注度量单位（即"面积尺"）、度量个数（即度量值）、度量对象（即量什么）、度量方法（即"面积尺"如何使用）。伴随着这些思考，我设计了一节数学活动课，将课堂搬到校园中、操场上、生活里，学生们带着已有的三把"面积尺"——1平方厘米、1平方分米、1平方米，去寻找合适的测量目标并进行测量和记录。

小组1：用1平方米的"面积尺"测量主席台地面的面积和足球场禁区的面积。

小组2：用1平方分米的"面积尺"测量一块地砖的面积和一层台阶平面的面积。

小组3：用1平方厘米的"面积尺"测量操场排水口的口径面积、一片树叶的面积和一块墙砖的面积。

分析与思考：在选取测量对象的过程中，同学们需要将头脑中"面积尺"的大小落实到实物上，经过比对和分析，来选择合适的测量对象，这个过程进一步延展了学生对"面"的认识，并利用估算来判断测量物体的面的大小。我们看到，学生们在测量的时候小心翼翼，通常都是三五人合作完成，用两把面积尺交替测量，或者用手在"面积尺"的边缘按住做记号、再移动"面积尺"。通过采访，学生表示这样做可以减少测量误差，看来"平铺"和"摆满"的重要性孩子们是关注到了，并且在测量的细节上也体现着数学的严谨。

一、我写"面积尺"说明书。

通过几节课的活动，同学们加深了对面积的认识和了解，于是，我留了一个任务：写"面积尺"使用说明书。就像我们新买了一样工具，里面常常附带着使用说明，介绍它构造、性能、如何使用等。于是，同学们综合所学习的经验和认知，对"面积尺"进行了再次的分析和解读，让我们来欣赏一些作品。

学生数学日记

最近，我们学习了关于面积的知识，知道了物体表面的大小就是它的面积，而且我们还动手制作了测量面积大小的工具，那就是面积尺。你知道这个工具怎样使用吗？让我来给你介绍一下吧。

名称：面积尺。

尺寸：边长1cm的正方形，面积是1平方厘米；边长1dm的正方形，面积是1平方分米；边长1m的正方形，面积是1平方米。

用途：测量物体的面积。

使用方法：

第一步：选择。首先我们要选择适当的面积尺，三把大小不同的面积尺，只有选择恰当，才能在使用时更加方便。举个例子吧，如果你想测量橡皮一个面的面积、火柴盒一个面的面积时，就要选择边长1cm的正方形面积尺；如果你想测量铅笔盒盒盖的面积、数学作业本封面的面积时，就要选择边长1dm的正方形面积尺；如果你想测量足球场禁区的面积、黑板的面积时，就要选择边长1m的正方形面积尺。

第二步：拼摆。我还是给你们举个例子吧，比如我要测量橡皮上面的面积，我选择边长1cm的正方形面积尺，如果你有很多个面积尺，就可以一个接一个平铺在橡皮上面，一定要注意面积尺的边缘要对接整齐，不能重叠或者有缝隙哦。铺满之后你就可以数数用了多少个面积尺，面积尺的个数就是橡皮的面积啦。如果你只有一个面积尺，那就可以把它摆在橡皮的左上角，然后做好标记，再把面积尺向右平移到做标记的地方，以此类推，看看一行标记了几个面积尺，再用同样的办法看看一列可以标记几个面积尺，行数和列数相乘就是橡皮的面积啦。

注意事项： 这些面积尺都是我们用各种方形纸张制作的，不用的时候一定要放在平整的地方，如果破损或者褶皱了，可就不好用了。

至此，我看到了度量意识的根芽在学生的头脑中深深植入，度量的能力也在逐渐形成。当然，关于度量的学习远远不止于此，随着年级的升高，学生还会去经历更深入、更精进的探究，但度量的本质却是有着相通之处，这个"通"应该可以辅助学生去透过现象抓根本。

对于面积、面积单位的认识和应用是循序渐进、不断提高的，这是小学几何学习的一条主干线，需要在不断探究、不断体验、不断实践中感悟理解和应用。通过与"面积尺"的亲密接触，给学生更多的自主时间和空间。在这个过程中，教师的"善教""善思"也助力个人专业化成长，以积极的心态促进实践知识激活、评判、再认与更新。

我们一线教师应积极更新观念，充分发挥数学教育的强大功能，促使学生在主动分析中思考，在积极反思中总结，提升学习效率，发展思维能力与学习能力，使课堂获得事半功倍的效果。

初中数学前置作业思考与应用

昌平区第二中学回龙观校区　赵思源

作业作为辅助教学的主要手段之一，改进优化作业模式，提升作业质量成为重中之重。这要求老师充分利用教学课堂时间，进行合理有效的教学活动。

一、数学前置作业的必要性

在数学教学中普遍存在这样的问题，由于数学学科难度大、抽象、复杂的特点，教学中更需要留给学生大量的时间进行思考和探究，而45分钟的课堂时间是有限的。这使得学生思考探究的时间不足，难以发挥学生的学习主动性。

当前的教育更加考验学生灵活运用知识的能力。学生刚刚接触新的知识，需要基础、浅显的题目来巩固和深化。课堂上的基础练习对学生能力的发展远远不够。为了巩固学生的数学知识，提高数学能力，课后作业题目难度骤升。学生在课堂上没有接触类似的题目，导致作业中的困难加大、错误增多。不仅教师需要占用更多的时间讲解作业习题，而且学生的自我效能感和数学自信也随之降低。

随着教学的不断深入改革，也出现了不同的教学方法。其中，"先学后教""以学定教"的新教学模式，已逐渐得到了老师们的青睐。通过这种教学方法，能极大程度地克服传统课堂教学时间有限的问题，但是它离不开高质量的前置性作业设计。尤其是针对数学这门比较复杂，难度比较高的学科来说，教师系统设计符合年龄特点和学习规律、体现素质教育导向的科学合理的前置作业显得尤为重要。

二、前置作业的概念

（一）前置作业的内涵

前置作业，也称为前置学习或前置式小探究，最初是由华南师范大学博士导师郭思乐博士所提出，是生本教育过程中提倡"先学后教，以学定教"的一种重要表现形式。前置作业，不同于预习，它指的是由老师在给学生讲解新课前，让他们事先按照自身的学习能力和生活实践经验所开展的独立的、尝试性学习。

具体而言，它是教师以课堂标准为依据，结合学生个人的认知发展水平、和已有的学习经验，为了更有针对性地为下一节课或者下一个学习阶段的学习目标、学习重点和难点做铺垫，设计的学习任务。

（二）前置作业的类型

前置作业，通常包括需要动手实践、动脑思考、书面表达、归纳总结的或者是通过合作交流而完成的学习任务和问题。通过提出具体学习任务，提出明确要求，并指导学生采用预习、分析、独立研究、交流讨论的方法来熟悉和了解应用这一节课时必须具备的数学知识、数学技能、数学方法及数学基本活动经验，从而保证学习的有效性。

常见前置作业主要有三类：第一类，兴趣引导型。这类作业主要是用来调动学生学习积极性，提出与现实生活密切相关的问题，使数学理论和数学实践相结合。第二类，知识经验型。学生通过已有的数学知识和经验，解决与本节内容有关的问题，从而为解决本节重点或者难点做铺垫。第三类，知识梳理型。这类作业是学生在课前梳理本章知识点，有利于学生宏观地理解所学知识之间的紧密联系，感受知识的生成过程。

三、前置作业在初中数学教学中的应用

（一）前置作业的形式应多元化

根据皮亚杰的认知发展理论，初中生的思维正处于从具体运算阶段到形式运算阶段的过程。此时学生可以摆脱具体事物的束缚，能进行抽象的逻辑思维运算，并能运用符号进行命题演算，根据假设进行推理。由于此时学生的抽象运算能力发展不够成熟，仍然需要结合实际问题加强理解。因此，前置作业内容和形式不应局限于书本上的题目，可以通过动手操作、实际测量等方式，提高学生的发散思维和自我效能感。

例如，教师在《解直角三角形的应用》单元教学时，为了让学生更深刻的体会数学广泛的应用性，感受到锐角三角函数取之于生活实际，用之于生活实际，可以设置数学活动课——《利用锐角三角函数测量建筑物的高度》。在课前布置前置性学习任务：以 8 人为一组，采用一种或者两种方法，以"测量学校内的国旗旗杆高度"为数学问题进行探究，并在课堂上分享本组的结果。

由于学生在之前已经学习了利用锐角三角函数解直角三角形的简单问题，具备了知识基础。通过动手实践操作，发现在实际测量时，遇到各种问题，需要考虑到更多实际因素，书本中的理论知识是远远不够的，选择恰当的设计方案、尽量减少误差也非常重要。这样培养了学生合作交流能力，提高了学生数

学建模的数学学科核心素养。

（二）前置作业应成为解决教学难点的重要手段

初中阶段，数学抽象度更高，对学生而言难度更大。教师不能将前置作业简单的当作课前的知识预习，也不能让学生在缺少已有知识经验的基础上盲目思考，应当为本节课重难点服务。

例如，教师可以在《三角形中位线定理》教学之前，利用课前小测，分析学生们是否已熟练掌握了平行四边形，以及全等三角形等性质与判定，是否具有一定的知识基础与探究能力。从认知方式上，学生比较熟悉添加辅助线构造全等三角形的方法，但对于通过添加辅助线构造平行四边形从而转移相等的线段和角存在一定困难，不能很好地灵活运用平行四边形解决问题。为帮助学生突破难点，教师设计了前置学习任务：通过剪拼的方法，把一个三角形拼成一个与其面积相等的平行四边形；有能力的学生，尝试一下把一个三角形通过剪拼的方法拼出一个与其面积相等的矩形。

（三）前置作业应成为有效的教学资源

由于教学时间和空间的限制，无法将知识全部体现在课堂和课本中。时代要求学生能有开阔的数学思维，广阔的数学视野，加之初中生好奇心足，探索和自学能力强，书本上的内容不足以让一些学生"吃饱"。因此，教师要有资源意识，通过前置性作业，引领学生将学习走向深度和广度。例如，在讲授《勾股定理》课前，布置了前置性学习任务：查阅相关资料并思考，为什么这个课题称为勾股定理？而后在课上向同学们依据时间线和中西方两方面讲述勾股定理的发生、发展。

四、结语

"先学后教"教学模式十分重要，前置性作业是其中的重要环节。高效的前置学习，才会有高效的课堂，才能真正达到减负、增效。

利用"小活动"打造小学英语高效课堂

首都师范大学附属回龙观育新学校　陈大浩

俗话说，好的开始是成功的一半，对于一节课来说，课前两分钟就是开始。如何利用好这两分钟打造高效英语课堂至关重要。

一、利用好课前两分钟

低年级的孩子自控力较差，尤其在刚开学的一个月里，怎么能让孩子尽快进入上课状态，是每个老师面临的巨大挑战。在课前两分钟组织孩子动起来，而后再有组织地安静下来。让英语课堂有动有静，趣味无穷。学生自然期待上英语课。

二、课前两分钟的具体实施

经过一年的摸索，笔者发现符合低年级孩子年龄特点的课前两分钟特别吸引孩子们。下面就来具体说一说具体是怎样实施的。

（一）与字母做朋友

英文是字母文字，字母教学是小学英语教学的第一环节，直接影响教学效果。教育专家在调查研究的过程中发现：大部分小学英语教师都忽略了英语字母教学的重要性。比如，教师只教会学生二十六个英文字母的顺序，写法，读音，要求学生只要能按照顺序背诵出来，默写下来，就算达到教学目的。然而，学生不能与单词、句子、文章结合在一起。以人教版新起点教材为例，二年级要求学会字母的书写。课前我会播放相关视频给学生，这些视频中不仅仅是唱出字母的读音，还会出现相关单词。学生可以跟着视频做动作或者跟着唱。比如，字母 Aa，会出现 alligator, apple, ant；字母 Ii，会出现 igloo, iguana, insect。学生通过视频，直观地看到字母的模样，还可以感知字母在单词中的发音。而后我还会在课堂中合适的时机再次唤起孩子的记忆，达到温故知新的目的。人教版新起点一年级上册 Animals 这一单元，学生在谈论自己知道的动物时，就说出了 alligator, iguana, insect 等。

（二）与歌曲手拉手

课前两分钟听一听歌曲，可以一边听一边表演。比如在听《Head shoulders knees and toes》这首歌时，学生按照歌词提示触摸自己的身体部位，这样学生就会很快掌握这几个关于身体部位的单词。又如，在教学位置介词时，可以把一个小动物玩偶和一个小纸箱作为教具，并带领学生一起学习《On in under by》这首歌曲，再问"Where is the monkey？"通过变换玩偶的位置引导学生随着韵律唱出答案"on the box."等。通过学习歌曲学生学会了很多抽象的介词，提高了理解运用英语的能力。课前两分钟与歌曲手拉手，老师可选择与课本内容相关的歌曲，既可以辅助我们的教学，又可以帮助孩子拓展词汇，在"动起来"中，收获满满。

（三）听故事，享语篇

听故事不仅可以提高儿童的听、说能力，还可以发展儿童的想象力和创新精神。许多故事会出现重复的句子，孩子们在听或复述故事的过程中，能轻易地记住一些简短的句子。有一次，我们在课前两分钟看了一个关于"Magic Words"的小故事，讲的是刚学习的复合词，一位魔法师在变魔术，比如 pencil+box=pencilbox, butter+fly=butterfly。当课间我来到教室，发现孩子们三三两两地在玩 Magic Words 游戏，他们模仿着魔法师的样子，有的说 water+melon=watermelon，有的说 snow+man=snowman。课前两分钟在听故事中感知语篇意义，在不知不觉中，学生内化为自己的语言，在合适的时机，自然地输出，形成良好的语感。

（四）玩游戏，练大脑

小学英语课程标准的首要目标是激发学生的兴趣。但是，应该注意课前两分钟游戏不是为了玩而玩的盲目活动，而是需要经过精心设计，作为课堂教学的一个有机部分。比如，为了让学生准备熟练的记忆数字 1-10 的英文表达，我们进行两秒内数清老师手里东西的游戏，学生在十分专注的情况下数数，记忆深刻；为了复习课程内容，我和孩子们玩无声传话的游戏，我会告诉每行第一桌同学一句话，由这位同学一次往后传，只能动嘴，不能出声，看哪行（人数一致的情况下）最先完成，这样一来，孩子们都会好好复习，争取游戏的胜利，参与度非常高。

（五）乐展示，促成长

小学低年级阶段，学生的英语水平参差不齐。有的家庭对英语的启蒙比较早，孩子在入学前已经能进行简单的对话；有的家庭没有英语启蒙，孩子掌握的内容仅仅局限于课本内容。无论孩子们的水平如何，都需要展示的平台。对于水平不一的孩子,需要教师给出多个选项。

英语口语水平较好的孩子,可以进行口语展示,简短的演讲、讲故事、唱歌。零基础的孩子,可选择读故事或绘本进行展示,可以是课本中的,也可以说课外的。总之,要让小学英语课堂变得高效,老师就要认真学习,使用高效的教学方法。我们需要做的是不断的优化教学途径、丰富教学资源、提高素养意识。

小学英语优化校内作业的思考与实践

首都师范大学附属回龙观育新学校　王丽星

现要求减轻义务教育阶段学生作业负担和校外培训机构负担，进一步提升教育教学质量和服务水平，并要求推行课后服务"5+2"模式。即学校每周五天都要开展课后服务，每天至少提供2小时的课后服务。教育部《关于加强义务教育学校作业管理的通知》，要求小学一、二年级不布置书面作业，小学其他年级每天书面作业完成时间不超过60分钟。这一系列政策的实施，对英语校内作业布置提出了新的思考和要求。本文从以下三个方面进行阐述：

一、学科融合，整合校内作业

学科融合是指承认学科差异的基础上不断打破学科边界，促进学科间相互渗透、交叉的活动。英语学科，是一门技艺与实践紧密结合的语言学科。因此，英语学科与其他学科融合度强，可行性高，便于实施。

（一）集体备课

以人民教育出版社新起点四年级上册，第三单元 Transportation 第一课时为例，经过教师集体备课，制定了以下学习内容：

在英语学科中，本课时介绍了11种不同的出行方式（by bus, by school bus, by boat, by ship, by car, by taxi, by bike, by subway, by plane, by train, on foot 等），并说出自己上学常用的交通工具，以及使用某种交通工具的原因。在美术第三课画玩具中，学生观察玩具的造型、线条和玩具材质等特点，鼓励学生用富有变化的线条画一个自己喜欢的玩具，特别鼓励画玩关于交通工具的玩具。在科学第六单元教学，我们的小车中，学生观察不同交通工具的组成部分、运行原理，不同材质等内容，制作手工小车。并根据实际情况介绍使用某种交通工具的原因。

（二）作业融合

作业与英语课程密不可分，是课堂教学的有效延伸，是实现"双减"政策的重要途径。新课程标准强调指出："要关注学生在英语学习中的情感态度、文化意识和跨学科能力的发展。"通过跨学科集体备课，注重了跨学科发展的能力。在教学实践中更要注重作业形式的跨学科能力，从作业的布置展开设计，接轨美术、劳技等相关学科，打破知识之间的壁垒，实现多学科作业整合，从而提高学习效率，减轻学生的负担。仍以人民教育出版社新起点四年级上册，第三单元 Transportation 第一课时为例，在集体备课的基础上，经过全学科教师集体探讨，制定了以下融合作业：

学生在美术、科学、劳动课后完成关于交通工具作品的基础上，做出关于这个交通工具的英文介绍，以英文书写描述、口语表达介绍等方式进行呈现。由此，四门学科的作业呈现在同一作品中，打破了学科界限，融合了学科，整合了作业，减轻了学生的负担。

二、分开层次，优化校内作业

在实际教学中，学生的学习程度、学习基础、学习能力各不相同。按照传统的全班统一同一作业的方式，各个程度的题目全部涉及，会出现程度好的同学"吃不饱"，程度较差的同学"吃不下"的情况，浪费了大量时间，不能很好地减轻学生负担。因此，在布置作业时，要根据学生的个体差异布置不同层次的作业。通过初步实践，将作业层次分为以下三类：

（一）巩固基础类

基础类作业以复习课本基础内容为主，包括口语、词汇、句子识记。由于小学一、二年级英语零基础或初步接触英语学习的学生较多，因此，可以布置巩固基础类的口语作业。例如指读课文，角色扮演，玩具剧场等活动，能夯实学生口语基础。

部分三至六年级学生的英语学习基础、学习能力较差。他们不能完整朗读、正确书写课本基础词句。如果作业难度较大，他们难以完成，打消了学习的积极性。因此，应布置巩固基础类作业，如指读、抄写词汇、句型，制作单词小报。

（二）延伸阅读类

阅读是扩大学生英语学习知识面的有效手段。但由于课时的局限，学生在阅读的内容和时长有限，或者不知道如何选择阅读内容，不能在阅读中提取关键信息。因此，将延伸阅读作为作业，为大部分同学提供丰富的学习材料和有效的学习方法，是大势所趋，势在必行。以 Transportation 第二课时为例，教师以电子版形式分享给了学生两个绘本及老师设计好的任务单：Getting Around the City 和 This Is the Way We Go to School。第一个绘本，学生在故事中复习了本单元关于交通工具的词汇和短语。第二个绘本，学生不再局限于词汇和短语，通过故事，学生根据老师设置的任务单，准确获取绘本的重点内容，进行书写等练习，加深理解记忆，提高阅读能力，满足了大部分学生对英语学习的要求。

（三）实践活动类

《核心素养视域下的小学英语学科实践活动课程设计与实施》指出，小学英语学科实践活动就是将学科与活动有机结合，直接和间接经验有效结合的过程，实现二者的协同。在老师的指导下，学生从不同渠道探索与本单元相关的学习内容、思考学习方法，并运用到具体的实践活动中，形成报告或成果。最后，将成果分享给全班同学。经过初步实践，以下两个基于单元主题的实践活动类作业可操作性、可展示性较好：

1. 我是小作家

我是小作家，即学生根据本单元主题，结合自己的兴趣点，搜索自己感兴趣的内容，编写自己的"教材"，并在班级进行分享。这样的实践活动，既能从编者的高度，整体回顾单元内容；又能发挥学生的主观能动性，增强学生对英语学习的兴趣与自信。同时，将作品在班级进行展示，形成互相学习，互相欣赏的学习氛围。

2. 好书推荐官

好书推荐官，即学生将与本单元主题或内容相关的图书或绘本，以英文海报、读书笔记、书籍漂流等形式推荐给其他学生的活动。通过这样的实践活动，激发了推荐者的读书欲、表达欲；同时，推荐书目的过程，也是促使学生复现、巩固本单元相关内容的过程。从而实现一本书带动一个单元，一本书带动多个知识点，一本书带出一系列书的效果，达到减负增效的目的。

三、利用"5+2"模式，延伸、补充校内作业

"5+2"模式全面覆盖，对于学生、老师、家长都是全新的挑战，尤其是英语学科。近几年，家长对学生英语学习的重视，几近"狂热"。如何满足不同学生对英语学习的不同要求，经过思考和实践，以下两种方法，效果较好。

（一）英语社团，延伸校内作业

利用每天课后服务2小时的时间，开展丰富的英语社团活动，让学生的英语学习不仅仅局限于英语课堂。例如，以下英语社团：英语报社，联系生活实际，搜集、撰写校内外热点新闻，制成英语小报，在校内张贴传阅；英语广播站，与英语报社活动联系，挑选制作好的英语小报的内容进行播报；英语戏剧社，教师挑选经典英文剧本，让学生进行戏剧表演。通过社团，学生在团队中进行学习、锻炼，满足学生个性化需求。

（二）帮扶补弱，补充校内作业

校外英语培训机构对学生有一些针对性的教学辅导，尤其是帮扶补弱的活动。重要的一项，是对校内作业进行答疑和辅导。学校在全年级开设了素养班，教师帮助学生复习当天、当周所学内容，强化基础知识，高质量完成校内作业，使学生的学习能力与学习自信得以提升。

基于"产出导向法"促进小学英语课堂教学质量提升的研究

北京市昌平实验小学　张红莉　张海燕

对于课堂教学质量的提升提出了更高的要求。小学英语课堂教学的目标指向于通过英语学习使学生形成综合语言运用能力，促进心智发展，发展学生的核心素养。其中，"说"和"写"的能力作为学生综合运用语言的表达技能，对于小学生语言学习而言尤为重要。结合小学生语言学习的特点及核心素养培养的重点，针对小学生英语表达技能薄弱这一问题，课题组聚焦课堂提质，开展了"创新'产出导向法'促进小学生英语表达技能提升的策略研究"。

一、小学生英语学习现状分析

随着教学改革的推进，小学生英语表达技能的现状发生了一些改变，而这种改变正潜移默化地影响着学生英语学习的方式及教师的教学的方式。研究中通过对我校低中高年级学生进行英语学习现状调研，得出结论：低年级学生虽然有练习英语表达能力的意识，但是过于依赖教师课堂教学，课后的自主学习意识淡薄。中年级学生的英语表达能力较弱，在实践方面存在困难，不能实现语言知识的快速激活和有效提取；高年级学生自主学习能力较强，课后学习范围受限，创新性不足，在学习理解、实践应用后，无法实现以意义为导向的迁移与创新。因此，我们急需寻求一种新的教学方法来研究解决问题的策略。

二、提质课堂教学理论依据

产出导向法（production-oriented approach，下文简称 POA）是由北京外国语大学文秋芳教授提出的理论，以教学理念、教学假设和教师为中介的教学流程，按照"驱动""促成""评价"三个阶段的课堂教学。在产出导向法的指导下，教学假设过程主要由三个子假设组成，分别是输出驱动假设、输入促成假设和选择性学习假设。本研究首次将产出导向法理论应用于小学，在 POA 的基础之上加以创新完善，适合小学低、中、高三个阶段学生的个性特征，在主题意义引领下，实践英语活动观，构建以输出表达为指向的教学模式，促进英语表达技能的发展。

三、以"产出"为导向的教学流程

基于以上现状，本研究在教学环节的研究中，注重教学以产出任务作为教学起点，结合产出任务使小学生明确语言学习的目标价值，促进产出导向法与小学英语表达技能的结合。通过探索小学低中高三个阶段，记忆理解、实践应用、迁移创新的原则，有机将语言、文化、思维、情感融合，结合自身的多元智能优势与课标要求进行表达，不断提高表达技能。

本课题在POA的基础之上加以创新完善，适合小学低、中、高三个阶段学生的个性特征，在主题意义引领下，实践英语活动观，以输出表达为指向的"输出驱动——输入促成——输出评价——创新再输出"的教学流程，促进英语表达技能的提升。

同时设计出教师指导学生进行产出的流程是：输出目标确定——输入材料选择——驱动活动设计——促成活动设计——输出效果评价——输出成果展示。其中，驱动-促成-评价环节在教学环节循环设计。

四、创新"产出导向法"的教学策略
（一）输出驱动策略

情感驱动。结合年龄特点，围绕单元主题组织开展适合学生的情感驱动活动，从学生的情感进行带入，突破传统的视频、音频、图片等常规导入方式。根据小学生的年龄特点，在新授课前，可通过热身导入，调动学生的积极情感。如在学习求助的相关话题时，可以通过歌曲等方式引入关于心情的话题，复习涉及心情及原因的句型，I'm happy, because I _____. 通过心情的话题引出本课Problem-Solution问题—解决中关于寻求帮助的话题。

认知驱动。在进行驱动环节的设计时要注意要符合学生的认知水平和学习水平并能够促进学生思维能力的发展。教师通过语言或其他多媒体方式进行主题设定，将学生带入新知识所需的主题场景之后，此场景设置既要符合学生的实际发展需求，又要与新知识相连接，同时不要忽视学生在不同阶段的最近发展区，使课堂的环境营造更加科学合理。

需求驱动。教师根据输出目标，呈现输出任务，引导学生尝试产出，教师也可组织学生亲自经历同一场景进行体验式产出。在这个环节，老师需要为学生提供一个交际场景，然后阐明本堂课的教学目标和需要学生完成的产出任务，

激发学生产出的欲望。比如在北京版小学英语六年级上册 Unit 3 How did you go to Hangzhou? 中，整个单元聚焦出行目的地和出行方式的话题。本课学生需要完成的产出任务是：完成自己的活动导图，根据自己的导图尝试描述自己的经历，根据导图完成写作练习。

结构驱动。根据主题及输出任务的不同，对于一些特定的输出任务所需的语言结构、表达结构等在输出驱动时预设给学生，让学生基于认知的基础上进行结构化的、层层递进的驱动式学习。根据 Problem-Solution 中关于问题——解决的关系，给出出现问题如何用正确的方式解决问题，让学生有一个心理预设，同时为了进一步验证或应用，而以积极的情感进行学材料的选择、学习及表达。

（二）输入促成策略

促成环节教师提供必要的输入材料，引导学生进行选择性学习，获得完成产出性任务所需要的内容、语言、话语结构等信息，辅以产出性练习与检查（文秋芳，2015）。教师在设计教学活动时要根据输出产出的目标来选择输入的材料，以帮助学生实现学生有效、得体的表达。以北京版小学英语教材为例，基于产出导向法以单元为主题设计促成环节的活动。

环节一：呈现产出任务。教师要对于产出任务的具体主题、内容、步骤、标准等作出详细解释，使学生产生心理预期，对于需要完成的任务作出初步感知预设。在此过程中，教师要关注学生的获取新知的心里及完成任务的困难，适时给学生提供与输出任务相关的教学材料，根据学段学习能力特点进行选择。如在学习 Will you do me a favour? 一课时，教师首先创设情境，呈现目标。通过介绍男孩 Tony 在遇到困难时总是没有人帮助他，通过他求助时的语言，分析出他求助的语言很没礼貌，那么如何有礼貌地求助呢？学生通过完成这个产出任务进行接下来的语言学习。通过创设语言产出语用场景，明确语言使用的目标、场合、对象和话题。以解决生活中的实际问题为出发点，进行目标语言学习。

环节二：选择学习材料。小学生的英语知识有限，认知能力还不成熟，还不能自主选择学习内容，那么教师要帮助学生选择能够帮助他们完成驱动产出的学习材料，因此学习资源的选择要根据产出目标进行确定。

（1）资源的选择形式可为：教材文本、绘本材料、整本书阅读材料、新闻、视频、音频、图画等；资源选择的内容可以为：主题立意、语言知识、文本结等方面进行选择。

（2）根据学段的不同，教师根据学生能力协助学生逐步学会根据最终自己的产出任务来对材料进行加工整理，选择性学习对自己有用的部分。材料的选择对于小学生而言有一定难度，因此教师更多地承担了材料选择这一任务。

针对本课的学习，共提供了3种学习材料。第一种基础材料，为教材中的对话材料，主题为：Offering Help。在情景中初步运用"Will you do me a favor?"请求他人帮助，以及"Can I borrow your……?"向他人借东西，并能回应别人的请求"No, problem./ Sure./…"。丰富学生的语言，又拓展了输入性的语言材料，通过 Magic Tails 这个绘本故事拓展了 Could I borrow……? 和说唱视频拓展了 May I borrow your……? 的相关ží语言。

环节三：构建输出支架。在小学课堂教学中利用支架理论，为学生搭建产出支架非常关键，教师作为学生学习的导学者，要从主题支架、语言支架、结构支架、情感支架等方面为学生搭建脚手架。首先，围绕子产出目标，即：基于课文文本学习的语言输出，通过获取主要信息——提取功能性语言——感受人物情感——分析语言表达方式等策略。然后，借助问题支架，促进学生从图片中获取背景信息，从对话中提取功能性语言、从人物情绪的变化引导学生在体会中真实表达自我，将平平的语言戏剧化。最后，在文本学习的过程中进行复述的积累，降低最后整段故事附属的压力，引导学生从对话性语言过渡到转述性语言，提升学生用多种方式进行英语语言表达的能力。

环节四：完成产出任务。任务的完成可以分为自主与合作的方式。小学生受知识水平和语言能力的制约，不能够独立完成产出任务，因此小组合作是一个有效方式。在教学中，可以重新回顾课前驱动环节中所呈现的产出任务，请学生结合所学内容选择所需的语言材料，以解决实际问题为出发点进行语言表达。为了促进学生语言学习的递进，设计层层递进的产出任务小循环。通过根据实际情景求助或为定格图片编写剧本等，促进口语及书面表达能力的提升。

环节五：借助评价再产出。对于产出导向法指导下的英语课堂而言，即时评价主要发生在教学流程中的"促成环节"，当学生在执行教师所布置任务的同时，教师及时给出反馈和意见，让学生在错误出现伊始就即时被纠正。教师可以利用评价时间的长短及评价内容的多少有效地控制整堂课的教学进度，同时也侧面促进学生继续进行选择性学习的信心。

（三）产出评价策略

基于 POA 的教学流程，评价部分是指教师对于学生产出任务的完成情况进行反馈评估，其主要目的：一是要提醒学生任务完成过程中存在的问题，帮助及时修改；其二是借此评价过程鼓励学生，并明确标准，为之后教学步骤的实施埋下伏笔。

本研究所有探索的教学策略对学生的语言积累的有了更明确的要求。对于产出环节，部分学生的语言无法满足产出的语言需要，更应注重学生日常语言的积累。另外，教学过程中的评环节如何能够更大发挥学生评价的主动性。从哪些维度或要素对学生的产出进行科学、有效、激励性的评价，还有待于我们的进一步开发与研讨。

小学英语作业内容设计初探

育新华电附小　徐秀丽　顾小民

摘　要：英语作业不仅是学校实施英语课程教育的重要组成部分，而且是学校英语课堂的重要补充与拓展，也是学校实现有效英语教学的重要环节，实施轻负担、高质量教育，强化学校教育主体作用，提高课程设计质量。根据人性化教学的宗旨，我做出了个性化的英语作业设计，从英语作业的分层化、实践化、兴趣化、开放化几个角度进行了思考和实践，并对于学生英语知识的掌握、英语能力的培养及学习英语的兴趣等方面进行了反思。

关键词：小学英语；作业内容；设计

一、小学英语作业内容设计背景

（一）基于英语教学标准的要求

我们应当充分考虑学生外语学习基本与发展条件的不同，并遵从外语教学的客观规律性。要求教师进行家庭作业的设计：一是要反映中小学生的实际发展需要，反映时代特征；二是要优化家庭作业的构成与组合，并注意加强综合选择与平衡。一些关于构建新系统的建议需要教师们设计探究性作业、开放性作业等，并时时关注系统实际布置要随着对象的不同而产生差别。

（二）基于英语作业现状的分析

经过与学生们的深入探讨和对英文作业现象的考察与反思后，我发现了目前英语作业体系所面临的主要问题是：

作业内容单调，没有典型性。学生今天抄词语和句型，明天抄课文，后天做练习册，然后做考卷。这些作业无法激发学生的学习兴趣，因而经常发生学生糊弄作业或不完成的现象。

操作需要统一，且互不相关。老师们常常忽略了学生个人能力和背景条件的差别，布置全班统一的作业。这样的家庭作业缺乏灵活性和相关性，因此优秀学生常常吃不饱，而落后学生则吃不下，因此出现家庭作业被剽窃和不做家庭作业的现象。

操作单一，缺乏多样性。为了便于检查家庭作业，教师布置的作业大多是书面形式的，这显然无法使学生全面地运用所学的英语知识。因此教师还应布置听、读、说等多种形式的作业，使学生在听、说、读、写各个维度得以练习和巩固。

在同一班集体中，学生根据自身不同的学习习惯、心态和认知能力，而显示出不同的学习模式。所以我们在英语教学上，必须重视学生间的个性差异，而不是"一刀切"。

二、个性化作业的内涵与设计原则

（一）个性化作业的内涵

所谓的"个性化作业"可理解为，学习者在英语课堂教学后的个人反思过程中掌握并运用所学的英文知识与语言功能，这种作业形式能够鼓励学习者的主动学习，使不同的学习者更进一步地了解不同的语言发展活动。

（二）个性化作业的设计原则

层次性原则。个性化作业的设定要立足于学习者的实际，并针对学生最新发展领域设置灵活、多元化的家庭作业，以适应各个阶段学习者的需要。

多样性原则。作业任务的设计，必须是多角度、多形态、多题型和多用性，以便能够训练学生的基本知识、基本技能和应用技能。

针对性原则。英语作业的设计，应充分考虑到学习者的年龄、性别、喜好、兴趣与能力的不同，针对不同学生的能力，可采取分级组织、个性化作业的方法。

典型性原则。个性化作业的设置需要经过精心设计，并仔细遴选和布局典型的作业任务，这不但可以让学生积极面对问题，还可以培养学生的个性。

三、个性化作业的设计与实施

（一）设计分层化作业

以往，在我布置作业时，我会要求每个学生都按照指定的主题完成一段短文。这样作业有一致的模式和唯一的答案，我批改时也比较容易。但是，当有学习障碍的学生不能很好地掌握基础知识时，我会埋怨他不能认真学习，并企图通过增加作业来取得自己期望的成效。就这样，当有学习障碍的学生们对英语教学日益厌烦，家庭作业的品质也就愈来愈差。

为此，我思考怎样改善这个状况。如果通过精心的作业设计，使不同层次的学生能够发挥各自的长处。例如在讲到三年级上册 Unit5 It's a nice autumn day 这一单元后我布置的作业是：作业二选一：（1）熟练朗读本单元的课文和句型。（基础性作业）；（2）根据所学内容制作一本翻翻书介绍北京四季的天气和特征。（创新性作业）。学生可以根据自己的水平完成教师布置的作业，基础薄弱的学生就不会感到困难，水平高的同学也不会感到无趣。

多元智能理论要求老师重视学生的个性发展，不但要重视落后和平凡的学生，而且还要重视卓越的学生。让每个学生都能体验成功的喜悦，让学生保持学习模式，展示个性，展示他们的英语技能。

（二）设计实践型作业

在布置作业，我们必须考虑学生已有的知识和实际生活经历，并创设有关学生生活中的实践课题，通过指导学生动手、动脑、自主探究英语的基础知识和处理实际生活问题，让学习者进一步地拓展他们的知识面。

因此，在学会用英文电话交谈之后，我向学生们分派了一项任务，用英文向我打电话，并要求学生选择最简单和基本的接听和拨打电话的条件。（A：Hello!May I speak to Miss Xu? B：This is Miss Xu speaking. Who's that？）通过模仿这个任务，学生可以把学习的英语表达方法与日常生活联系起来，从而训练了学生正确运用口语的能力。另一案例为：7 A Unit One 的第一课和第二课，主要讲中国的国庆节和元宵节。我以"传统"为主题，使学生们在第一次见到更多的我国传统（如春节、中秋节、端午节）后，便以此节为主题，通过查阅有关资料，并分组编写一本中国传统节日的知识翻翻书。而在编写过程中，学生们忙于设计、绘画、色彩、内容的编辑，不仅可以培养学生的实践技能，而且有助于培养学生的创新精神。

（三）设计趣味化的作业

以抄写为主的作业形式让许多学生丧失了对作业的兴趣，我更多地在趣味性上做些文章。例如：让学生用思维导图的形式总结单元知识点，把枯燥的抄词作业用自己喜欢的形式表现出来，用手抄报的形式描述一天的活动安排，用调查表的形式统计家人的生日方便课上用英语进行介绍。游戏永远是学生最感兴趣的主题。我把英文知识，整理为游戏、拼图和其他形式，可以增强学生们上课的积极性。

（四）设计开放化的作业

老师们通常会认为，抄写作业和练习才是积累知识点的有效方式。这其实是狭隘的认识。其实，家庭作业对于推动中小学生思维的发展也是十分重要的。传统的英语课程虽然主要是在训练学习者的思维，但显然没有办法发散思路，也不利于培育中小学生的创造意识与创新精神。因此英语学习活动也应当是一种活生生的、积极的、个人化的过程。例如：讲到四年级上册 Unit 6 May I take your order？时，我布置的作业是让学生自己给学校设计一份健康合理的一周食谱，这不仅调动了学生的兴趣，还帮助学生树立了健康饮食的观念。教师应多设计开放性课程，以启迪学生的创造思想。

四、实施个性化作业的成效与思考

（一）实施个性化作业的成效

个性化作业不但帮助学生巩固和掌握基础知识，更能满足学生个人的全面发展需要。

1. 激发学生对英语作业的兴趣

个性化作业的开展彻底改变了那些对家庭作业不感兴趣的学生们。实验前，我对小学生的课堂作业进行了简短的匿名问卷调查和统计分析。结果显示，愿意完成作业的学生数量明显上升。

2. 学习困难学生的学习自尊得到了保护

每个学生在学习中都有自尊。当他们在学习和做作业中遇到挫折和错误时，他们在同学面前会感到尴尬。小飞是班上英语基础较差的男生，别人能背诵十个单词，他最多只能背诵三四个。我尝试在英语课上给了他一些独立的空间，我让其他学生掌握了二十个词汇的记忆量（核心英文单词＋拓展英文单词），他则需要掌握十个核心词汇。通过几天的个性化单词练习，他已经慢慢提高了单词量，在听写单词方面也有了很大的飞跃，他的脸上布满了自信的笑容。

（二）实施个性化作业的思考

个性化作业的实现并非对传统教学的简单否定，而是对传统教学的延续与发扬。但是，鉴于教学系统的整体性和教学流程的重复性，还有自我认识的局限，在英语教师个人教学的实际研究中仍有不少问题需研究。

如何把个性化教学的设计和培育学习者的立体目标紧密联系，发挥个性化教学的积极效果。

在设计个人课程时，如何在教学内容和学生的生活经验之间找到最佳结合，以及选择的作业类型应密切关注语言点，以促进学生语言交际技能的发展。

个性化作业强调人文精神，使家庭作业成为培养学生人文素质的重要课题，促进学生思想的发展和个性的提高。

新时代背景下小学英语"读写绘"教学方式的探索

北京市昌平区霍营中心小学　路娜　何静

减轻学生的课业负担,是考验教师的智慧和担当。我们提出了"读写绘"的教学方式,提升学生读写能力,提高课堂教学效率,丰富学生课后作业的内容。经过一个学期的初探,我们发现"读写绘"的教学方式能够充分的体现学生自主性,使学习积极性大幅度提升。

一、什么是"读写绘"

传统意义上的"读",通常理解为认读、朗读、阅读、学习或者读取。"写",在英语教学中通常理解为字母、单词、句子的书写、写话、写文及仿写。"绘",通常指绘画、绘图、描绘等意。在英语学科中,"绘"是指绘本;在美术学科中,"绘"是指绘画;在数学学科中,"绘"是指绘图。

本研究中的"读",是立足教材,创造性地使用教材,结合主题进行适当拓展、补充。"读"包括读绘本、读课文语段或者对话、读篇章、读图等。以读促写,结合读,进行规范书写、写话写文、仿写、续写、创编、总结等,把输入的内化输出出来。通过"写",巩固、加深学生对语言学习的内化,培养学生运用语言的能力。"绘"则将"写"的成果绘制成绘本、漫画、思维导图、组织结构图、表格、小报、日志、读书记录等多种形式,最终形成自己的写绘作品。通过"绘",培养学生的想象力和创造力。读写绘相结合,提高小学生读写能力,落实了英语学科核心素养。

二、开展"读写绘"教学的意义

(一)"读写绘"教学有利于发展核心素养,落实立德树人

2022版英语新课程标准的课程定位从以学科为本转化为学科育人,从语言能力、文化意识、思维品质和学习能力四个方面落实立德树人和学科育人。北京师范大学王蔷教授指出,英语教学中阅读与写作素养的均衡发展对实现立

德树人的课程目标尤为关键。借助阅读，可以帮助学生开阔视野，树立正确的人生观和价值观；借助写作，可以帮助学生实现意义表达、跨文化沟通。可见"读写绘"结合对学生的学习和发展起着至关重要作用。

（二）"读写绘"教学顺应儿童认知发展

2020年王蔷教授在其《在英语教学中开展读写结合教学的意义及实施途径》一文中提出，从学前班至小学低、中年级（1—3年级），称为"前书写期"，在这一阶段，绘画、涂鸦、标注补充完整图画中的文字等都是非常重要的写的形式。学生进入小学中、高年级，写作以文字为主，插画为辅，学生可以补充或创编自己的图画书。小学中、高年级学生进入"书写萌发期"，教师如何能激发学生的写作热情呢？除涂鸦外，学生还可以根据自己的理解为图画或连环画加文字；为图画书增加更多细节，例如：补充文字说明或新的情节；为图画故事书中的句子补充缺失的词汇、词组或句子，以及补文字、加配图；基于绘本故事，通过仿写或改编，绘画出新故事，加配文字。由此可见"读写绘"的教学刚好符合小学生的认知发展，三者结合的教学方式能够使提升小学生英语读写能力。

（三）"读写绘"教学有利于激发学生的学习兴趣、提升读写能力

通过调研、评价及日常教学观察发现，我校学生在"读写"上存在的问题有：1.课上没有读写指导，课后布置读写作业，学生完成困难。2.低年级的重复抄写作业太多，学生不爱写，老师追作业追不上来。3.中高年级抄书翻译课文作业很多，内容匮乏，形式单一。4.学生面对大篇的阅读理解不愿读、不会读，对于"写"非常抵触。5.低年级不注重读写，中高年级突然开始读写，学生接受不了，导致学生对英语学习失去兴趣。

基于这些实际的问题，我们开展了"读写绘"的教学探索研究。在本研究中，教师基于学生的心理特点和英语水平，创造性地使用教材并适当拓展阅读材料，为学生提供可理解的、生动有趣的、与学习生活息息相关的阅读材料，在激发学生阅读兴趣的同时，帮助学生在语言学习环境中实现语言习得，为"写"积累充足的语言素材，结合"绘"使写作变得生动有趣，从而培养学生的艺术审美、想象力和创新意识。

三、"读写绘"在常规教学中的应用——以小学英语北京版三年级上册第五单元为例

（一）读，感受故事趣味，获取语言信息

阅读是人的视觉感官与大脑思维相配合的一种积极主动的心理活动，是人们获取信息的重要途径。学生通过阅读教材内容、绘本和补充材料获取语言信

息，逐渐形成语言知识的积累，为使用语言做好知识的储备。

1. 读课文对话，获取基本语言信息

本单元学习的主题和天气相关，属于人与自然的范畴。2022版小学英语新课标中提出明确提出了学思结合、用创为本的英语学习活动观。秉持在体验中学习、在实践中运用、在迁移中创新的学习理念，引导学生围绕天气及天气对生活的影响这一真实的问题开展本单元的学习，帮助学生了解一些基本知识，知道根据不同季节、天气选择合适服装与活动。学生在学完本单元后，能够运用所学句型，从天气、服装、活动等方面介绍自己喜欢的季节。单元整体框架见下图1：

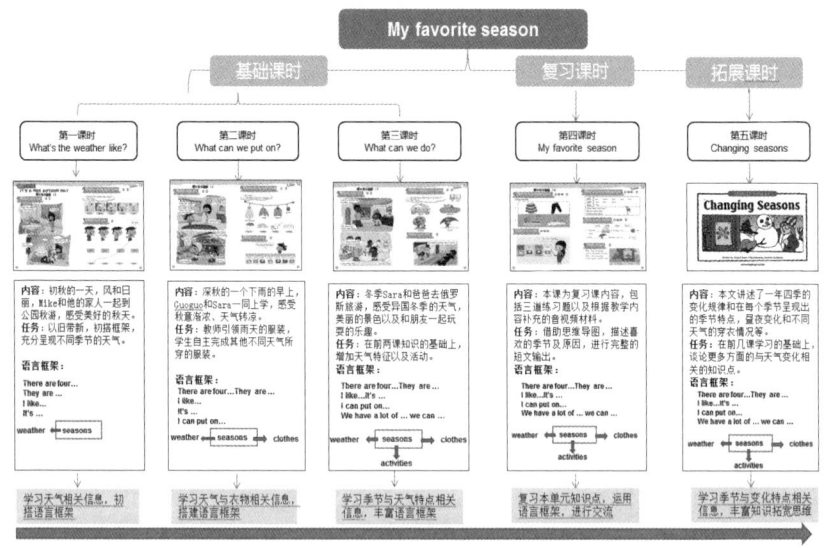

图1 单元整体框架

第一课时，通过读Mike一家的对话，展开季节的话题，回顾There are four seasons in a year. They are spring, summer, autumn and winter. 这两个句型，为整体输出做好铺垫。通过阅读课文学习运用天气的表达方式It's ＿ and ＿ in ＿。第二课时，通过读Guoguo和妈妈及和Sara的对话，学习运用根据不同天气选择合适的服装的句型It's ＿＿＿. I can put on my ＿＿＿. 第三课时，通过读Sara和爸爸及新朋友的对话，学习运用We have a lot of ＿＿ in ＿.We can ＿＿＿＿. 第四课时，读老师提供的关于介绍四季的文章，学习如何介绍自己喜欢的季节，仿照文章，介绍自己喜欢的季节，进行口头输出。

2. 读绘本，获取更多的语言信息

第五课时，补充绘本阅读《Changing seasons》。通过思维导图的方式梳理绘本内容和语言，引入比较级的表达方式，难度加大，为层次高的同学提供更多的语言支撑。

（二）写，分层内化知识，表达思想感情

写作主要是通过文字来传达信息，内化吸收知识，进行输出表达的过程。对于小学生来说，教师要为学生写搭好阶梯，由浅入深，因材施教，既要保证大部分同学能够进行输出表达，又要使层次高的同学能够有所发挥。因此在本单元写的活动设计中我们采取了层次分明的输出活动。如下图2，3，4

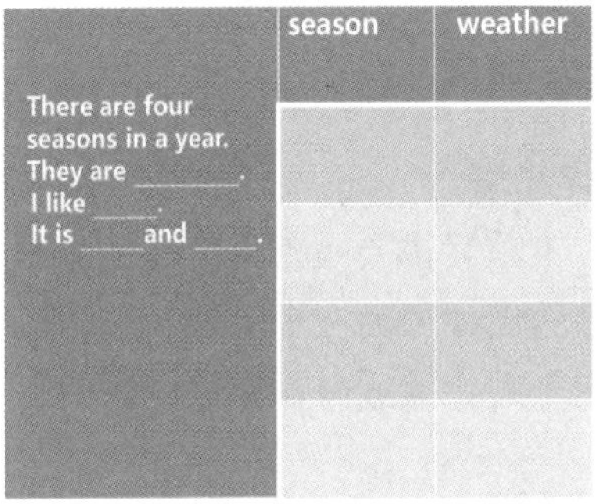

图2 第一课时任务单 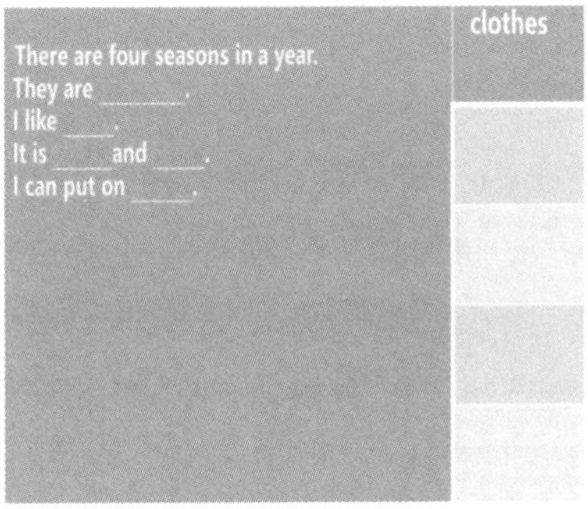　　　　**图3 第二课时任务单**

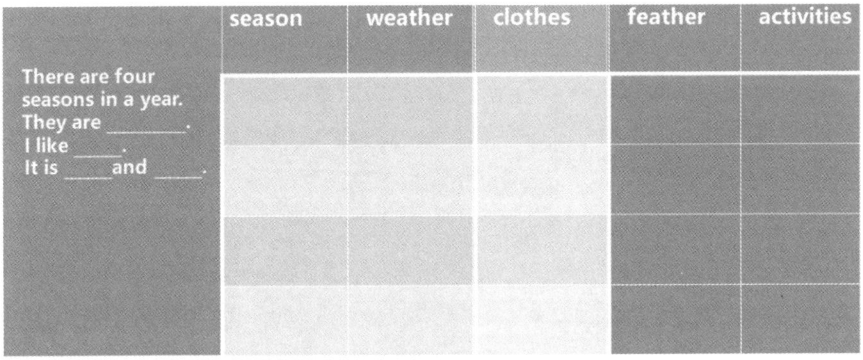

图4 单元最终形成任务单

第一课时，根据本课所学主要句型，进行语言输出表达，完成图2三句话的表达。第二课时，根据对话中的呈现的主要句型，在图2任务单的基础上加入穿衣的表达。第三课时，结合对话中的主要句型，加入季节特点及所做活动的表达，最终形成任务书。学生通过基础课时的学习后，都能够用基本句型介

绍自己喜欢的季节。

基础课时的读写任务，能够保障大部分同学内化吸收，对于有些吃不饱的学生显然基础课时的任务无法满足他们的输出需求。因此最后课时的绘本融入，给少部分学生提供了更多的语言支撑，如图5。

图 5　绘本语言结构

（三）绘，可视化思维内容，激发创作热情

绘，是使知识、思维可视化的工具。本单元主要是把学生在任务单上书写的内容，以小绘本的方式呈现。绘本作品的设计分为三个等级，可以供不同层次的学生选择。同时绘本的创作可以采用个人完成或合作完成的形式，调动所有学生的积极性。

在课堂上，老师首先讲解绘本的制作方式，并呈现出多种绘本形式供学生选择。把写的绘出来，把绘的讲出来，无形中增加了学生的自豪感，激发了学习热情，如图6、图7。

图 6　学生作品　　　　　　　图 7　学生作品

【结语】

最初我们的探索目标是通过"读写绘"的教学方式促进小学生英语读写能力的提升,通过一段时间的初探,让我们有了更多的收获,"读写绘"的教学方式不仅能够提升学生的读写能力,同时激发了学习兴趣,对提升艺术审美、想象力和创新意识都有很大帮助。"读写绘"能够真正地把课堂还给学生,做到因材施教,起到提质增效的作用。

探究英语单元主题作业设计的策略

昌平第二实验小学　潘冰新

作业设计活动提倡在集中的教学时间内提高教学效率。在作业设计中引入单元整体教学的思路，整体规划单元教学活动和作业；单元作业凸显趣味性，激发学生主动完成作业的兴趣；分层次设计单元主题作业，调动不同学生参与主题学习。

一、单元主题作业设计的指导原则

（一）趣味驱动

趣味性是英语作业设计的关键，通过设计趣味性的作业，能够提高学生完成作业的主动性和效率。另外，趣味性作业设计能够减轻学生作业压力，学生在兴趣引领下主动投入作业中。

（二）分层设计

教师在设计作业前，应根据学生不同的学习能力、思维能力等进行多维度的分层。根据单元主题知识划分不同层次的任务，学生根据自身需要自行选择需要的任务完成，实现"点餐式"作业。

（三）多样体验

单元主题教学中，教学活动丰富多样，因此，在单元主题作业设计时，教师应避免作业设计形式单一枯燥，根据教学活动设计多样化的作业，这样能够激发学生动力，丰富学习体验。在单元主题作业设计中，教师可以考虑听说类、表演类、读写类、体验类、实践类、线上类等作业形式，体验主题知识学习的多样化乐趣。

（四）启发激励

单元整体教学强调以单元主题为核心的教学，进行单元主题意义的探究。因此，在单元主题作业设计过程中，应利用精准的作业设计启发学生学习主题知识，深入探究主题意义，提高作业的实践意义。

二、单元主题作业设计的设计与实施

教师通过全面准确的单元整体分析，整合单元内容，确定序列化单元作业目标；单元作业凸显趣味性，激发主动完成作业的兴趣；分层次设计作业，调动不同学生参与主题学习；通过提高校内的教学质量和效率，让学生在学校充分获得。

（一）确定序列化单元作业目标，引领主题作业设计与实施

单元主题教学以主题意义为统领，引领各课时教学任务。以北京版二年级上册 Unit5 I have long arms 单元主题教学为例，基于各课时文本内容的解读，将单元作业目标设定如下：

本单元的主题是 Diverse Animals, Colorful Life。通过本单元学习，学生能够：

语言能力：认读动物名称和各部分身体部位；

学习能力：运用形容词描述动物身体的身体部位；

思维品质：通过从名称、身体部位、特征和长处四方面描述动物，感受动物的多样性和独特性；

文化意识：通过学习动物仿生学知识，利用动物的优势，创作造福人类的作品。

（二）凸显趣味性，激发学生主动完成作业的主动性

小学生的年龄特点决定了小学英语教学应该坚持寓教于乐，发掘文本中学生的兴趣点，设计趣味十足的作业。学生在轻松的学习环境中学习和完成作业，有利于提高学生完成作业的效率和主动性。

在北京版二年级上册 Unit5 I have long arms 单元主题作业设计中，基于本单元的动物主题，发掘文本中有关动物的仿生学知识，结合学生对于动物的认知，拓展资源，涉及丰富多样的游戏化作业。例如，在第一课时的作业设计中，为了激活学生对于动物名称和形态的已知，设计了动物字谜游戏单和动物 I spy 游戏单，学生们二选一根据兴趣选择喜欢的动物主题游戏纸。第二课时，认识动物特点，设计了动物形态迷宫。

（三）分层次分梯度，调动不同学生参与主题学习

教师在单元主题教学设计中，设计分层次的作业，满足不同层次学生的需求。教师根据学生能力进行多维度分层。设计基础层次的作业，夯实基础；设计综合实践作业，培养实践能力和思维能力，因材施教，学有所得。

在北京版二年级上册 Unit5 I have long arms 单元主题教学中，在单元大任务"在年级科普书游园会中，展示动物科普共读书"引领下，各课时小人物呈现递进的支架式结构，由基础到提高，由书面到综合实践活动。设计必做和选

做任务，学生根据自身需要自行选择，必实现"点餐式"作业。

（四）多样作业跨学科，深入探究单元主题知识

教师可设计综合实践类作业，培养学生思维能力和解决问题能力；因此，确定单元大任务为"在图书游园会中，展示班级共享科普读物"综合实践作业，仿生学发明作品展。推动语言学习和主题学习融合，引导学生在实践中感受动物世界的多样性。

（五）整体评价作业，启发学生思考主题意义

通过持续有效地评价，教师能够不断地反思作业实施中的问题，及时纠正。同时，学生在完成单元主题作业中，通过自评、师生互评、生生互评等方式，不断反思，推动单元主题意义的深入探究和思考。

在本案例中，每课时的任务都有针对语言知识和技能的自评表，帮助学生总结和反思每节课作业完成的效果。另外，教师设计了单元实践任务作品互评单，帮助学生反思和改进实践活动中的问题。

五、总结与反思

小学英语教师应深入思考减负增效的有效策略，从单元主题出发整合教学资源，设计有效的单元主题作业；从减轻学生学习压力和负担的角度出发，设计趣味化作业；从一年几零起点学生的特点出发，设计分层作业；设计多样化作业与整体评价。在小学英语教学中，深入思考单元主题，设计科学合理的作业，提高教学质量和学习效率。

小学低年级英语单元整体教学的设计与实施探究

——以北京版英语二年级下册 Unit 5 How do you go to school 为例

北京市昌平第二实验小学　苏祎

一、引言

落实立德树人根本任务，构建教育良好生态，促进学生全面发展、健康成长。教师应更加全面深入学习课标，深度解读教材，优化教学活动，促进学生的英语学科核心素养发展。本文将以北京版小学英语二年级下册第五单元内容为例，从单元整体教学的角度，分析教材教学的设计与实施思路。

二、单元整体教学的意义

《义务教育英语课程标准（2022版）》（以下简称课标）指出，教师在教学中要推动实施单元整体教学，强化素养立意，围绕单元主题，充分挖掘育人价值，确立单元与人目标和教学主线。大单元设计能够改变学科知识点的碎片化教学，实现教学设计与素养目标的有效对接。（崔允漷，2019）因此，教师只有进行单元整体设计与实施，才能够帮助学生在有限的课时内实现学习内容的理解与应用，提升核心素养，达到减负提质的教学改革目标。

三、小学英语单元整体教学设计路径

（一）深入解读教材，理清单元逻辑

在开展和设计教学活动之前，把握教材内容的知识深度与内在关联，理清课时间的逻辑关系，从而确立单元整体教学目标及各课时教学目标。北京版二年级下册英语第五单元标题为 How do you go to school，单元共计共四课时，三个新授课时，一个复习课时。其中的第一课时对话句型为 *"How do you go to ...? I go to ... by ... ."* 呈现了主人公 Baobao 去上学的交通出行方式；第二课时对话句型 *"How does ... go to ...? He/She goes to ... by ... ."*，呈现了 Baobao 的父

母去上班的出行方式；第三课时关键句型为 *"Does he/she go ...?"*，以对话方式呈现了周末 Baobao 其他家人的出行方式。三个课时均已主人公 Baobao 的家人出行方式选择为主线，使用不同的句型呈现了问、答他人出行方式的方法。经过深入解读及分析，教师发现，各课时间以同一个主人公 Baobao 为对话主线，呈现出行方式的选择。但是在出行人的年龄、出行时间（一天之中的时间变化、周中与周末的变化）、出行距离方面各有不同，导致出行方式的选择有所变化。因此，教师将单元话题意义定位为"出行方式的选择"，在此主题的引领下，深度挖掘影响人们选择出行方式的因素有哪些。学生以 Baobao 全家人为线索，在学习过程中逐步发现影响出行选择的因素，构建知识与思维框架。

（二）合理补充资源，构建单元框架

确立了单元话题的意义指向，教师需进行学情分析，之后根据各子课时内容及单元预期目标，搭建单元框架。

本单元授课对象为二年级下学期学生，单元涉及的问答句型及交通出行方式的词汇大部分为新知。单元话题"日常出行"贴近学生生活，学生对于自己及家人日常上学、工作等出行方式有一定的了解。但是学生的方位感不强，对于两地之间的距离、花费时间长短等概念不强，需要教师进行资源补充、活动设计来帮助克服其学习困难。

针对二年级学生年龄小、对于图画书、歌曲等兴趣浓厚的特点，教师在第一课时使用绘本 We All Go Travelling By 进行单元开启课教学。该绘本中呈现了常见的交通方式，如 car, bus, train, bike 等，且以 We go ...by.... 为重复句型，与教材中的 by... 表达法相同。不仅如此，文本也是一首儿歌，适合二年级学生进行听唱练习，既能够学习各类交通工具的名称，解决单元新知问题，又能够激发学生对于单元探究的兴趣。

确定补充资源及各子课时内容后，教师依据单元主题意义及子课时间的知识关联与内容，确立单元主题为"Better Way Better Life"，在主题引领下，学生能够对出行方式进行问答，探讨影响出行方式选择的因素，并依据实际情况规划日常出行。基于此，教师设计单元主题框架如图1。

在设计框架过程中，教师注重各子主题的进阶性，学生从了解、学习到内化、运用，最终实践探究，从语言能力、思维品质等多方面提升能力与素养。

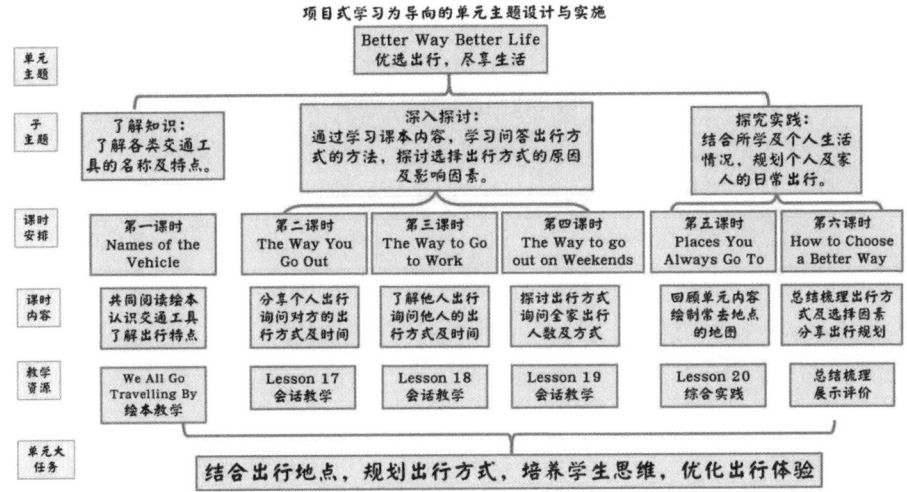

图 1　单元主题框架图

（三）设计多样活动，把握单元重点

在设计课堂教学活动时，教师要从学生已有的主题知识和经验出发，设计从学习理解到应用实践、再到迁移创新的主题意义探究活动，引导学生梳理结构化知识，把握语言重点（王蔷等，2021）。当然，设计各课时教学活动前，首先应确立教学目标，在教学目标的指引下，设计相应活动,注重活动的实操性、可检测性及趣味性。基于前文中提到的分析与规划，教师将本单元目标设定为如表1。

表 1　单元教学目标及其对应核心素养

单元学习目标 通过本单元的学习，学生能够	核心素养
听懂、认读表达出行方式的固定短语及表示底单、场所的词汇和固定搭配，并运用核心句型 How do you ...? How does he/ she ...? 等问答出行的交通方式。	语言能力 学习能力
结合生活实际，再真实情境中合理使用功能句型就自己或他人的出行方式进行描述。	语言能力 学习能力
依据实际情况，对出行方式进行分享交流，分析出行方式是否合理，并尝试给出建议。	思维品质

在单元整体教学中，要求教师从在教学始终以螺旋上升式且层层深入的方式带领学生通过学习达成单元目标。

以本单元第三个新授课文、即单元框架中第四课时教学为例。教师首先设计拼图游戏，学生通过拼图碎片，快速反应出其对应的出行方式名称，如 taxi, subway 等。之后，教师以思维导图的形式，带领学生回顾在前两篇课文对话中，提到的主人公 Baobao 及其父母如何在工作日外出上学及上班。学生借助教师提供的语言框架 ...goes to ... by ... . 进行表达。回顾所学内容的同时，巩固第三人称单数这一语言知识点。同时，点出 weekday，即工作日出行这一要点，为讨论"影响出行方式选择的因素"这一环节做铺垫。在处理文本对话时，学生学习到，周六 Baobao 会和爷爷一起坐地铁去农场。学习过后，教师追问"What do you think of the way?"，引发学生对于此出行方式的思考，鉴于二年级学生语言积累不足的特点，教师还给予句型及词汇支持，帮助学生搭建支架，教学片段如下：

T: Baobao goes to the farm with grandpa on Saturday. They go there by subway. What do you think of the way?

S1: I think it is good. Because subway is fast.

S2: I think it is good. Because subway is green.

S3: I think they can go there by car. Because grandpa is old.

S4: I think they can go there by car. Because working on the farm is tired.

通过学生的回答我们可见，学生的语言虽然简单，但是经过前几课时的学习和引导，学生对于出行方式的选择有了自己的判断与想法。

在文本处理之后，教师延续对话中主人公 Baobao 和朋友 Lingling 探讨周末出行的情景，引导学生通过听录音、选择的形式，了解 Lingling 的周末出行选择（如图 2）。

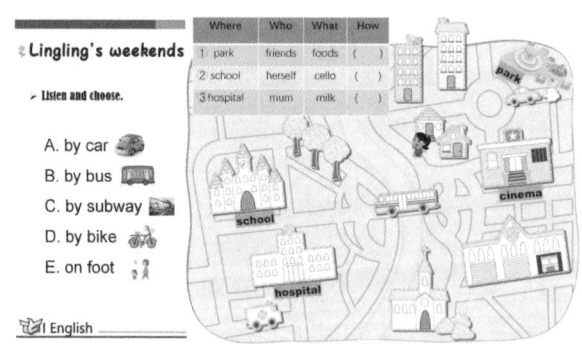

图 2 听力活动任务单

在情景设计与听力文本的编写过程中，教师加入了距离、同行人、携带物品等多维度因素，学生在听、做、思考和讨论的过程中，形成从多角度考虑来选择出行方式的意识,达成单元教学目标。

通过每一个子课时的练习与渗透,学生逐步构建单元知识框架体系、培养个人思维能力,从而达成单元的语言知识及学科育人的双重目标。

(四)联系生活实际,优化单元作业

英语作业的设计要注重单元设计,这是课堂教学有效性的保证,也是减轻学生课业负担,提高教学质量必不可少的手段。结合单元主题,教师将各课时作业也进行整体设计,以"家庭出行指南"为单元大任务,各子课时对应不同任务版块,组合而成每个学生的家庭出行参考指南,以海报的形式呈现单元整体任务。

在单元第一课时学习后,学生对于出行方式有了初步了解。结合二年级学生还能处于字母、单词书写练习阶段的特点,教师将单元任务第一板块设计为交通出行方式简介。以画图及描写单词的方式,帮助学生巩固课堂所学。

随后,学生进行单元第二、三、四课时的学习,并对应完成单元任务中第二板块内容——使用文本中的重点问答语句了解家人的日常出行方式,并以剪贴的方式完善出行表格。经过单元新授课时的完整学习,学生对于影响出行选择的因素有了初步了解。教师带领学生以思维导图的方式进行梳理,完成任务第三板块(完整单元大任务模板如图3)。

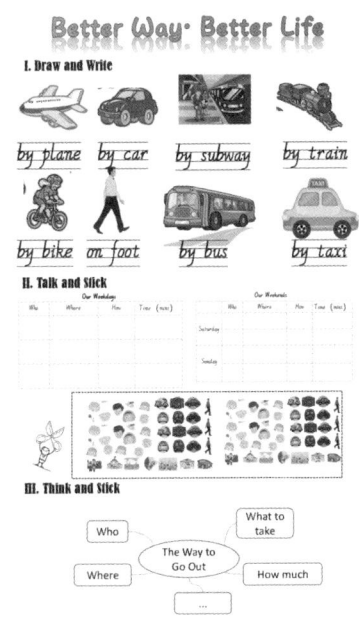

图3　任务单大任务模板

基于二年级的年龄特点及作业要求，教师设计单元大任务单主要以剪贴、对话等方式完成。学生在此过程中，将所学语言在日常生活中进行使用，并结合课堂所学进行归纳总结。

四、结语

低年级学生如何能够在有限的课时内高效进行学习，如何能够在有意义的作业设计中有所收获，是我们每一个教师都应该不断思考与摸索的。以单元为单位的整体设计、实施及任务设计，有助于帮助学生在有关联、有层次、有内涵的教学活动中激发学习兴趣、习得语言知识、提升语言能力能力、培养思维品质、助力学生英语学科核心素养的发展。

小学英语词汇类作业的设计研究

北京市昌平第二实验小学　高存

作业是英语学科教学的重要组成部分之一。教师亟须围绕核心素养而开展英语学科的作业设计。在作业设计上要遵循目标性、科学性、多样性、趣味性等原则。鉴于"双减"政策的要求和作业设计的原则，本文将基于自主学习理论，探讨英语词汇类作业的设计策略。

一、研究背景

（一）国内英语词汇教学策略的研究现状

从现有研究来看，词汇教学策略多从教学角度出发，对学生自主学习词汇的策略研究较少。另外，词汇类作业形式及学生单词记忆方法单一。如何有效设计小学英语词汇类作业，提高学习的趣味性、主动性和有效性是本文的研究问题和重点。

（二）自主学习能力的含义及影响因素

为确保学生在减轻过重的作业负担和课后不必要的培训负担后，依旧学有所长、学有所成。因此培养学生的自主学习能力至关重要。学习动机和学习策略是影响自主学习的关键性变量（庞维国 2001）。基于此，本文将基于自主学习能力培养的视角，探索小学英语词汇教学的实践策略。

二、基于自主学习能力培养的词汇类作业设计实践

（一）趣味化作业形式 激发学习动机

1. 利用游戏布置口语交际类作业

词汇积累对学生英语阅读及理解至关重要。教师利用词汇类游戏，消除学生对此会学习的无聊感和抵触感。在课堂上，教师可利用 Hangman 游戏让学生猜课本内新授词汇。

2. 借助任务单趣化词汇拼读作业

为了便于学生加强词汇拼读意识，让学生做到听音识词与拼词。更重要的是要引导学生通过动图、图片、英英释义等方式帮助学生理解词义，学生根

据词义也能准确识别与拼写出词汇。教师要善于挖掘网络信息平台,给学生留一些趣味化作业。例如结合单元重点词汇,通过信息化手段在线生成 Words Puzzle 和 Crosswords Puzzle 图让学生完成。

3. 自主积累与分享的作业形式树立学生自信心

教师利用课前三分钟开展"词汇记忆诀窍"分享活动,在课堂上强调了词汇学习的重要性,并展示了词汇记忆的趣味方法,例如拼读法、谐音法、词汇结构记忆法(复合词、前缀、后缀、词根等)、联想记忆及形象记忆法。在导读课中,师生共同建构出一个趣味活动 – 单词大师,制定了活动规则及反馈奖励机制。同时教师为学生提供以下分享的语言框架:

After reading 阅读内容的标题 _, I learned a word 学习到的单词 The word shows us 分析单词的结构 . When you want to remember it, you can 具体如何记忆。

4. 及时评价,提高词汇记忆的满足感

当学生分享完,班级采取生生间的评价和教师评价。评价的维度包括:单词的难易度、词汇记忆方法的趣味性和有效性、词汇应用的频度等。教师根据学生的反馈给予学生最终的反馈和评价,每周结算分数兑换学校的龙币,每个月选出三名单词大师,颁发奖状。在这个过程中,学生参与性强,满足感高,有效提高了学生自主学习词汇的动力。

(二)多元化读写作业形式 丰富词汇学习策略

激发学生学习英语词汇动机后,学生从理解词汇到应用词汇过渡,要利用多元策略帮助学生掌握词义、词意及词用。例如,教师可巧用导图、任务单、词卡等方式帮助学生深刻掌握词汇。学生只有在掌握记忆词汇的策略后,才会自主制作词卡积累词汇。

1. 导图类作业,多维感知词义

经调研得知,班级里80%的学生在遇到英语生词时,会直接使用手机翻译。由于脱离情境的查词,不利于学生掌握词用。基于此,教师设计了词汇导图,内容包括:1. 词典中的定义或自己对词的定义;2. 用小符号表示词汇的同义词、反义词;3. 自己造句;4. 绘图直观展示词汇含义。除了这样的词汇导图单,教师还可设计中心词风暴图、词汇分类导图等。

2. 结合语境的作业,深度理解词意

为了深度理解词意,除了查阅词典,也可锻炼学生在语境中猜词,培养学生的语篇意识。在教授词汇时,策略较为多元,如提前教授,结合语境感知,自主阅读理解等。在讲授小说 The Year of Billy Miller 第一章时,教师选取了文中语段,设计学习单并提供语言框架,让学生在语篇中猜测词汇意义。

3. 借助词汇云图，分层创写或创编故事

在阅读教学中，教师可借助语篇中的高频词，利用可视化数据驱动教学。学生通过高频词猜测故事内容，分层讲述或创写故事内容。词汇云图形式直观，在讲述与创写故事的过程中学生积极性高。因此，词汇与语篇的理解是相辅相成的，应该充分利用词汇及语篇内容的特点及优势设计教学。

4. 巧用词卡，发展自主词用能力

学生自主学习能力的养成过程也是教师一步步撤离教学支架的过程。基于自主学习能力养成的步骤，在词汇教学中，教师依据支架式教学理论实施教学，实现自主选择词汇、积累词汇到形成词卡集。这一过程不仅帮助学生养成自主学习的能力，而且提升了学生学习词汇的满足感和自我效能感。

三、总结与启示

综上所述，本文基于培养学生自主学习能力的视角，开展了小学英语词汇类作业的设计研究。影响学生自主学习能力的两大关键因素：学习动机和学习策略。本研究基于这两大因素，探讨了词汇类作业的设计形式与原则。

第一，趣味性原则。教师首先基于动机理论引起了学生学习词汇的兴趣。将游戏引入课堂，开展口语交际类作业，激活英语课堂。

第二，多元性和科学性原则。在学生产生词汇记忆的动机后，教师可教授学生掌握词汇的科学策略。如利用词汇导图、语境中理解词意及高频词驱动教学。

第三，应用性和创造性原则。教师可逐渐撤去脚手架，让学生利用所学策略，自主创造与制作词卡，培养自主学习能力。

总之，在词汇教学过程中，词汇教学目标和方法要明确和具体，词汇教学的过程要有系统性和可操作性，词汇类作业要遵循趣味性、多元性、科学性、应用性和创造性的原则。笔者认为要结合学情和教学内容，设计丰富有趣的课堂作业和创意应用性的课后作业。这样不仅有利于学生掌握词义与词意，深刻理解与应用词汇，还有利于培养自学能力和阅读素养。

基于单元主题的教学设计

——以人教版小学英语三年级上册Unit5 Clothes第2课时为例

中国人民大学附属中学昌平学校　马媛媛

一、引言

2022年版《义务教育英语课程标准》提出：英语课程要以主题为引领选择和组织课程内容，推动实施单元整体教学。教师要强化素养立意，围绕单元主题，充分挖掘育人价值，确立单元育人目标和教学主线。

北京教育学院张金秀教授解读到："提质增效"即做到高质量教学。那么如何在单元主题下实施有效的课时教学呢？笔者以人教版新起点小学英语三年级上册 Unit5 clothes 第2课时这一单元的教学设计与实施过程为例，说明如何通过单元主题教学设计达成高质量教学，以达到提质增效的目的。

二、单元整体教学设计案例分析

（一）深入解读教材，厘清单元主线思路，实现学生主题语言发展

在单元主题上的设计要有"站得高 看得远"的意识，以单元整体目标为原点，发散设计分目标。

1. 剖析单元话题，提炼育人素养

本单元的话题是：Clothes（服饰），属于人与自我主题语境。学生通过本单元的学习能够根据不同天气，不同季节，不同场合，选择相应的、得体的服饰，并给他人建议。在合理的情况下，可以根据自己的喜好选择服饰，学会欣赏自己的美。

2. 创设整体情境，明晰主线思路

本单元学习以穿衣顾问大赛为线索，学生在完成小任务过程中，在语境中习得语言，帮助有穿衣难题的小朋友，成为优秀的穿衣顾问，学有所用。笔者整合教学资源，设计有关大赛的听说读写小任务。

（二）建立单元整体教学框架，实现学生语用能力发展

本单元的话题是：Clothes（服饰），属于人与自我主题语境。笔者基于单元内容，重塑课时教学流程框架：Lesson1，学生学习服饰词汇，建立语言基础，为后续运用语言打下基础；Lesson2 为会话课，学生学习主要功能句：What should I wear today?You should wear... . 并在合理的情境中正确运用；Lesson3 为围绕服饰话题的阅读、写作课；Let's Spell 为字母 u 在闭音节的发音规律和练习；Let's Check 为学生通过听力、阅读、书写、表达来检测本单元掌握情况；Fun Time 以图文结合方式，介绍了服装的质地和材质来源；Story Time 以小故事的方式复习本单元部分内容，阐述不盲从、学会欣赏自己的美的道理。

具体来说：在每课时的学习中，循序渐进的设置小任务，学生顺利完成小任务后获得勋章。单次课时累计一定数量的勋章，即晋级到下一次比赛。（极个别不能晋级的同学，笔者课下单独辅导，提出符合其学情的分任务）。每次课上都有自评、他评、师评，本单元最后一节课上进行"你就是最棒的穿衣顾问"颁奖环节。此外，单元教学中补充运用一些视频、绘本等补充材料，提升学生对单元话题的认知层次。

（三）构建教学评一体化，实现可持续发展

1. 本课时教学设计说明

本课为第二课时，在本单元教学中起到承上启下的作用。本课为会话课，学生学习主要功能句：What should I wear today?You should wear... . 并在合理的情境中正确运用。学生通过主题情境图 Ann 和 Andy 的故事及补充场景，提炼总结：我们应根据不同天气，不同季节，不同场合，选择相应的、得体的服饰。并通过头脑风暴，尝试说出更多应该选择衣物时的考虑因素。

2. 本课时教学活动实施

在教学设计时，笔者将 B 项根据季节穿衣的内容融入整体的情景，具体实施方法是：在学习 A 项内容后，介绍 Ann 的朋友们在不同的城市，国家，他们早晨起床后不知道穿什么衣服合适，我们来帮帮他们；通过不同方式（声音、图片、视频、谜语）呈现小朋友所在的四个季节，期待学生积极参与课堂以给这几位小朋友穿衣建议，操练语言。

由于 Andy 的穿衣问题要考虑到场合因素，因此将主情境图中 Andy 的部分设置在上述环节后，具体实施方法是：Andy 也有一些穿衣小问题，我们来给他建议；并将 C 项书写活动置于最后的综合输出活动中，将穿衣建议书写在任务单上并进行评价。

综上所述，本课时设计重点关注学生的语言能力，思维品质，学习能力。

就语言能力这一点来说，不论是将每个课时的小比赛，还是整个单元的大赛，都在单元的大情境下。

3. 融入主题化评价促提升

本课时使用授勋章、奖杯进行评价，呼应"小小穿衣顾问"比赛的情境，以此判断学生完成学习目标的程度。

（四）设计分层、实践性单元作业，实现学生自适应个性化发展

在单元作业设计上也是依照"服装大赛"和教学流程的思路来设计的。学生通过收集每课时的课堂练习和和课后任务单，及时更改、装饰，制成这次服装大赛的小册子进行分享和展示。学生的单元作业无唯一答案，是多样的。

具体来说，第二课时设计了制作折叠书的任务，即在不同天气、场合等因素下，你选择什么样的衣服。这样的作业需要为学生提供示例，鼓励差异性。让学生多样选择，满足个性发展。遇到语言拼写问题可以先画图，再查阅，关注学生差异性，鼓励其自适应发展。

（五）课堂活动补充说明

1. 板书设计帮助学生理清思路，促思维发展

板书设计有关于"What should I wear today？"的思维导图，涉及本课讨论的穿衣方面的几个因素：天气 weather，季节 season，活动 activity 等。并为学生留有空白，希望在穿衣问题上留给学生更多思考空间。

2. 关注学生差异，让其自主选择表达方式

不仅要关注程度低的学生，给予帮助。还要关注程度高的孩子，让他们学习更有挑战性，乐于参与课堂。将传统的角色扮演进行设计，可以根据自己小组情况选择展示朗读全文或挖空后的课文。同一活动对于不同层次的学生都有展示机会。

三、结语

聚焦主题意义的单元整体设计让教师讲授和学生学习更加有逻辑、有意义、有结构。我们从单元主题出发，站在宏观角度进行设计，打造出层层递进的课时目标。通过巧妙安排课时的教学活动，帮助学生内化语言，提升能力，拓展文化内涵，以此来落实提质增效，使教学相长、教有所乐。

基于大观念的高三英语复习课教学设计
——以听说课为例

首都师范大学附属回龙观育新学校　钟烨

本文尝试在大观念的引领下，按照单元整体教学的方法设计高三英语复习课，实施路径为：整合课本语篇，构建主题引领的学习单元；根据高考评价要求，补充课外语篇，制定单元整体教学目标；制定课时目标，设计与前后课时紧密衔接的教学活动。基于大观念的高三英语复习课旨在使教学内容结构化，使高三复习高效化，从而提高学生运用所学知识灵活解决实际问题的能力。

【关键词】大观念；高三英语听说复习课；单元整体教学；教学设计

一、引言

目前，高三英语复习课主要存在以下问题：复习脱离课本；使用题海战术，缺乏系统、结构化的复习安排；缺乏对学生思维深度的拓展。故大观念对于设计高三英语复习课具有重要的现实意义。

二、大观念的内涵和特征
（一）大观念的内涵

大观念，英文为 Big Ideas 或 Big Concepts，常被译为大观念或大概念。早在1902年，教育学家杜威提出，教师应把学科知识"心理学化"，从而形成大观念。关于大观念和学科内容之间的关系，Bruner. J. S 提出，教师教授学科内容时，要帮助学生理解该学科的基本结构，从而帮助学生解决遇到的各种问题。在此基础上，Clark. E 进一步阐释了观念和大概念之间的关系，提出观念是理解和联结小观念的大概念。H. L. Erickson 认为大概念是核心概念，大概念把碎片化的知识联系起来，是深层次的、可迁移的概念。Wiggins 和 Mctighe 提到，大概念是学科的核心概念，是处于学习中心位置的观念，大概念把不同的知识点连接起来，并可以迁移到其他情境中。顿继安、何彩霞指出，大概念能将零散的、碎片化的知识点联结起来，并能运用到具体的情景中，从而帮助学生迁移到新的情境中。王蔷指出，大观念不是具体的知识，而是知识背后的知识，是学科知识背后的本质内容，大观念是深层次的、有意义的、可迁移的核心观念，对于教学过程具有统摄作用。

（二）大观念的特征

1. 中心性

大观念是聚合概念，大概念位于学科的中心位置，体现了学科结构和学科本质。

2. 持久性

大观念是核心概念，能够用于解释学生遇到的问题，贯穿学生的一生。3. 网状性

大概念呈现网络状结构，包括学科内网络结构和学科间网络结构。学科内大概念网是指将某一学科进行纵向联结，不同学段以大概念为中心进行课程内容的选取和组织，是课程设计的关键线索。

4. 可迁移性

大观念能够帮助联系零散的主题与技能，从而可迁移到新情境中用于解决问题。

综上所述，大观念不是学科具体的知识内容，而是指具体知识背后的知识，是学科知识背后本质的知识。

三、基于大观念设计高三英语复习课的实施方法

在大观念的指导下，根据主题整合语篇，构建完整的教学单元是实现高三英语复习课逻辑化、系统化、结构化的有效路径。

整合课本语篇，构建主题引领的学习单元。高三复习课更加强调教材语篇的深度融合，这就要求教师研读所有教材的所有语篇，挖掘各个语篇之间的逻辑关系，将不同单元中表达同一话题的语篇进行重组，构建学习单元，从而实现教材中不同单元语篇的深度融合。

根据高考评价要求，补充课外语篇，搭建完整学习链，制定单元整体教学目标高中英语复习课需要两手抓，一手抓课本语篇，一手抓课外语篇。教师在根据主题重组教材语篇后，需结合高考评价的要求，补充同一话题的课外语篇，从而在教材语篇的基础上，培养学生多方面的语言能力，帮助学生灵活地运用所学处理实际问题。

另外，教师补充课外语篇时，还需注意学生思维的连贯性。最后，教师根据语篇和学情，确定学生的发展点，制定单元整体教学目标。

制定课时目标，设计与前后课时紧密衔接的教学活动与单独课时的教学不同，单元整体下某一课时的教学更加强调该课时与前后课时的联系。故设计单元整体教学下某一课时的课时目标时，应设计与前后课时紧密关联的教学设计，最终指向单元的整体输出。

四、基于大观念的高三英语复习课教学案例分析

在教学实践中，笔者设计了如下的单元整体教学和该单元下听说课的课时教学设计。

1. 整合课本语篇，构建主题引领的学习单元

高中英语教材中的各个语篇围绕"人与自我""人与社会""人与自然"三大主题语境展开。笔者整合了必修三U8和选择性必修一U3单元的语篇，确定"人与自然"复习单元。本单元的单元大观念为学生深刻理解人与自然的关系。以下是本单元的单元教学框架图，如图1所示。

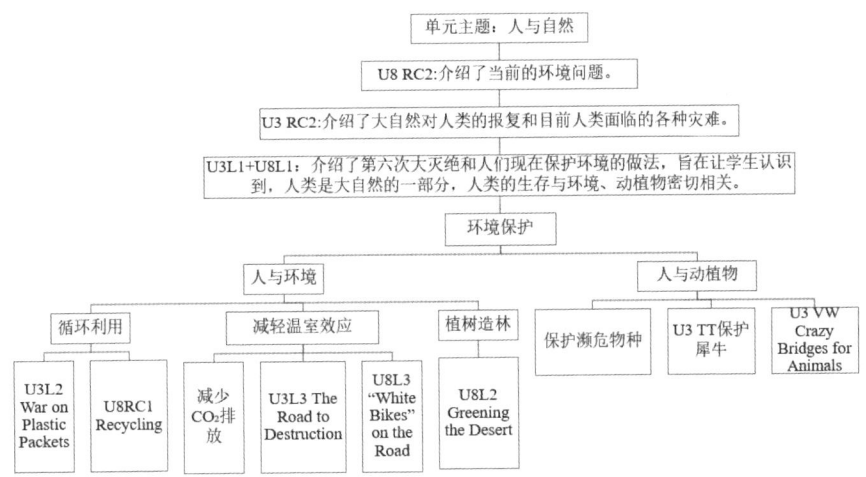

图1 "人与自然"复习单元的单元教学框架图

根据高考评价要求，补充课外语篇，搭建完整学习链，制定单元整体教学目标确定复习单元后，笔者根据单元主题，选取了与高考难度相近的语篇，进一步完善单元内容。

例如，"循环利用"学习单元包含选择性必修一U3L2 War on Plastic

Packets 和必修三 U8Reading Club1 Recycling。War on Plastic Packets 这一语篇包含两个听力语篇，第一个听力语篇主要介绍了塑料包装有哪些坏处，第二个听力语篇主要介绍了可以减少使用哪些塑料包装，可以循环利用哪些塑料包装。

基于该复习单元的主题，笔者选取了一个听力语篇、一个阅读语篇和一个写作语篇，进一步完善了复习单元。听力语篇的标题是 The New Recycling Program，该语篇介绍了一种新的垃圾回收利用项目。该语篇可以给学生带来启发，除了可以通过减少垃圾的产生这一方式减少垃圾外，还可以采用另一种方式——回收利用垃圾。补充的阅读语篇讲述了通过升级改造旧物减少垃圾，从而进一步扩展了前两个语篇的主题意义。最后，本单元的单元输出活动是，写一篇演讲稿，向同学们介绍如何循环利用不需要的东西，旨在使学生将回收利用和变废为宝主题相关的语言迁移到新的情境中解决问题。教师根据单元语篇和学情，制定了"循环利用"复习单元的单元教学目标（图2）。

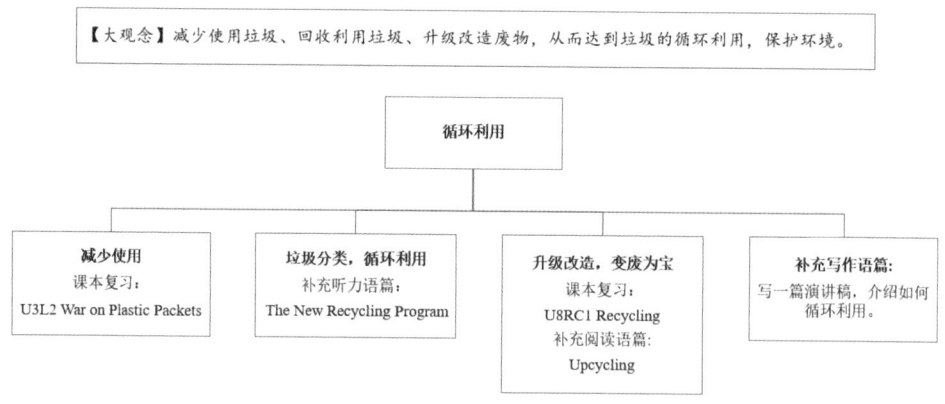

图2 "循环利用"复习单元的单元教学框架图

3. 制定课时目标，设计与前后课时紧密衔接的教学活动

笔者以"循环利用"复习单元中的听说课为例，探索了单元整体教学中听说课的教学设计（图3）。听力语篇 The New Recycling Program 是一则通知，主要介绍了垃圾分类的过程和招募志愿者。听力语篇中出现了很多话题相关词汇，如 sort the rubbish、deal with the rubbish 等。

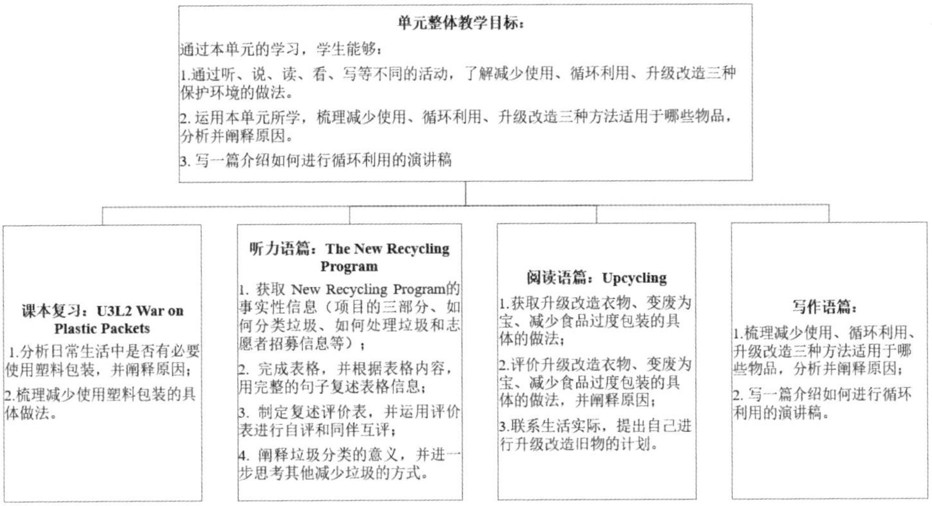

```
┌─────────────────────────────────────────────────────┐
│ 单元整体教学目标：                                    │
│ 通过本单元的学习，学生能够：                          │
│ 1. 通过听、说、读、看等不同的活动，了解减少使用、循环利用、升级改造三种 │
│ 保护环境的做法。                                     │
│ 2. 运用本单元所学，梳理减少使用、循环利用、升级改造三种方法适用于哪些物品， │
│ 分析并阐释原因。                                     │
│ 3. 写一篇介绍如何进行循环利用的演讲稿                │
└─────────────────────────────────────────────────────┘
```

课本复习：U3L2 War on Plastic Packets	听力语篇：The New Recycling Program	阅读语篇：Upcycling	写作语篇：
1. 分析日常生活中是否有必要使用塑料包装，并阐释原因；2. 梳理减少使用塑料包装的具体做法。	1. 获取 New Recycling Program 的事实性信息（项目的三部分、如何分类垃圾、如何处理垃圾和志愿者招募信息等）；2. 完成表格，并根据表格内容，用完整的句子复述表格信息；3. 制定复述评价表，并运用评价表进行自评和同伴互评；4. 阐释垃圾分类的意义，并进一步思考其他减少垃圾的方式。	1. 获取升级改造衣物、变废为宝、减少食品过度包装的具体做法。2. 评价升级改造衣物、变废为宝、减少食品过度包装的具体做法，并阐释原因。3. 联系生活实际，提出自己进行升级改造旧物的计划。	1. 梳理减少使用、循环利用、升级改造三种方法适用于哪些物品，分析并阐释原因。2. 写一篇介绍如何进行循环利用的演讲稿。

图 3 "循环利用"复习单元的单元教学目标

在单元大观念的引领下，本课的教学设计具有以下特点：

（1）与前后课时内容联系紧密。本课通过讨论塑料垃圾的处理方式复习了上节课的内容，通过引发学生思考减少垃圾的其他方式，引出下节课的学习主题 upcycling，这三节课主要介绍了减少垃圾的三种方式"减少塑料的使用—回收利用—升级改造旧物"，有助于学生形成关于"循环利用"主题的结构化知识。

（2）设计核心问题链，促进学生思维深度发展。教师通过设计"处理塑料垃圾的方式—回收利用垃圾—深入理解回收垃圾的意义—思考其他处理垃圾的方式"等一系列问题，能够帮助学生在主题引领下进行深度思考和分析。

（3）教、学、评一体化的活动贯穿教学始终。本节课所使用的评价活动有听前预测、师生共建评价标准、学生的自评和互评、教师评价等，从而使学生成为评价的主体，不断引导学生发现问题，调控学习行为。王蔷、李亮认为，教学评一体化有效地整合教师的教、学生的学及学的成效三个密切关联、相辅相成的课堂关键要素，对提高教师的教学效果、促进学生有效学习，落实核心素养目标、实现学科育人具有十分重要的意义。以下为师生共建的评价表（表1）。

Evaluation Sheet
1. Does he/she use complete sentences to retell all the points in the table?
2. Does he/she use correct personal pronoun?
3. Does he/she use correct tense?
4. Does he/she use linking words to link the sentences?

表 1 听力语篇 The New Recycling Program 中师生共建的评价表

五、结语

崔允漷认为，指向学科核心素养的大单元设计是学科核心素养落地的关键路径。它对于改变当前部分"高分低能、有分无德、唯分是图"的育人结果，对于改变"知识点、习题项、活动控"为标志的课堂教学，及其导致师生"忙得要死却碌碌无为"的现状具有重要意义。在基于大观念的高三英语单元整体教学中，学生能获取结构化知识，并将所学知识灵活地迁移到新的情境中解决问题，促进知识转化为能力，能力转化为素养。

创新小组合作学习模式 构建英语高效课堂

首都师范大学附属回龙观育新学校　高雅琦

创新教学方式，向课堂要效益、要质量，即构建高效课堂，是不二的选择。结合多年的教学经验，笔者参照"学习金字塔"理论，针对不同的教学内容和任务采用不同的小组合作学习方法，构建和实施"研讨学、实践学、讲授学"有机融合的创新教学模式，让英语课堂更加高质高效。

一、构建高效英语课堂的瓶颈与突破口
（一）高效英语课堂的瓶颈
1. 学生被动学习的情况较为普遍

多年以来，核心素养教育和学生主体地位的理念比较深入人心。但是在实际教学中，被动学习的课堂却不少见。教师反复讲授并强调重难点，学生则通过死记硬背知识点、大量的练习和小测以巩固所学内容。学生的核心素养并未得到提升，被动学习的情况较为普遍。

2. 学生缺乏生生交流互动的机会

生生交流有利于促进学生学习的主动性和参与性，提高课堂教学有效性。但在教学实践中，以教师为主导的课堂仍占多数，在课堂中实施自己的想法，将其强加给学生，没有为学生提供深入文本思考及与同伴互动交流的机会。课堂中生生互动现场交流的机会少，导致学生没能内化所学，也谈不上迁移创新，未能达到语言学习的真正目的。

（二）构建高效英语课堂的突破口
1. 研读"学习金字塔"理论，在理论上寻求突破与支撑

学习金字塔理论是美国缅因州国家训练实验室的研究成果。它用金字塔模型和具体数字说明：采用不同的学习方式，学习者在两周后的平均学习保持率不同，即还能记住内容的多少不同。比如，以语言学习为例，学生以单纯听讲的方式学习，两周后学习的内容只能记住5%；以阅读、视听、演示的方式学习，两周后学习内容的留存率分别10%、20%和30%；而以讨论、实践、教授他人的方式学习，两周后学习内容的留存度可分别达到50%、75%和90%，如图1

所示。

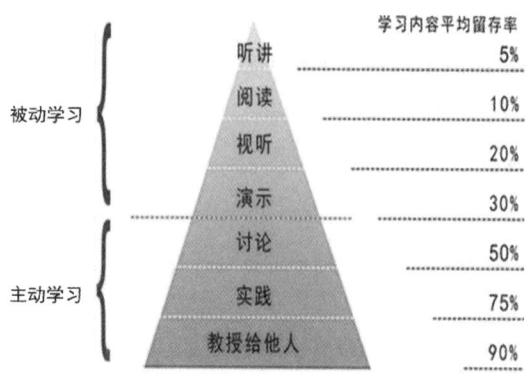

图 1　学习金字塔模型

以上学习金字塔模型中，位于上段的四种学习方式，是以教师为中心的传统授课方式，学生没有参与课堂内容，主动性、积极性受到抑制，创造性思维和潜能没能很好地发挥，学习效果相对较差。模型中下段的三种学习方式是以学生为主体的教学方式，教师更关注学生的参与度，调动了学生的学习主动性，锻炼和发展了学生的多种能力，学习效果良好。

2. 确立小组合作学习的基本方向，在实践上寻找突破口

相对于传统课堂，小组合作学习则是以学生为主体、学生主动学习的有创造性的课堂。学生在小组内主动参与讨论、同伴间相互分享经验启发思维、合作完成教学任务。期间，教师的任务是为学生创造小组讨论的机会和教授他人的平台，学生则在共同探讨中，在思想、方法和能力等多个方面获得更大的进步。

以上小组合作学习的做法，与"学习金字塔"模型中讨论、实践、教授他人的基本路径和方法相一致。因此，以学生为主体的小组合作学习方式可以作为英语高效课堂的重要突破口加以贯彻实施。

二、建构高效英语课堂的途径和方法

结合初中英语教学内容的特点，利用"学习金字塔"理论，将"讨论""实践""教授他人"的高效学习模式植入课堂，构建学生主动学习的课堂创新模式。

1. 基于问题引导的讨论学习

参照学习金字塔理论，结合教学实践的经验理解和把握"讨论"这一学习方式的内在要求，学生面对教师设计的问题开展充分的小组讨论，可以在知识和能力等方面有更大的获得。

例如宾语从句的学习，教师事先设计学案及问题（如表1）。通过导入和文本学习让学生初步感知宾语从句的构成特点及意义，组织学生按既定的小组开展讨论并分享他们的想法。最后，教师根据学生分享的情况和存在的问题进行点拨和指导，引导学生做进一步的梳理和总结。

表1　宾语从句学案

请以小组为单位，观察宾语从句的结构并讨论宾语从句使用时注意的问题。

宾语从句	变成宾从之前的句子（原句）
Mary thinks that it was a great day.	It was a great day.
Bill thinks that the races were really interesting to watch.	The races were really interesting to watch.
Bill wonders if they will have the races next year.	Will they have the races next year?
I asked Tom where the restrooms were.	Where are the restrooms?
I asked Tom when the store closed.	When did the store close?

请各小组讨论并完成相应的问题：
1）原句的句子种类：陈述句、_____、_____。
2）陈述句在变成宾语从句后语序有变化吗？什么变化？
3）_____（哪个种类的句子）在变成宾语从句后语序有变化？什么变化？
4）主句动词如果是过去时，宾语从句的时态为_____。
5）主句动词如果是一般现在时，宾语从句的时态为_____。
6）That 和 whether/if 的用法区别是_____。
7）连接词 that, whether/if 哪个可以省略？为什么？

以上小组讨论环节，教师完全放手，让学生以小组讨论的方式进行观察归纳，其目的是引导学生在互动中主动思考、激活想法、生成结论。教师作为组织者、管理者、促进者，在学生讨论遇到问题时适时给予思路点拨。对学生的大胆质疑，教师及时给予充分肯定和鼓励，让学生在质疑中求索、在争辩中明理、在合作中进步。

2. 基于"做中学"的实践学习

参照"学习金字塔"理论，结合教学经验理解"实践"的意义，体会实践作为最有效的学习方式之一对学业精进的作用，尤其注意实践中合作互助、取长补短对学业进步的积极影响。

例如英语写作课，教师让学生在亲自动手、实际训练中巩固写作的技巧、提升写作能力。大量的教学实践表明：在一稿作文修改时进行小组合作、互助批改，能大大地提高写作的水平。以下英文写作的"六环节具体操作法"可见一斑。

（1）审题环节：小组讨论、教师引导共同确定写作方向，明确写作基本标准。

```
人称：_____
时态：_____
内容：_____
```

（2）发现问题及改进环节：阅读优秀作文案例和问题作文案例（如下表），经过小组合作讨论，就需要改进的问题达成共识，并明确评分标准和注意事项。

问题案例1（片段节选）：
I am writing to thank you for your help. He help me. he teach me many things first. He teach me to sing English song. It is not difficult. Second, he teach me grammar. I think it one of the best ways to learn English.　　得分：_____
主要问题：_____；_____；_____；_____；

（3）展示分享评分表环节：教师邀请学生代表分享小组讨论的评分表内容，并根据学生的分享情况，总结要点，供大家参考。

评分的主要项目（评分点）：

是否分段	…	…			

（4）组内互评、推优环节：小组成员根据评分表反映的问题完成修改，并对同伴的修改稿进行评价，推荐出优秀作文。

有分段	Question1 具体可行	Question2 至少2个活动描写	句式/用词丰富

（5）全班分享环节：将小组推荐的优秀作文在班级朗读分享，分析优点，学习好词好句，记录在案，做好积累工作。

（6）反思与再改进环节：学生反思自己作文中的不足，根据评分表判断问题，重新梳理写作思路，完成二稿写作。

以上英文写作中小组讨论确定写作标准及进行自主评定、自我修正的参与式学习中，教师只是作为"组织者"和"管理者"提出一稿作文的主要问题。学生则是通过案例学习到了规范写作的基本标准、如何具体措辞描述的技巧、如何使用好词句表达意义的方法。这样的"做中学"的小组合作，也降低了学习的难度、节约了时间。

3. 基于"优帮差、差促优"的讲授学习

参照"学习金字塔"理论，结合学习实际总结"教授给他人"的方法技巧，体会"教授别人或对所学即时应用可达到90%以上效果"的价值，在相互帮扶中共同进步。

例如试卷讲评课，采用小组内"优帮差""差促优"的同伴讲授方式，对不同层面学生在知识的吸收率、表达能力的提升等都有积极影响。从以下"四环节试卷讲评法"可以见得。

（1）提出问题：小组成员结合自己的答卷实际提出存在的问题或困惑。这些问题不仅对同伴有启发意义，也能更多地激发同学探究的欲望。

（2）自主探究：面对实际问题，引导学生独立观察、分析，积极寻找解决问题的方法，或者提出问题及疑惑，以相互启发思维。

（3）教授他人：学生根据教师的提示和引导，为同伴讲解思路、做方法点拨，以化解同伴的难题，也使自己得到历练和提升。

（4）展示分享：小组为单位邀请一位"问题先生"为全班做展示，并分享在上一环节中同伴教授的收获。借助这一方式，更多同学得到教育，赢得额外的收获。

以上组内互助、组间竞争的试卷讲评课，是以学生为本的团队学习、主动学习。优秀生讲解思路、点拨方法；"问题先生"认真学习、消化吸收。这种"优帮差""差促优"的学习方式符合"学习金字塔"理论的基座效应，有助课堂效率的提升。

三、构建高效英语课堂的机制与技巧

提高小组合作学习的效能，需要借助教师的组织能力、经验、评价反馈，更需要建立良好的运行机制和用好技巧。以下三方面是高效合作的关键。

1. 科学分配小组成员

由教师主导的参照成员的性别、性格、学习能力、合作意识等因素编排小组的做法较为科学有效。教师在分组时，以男女生比例均衡为宜。同时考虑性格互补的问题，将外向的、善于沟通和组织管理的同学，与这些方面相对弱的同学进行组合。人数不宜过少，一般以4人适宜，每组选出一名组长，负责在活动中进行组织，分配任务，督促进度，管理纪律等。

2. 建立多元评价机制

评价机制的合理与否对成员的学习热情、学习效率都有比较大的影响。多样化的评价机制更有助于学生的进步与发展。

首先，集体评价。个人目标的达成要依托于集体目标的实现，集体目标的实现取决于各成员的努力程度，避免个人英雄主义，歧视或逃避合作等现象。

其次，树立典型。对合作效果好的小组给予表扬，并树立榜样，请其向全班分享经验和做法。这一做法不仅能带动学习效果更大提升，而且能培养学生竞争的意识。

最后，评价及时。在合作学习刚刚结束时教师就要进行反馈评价。口头表扬会激发小学习兴趣和热情，及时提醒会帮助小组以后避免出现类似的问题。

3. 正确处理个体独立学习与同伴合作学习的关系

在合作学习之前，教师应给予学生独立学习思考的时间，引导学生独立观察、比较、分析、归纳、提出疑问，以便在合作学习时进行集体讨论。程度弱的成员提出自己的疑惑，有能力的成员用自己梳理的思路为大家讲解。如果没有独立思考的环节，各成员在讨论时会出现每道题都要讲，每个细节都要考虑的情况，既浪费时间无针对性。

综上所述，本文以初中英语高效课堂的构建为目标，利用"学习金字塔"理论，坚持以学生为主体，通过小组合作的教学方法，构建了"研讨学、实践学、讲授学"相结合的创新教学模式，强化了不同层次学生、不同教学内容的适应性，并通过科学的小组组织和合理的小组运行方式，保障了小组合作学习长期的有效性。

初中英语作业设计

北京市昌平区回龙观学校　管廷娥

教育政策要求创新作业内容和形式，紧密联系现实生活，提高作业质量，激发学生学习和探究的兴趣。但是，目前的初中英语作业仍然存在内容随意性、形式单一性和评价滞后性等一些现实问题，不仅没能有效发展学生核心素养，促进学生全面发展，反而加重学生的学习负担。

一、初中英语作业目前存在的问题

（一）作业内容随意，缺乏系统性和目的性

英语新课标提出践行学思结合、用创为本的活动观，要引导学生联系个人实际，运用所学解决现实生活中的问题。但是，许多教师仍然只重视学科知识，割裂与现实生活的联系。有的教师布置作业时随意性太强，没有单元整体概念，不同作业之间的结构性联系。有的教师忽视学生的认知发展和差异性，效率低下，加重学生作业负担。

（二）作业形式僵化单一，缺乏多样性和丰富性

英语学科既需要落实基础语法知识，也需要提高口头表达能力。但是，教师更多地布置了机械性抄写作业；口头语言练习也忽略了语言在真实环境中的实践运用，难以激发学生的学习兴趣和潜能，阻碍了学生综合语言运用能力的提高。

（三）作业评价滞后宽泛，缺乏科学性

新课标要求坚持以评促学、以评促教，引导学生成为各类评价活动的设计者、参与者和合作者。许多教师觉得评价并不是必要环节，经常缺乏及时的反馈。而且评价方式比较单一，多数都是老师简单地批改学生作业，很少给予学生机会参与到实际评价中去。长此以往，学生参与度不够，会失去思考和自我成长的机会。

二、初中英语作业设计的创新实践和改进措施

好的作业应该以育人为本，作业设计目标和单元目标一致，设计科学合理，

形式多样，难度和作业量适中，并能体现选择性，满足不同学生的需求。因此，英语教师要在教学实践中不断探索和创新作业设计，更好地促进学生综合语言运用能力的发展。

（一）立足教学目标，作业设计目标明确化

单元内容是围绕单元主题结构化展开的，作业设计时也要体现作业之间的结构化和系统性，不同练习之间也要体现一定的结构性和针对性。比如，北师大版英语教材七年级上册 Unit4 Communication Workshop 这一课的教学目标要求学生能够借助文本，推断和概括培养兴趣和能力的方式及途径；借助图表分析和文章结构归纳，尝试用文段客观全面介绍自我和他人。根据单元和课时目标，我确定了本课的作业目标：（1）通过修改和完善作文，进一步内化写作评价量表，提高写作水平。（2）通过课后采访和描写，学以致用，落实课本内容的同时拓展人物描写。明确作业目标后，我设计了本课的两项作业，一是应用实践，要求学生参考写作评价量表修改和完善作文。二是迁移创新，要求学生课后采访一位同学，了解其个人信息和兴趣技能，并追问其兴趣技能养成的起因和发展途径，并给予恰当的评价。

（二）全面了解学生，作业内容适切化

教师在作业设计过程中，要密切关注学生的实际学习情况和学习特点，根据单元学习任务的要求为学生设计层次化的作业结构和内容，满足不同学生的实际学习需求。比如，复习单元单词的时候，我根据学情把学生分成了ＡＢＣ三层，并提出了不同的要求，Ｃ层学生写出单词的词汇链，Ｂ层学生在词汇链的基础上编对话或造句，Ａ层学生在词汇链的基础上需写出写完整、有意义的段落。课后朗读也有不同的要求，Ｃ层学生可以挑选其中一段认真跟读并录音，Ｂ层学生全文跟读并录音，Ａ层学生借助文本框架图复述文章并录音。这样，不同学生都有和自己能力匹配的学习任务，不会出现"吃不了"和"吃不饱"的现象，所有学生都能够体会到学习的成就感和挑战性。

（三）开拓思维，作业形式多样化和有趣化

教师要选择灵活多样的作业形式，从语言的听说读写四项技能入手均衡作业设计，兼顾书面和实践拓展作业。教师要积极创新作业内容和形式，增加作业的实践性，比如画报、采访、调查、录音、拍短视频、制作网页和公众号等。比如，七年级上册 Unit1 Family 单元学习完后，我布置学生拍一个短视频，用课上所学的词汇和句型介绍自己的家庭成员。同学们热情高涨，家长也非常配合，不仅学以致用，巩固了课堂所学知识，也提高了学生的口语水平和学习自信心。

初中英语作业设计

北京市昌平区回龙观学校　管廷娥

教育政策要求创新作业内容和形式，紧密联系现实生活，提高作业质量，激发学生学习和探究的兴趣。但是，目前的初中英语作业仍然存在内容随意性、形式单一性和评价滞后性等一些现实问题，不仅没能有效发展学生核心素养，促进学生全面发展，反而加重学生的学习负担。

一、初中英语作业目前存在的问题

（一）作业内容随意，缺乏系统性和目的性

英语新课标提出践行学思结合、用创为本的活动观，要引导学生联系个人实际，运用所学解决现实生活中的问题。但是，许多教师仍然只重视学科知识，割裂与现实生活的联系。有的教师布置作业时随意性太强，没有单元整体概念，不同作业之间的结构性联系。有的教师忽视学生的认知发展和差异性，效率低下，加重学生作业负担。

（二）作业形式僵化单一，缺乏多样性和丰富性

英语学科既需要落实基础语法知识，也需要提高口头表达能力。但是，教师更多地布置了机械性抄写作业；口头语言练习也忽略了语言在真实环境中的实践运用，难以激发学生的学习兴趣和潜能，阻碍了学生综合语言运用能力的提高。

（三）作业评价滞后宽泛，缺乏科学性

新课标要求坚持以评促学、以评促教，引导学生成为各类评价活动的设计者、参与者和合作者。许多教师觉得评价并不是必要环节，经常缺乏及时的反馈。而且评价方式比较单一，多数都是老师简单地批改学生作业，很少给予学生机会参与到实际评价中去。长此以往，学生参与度不够，会失去思考和自我成长的机会。

二、初中英语作业设计的创新实践和改进措施

好的作业应该以育人为本，作业设计目标和单元目标一致，设计科学合理，

形式多样，难度和作业量适中，并能体现选择性，满足不同学生的需求。因此，英语教师要在教学实践中不断探索和创新作业设计，更好地促进学生综合语言运用能力的发展。

（一）立足教学目标，作业设计目标明确化

单元内容是围绕单元主题结构化展开的，作业设计时也要体现作业之间的结构化和系统性，不同练习之间也要体现一定的结构性和针对性。比如，北师大版英语教材七年级上册 Unit4 Communication Workshop 这一课的教学目标要求学生能够借助文本，推断和概括培养兴趣和能力的方式及途径；借助图表分析和文章结构归纳，尝试用文段客观全面介绍自我和他人。根据单元和课时目标，我确定了本课的作业目标：（1）通过修改和完善作文，进一步内化写作评价量表，提高写作水平。（2）通过课后采访和描写，学以致用，落实课本内容的同时拓展人物描写。明确作业目标后，我设计了本课的两项作业，一是应用实践，要求学生参考写作评价量表修改和完善作文。二是迁移创新，要求学生课后采访一位同学，了解其个人信息和兴趣技能，并追问其兴趣技能养成的起因和发展途径，并给予恰当的评价。

（二）全面了解学生，作业内容适切化

教师在作业设计过程中，要密切关注学生的实际学习情况和学习特点，根据单元学习任务的要求为学生设计层次化的作业结构和内容，满足不同学生的实际学习需求。比如，复习单元单词的时候，我根据学情把学生分成了ＡＢＣ三层，并提出了不同的要求，Ｃ层学生写出单词的词汇链，Ｂ层学生在词汇链的基础上编对话或造句，Ａ层学生在词汇链的基础上需写出写完整、有意义的段落。课后朗读也有不同的要求，Ｃ层学生可以挑选其中一段认真跟读并录音，Ｂ层学生全文跟读并录音，Ａ层学生借助文本框架图复述文章并录音。这样，不同学生都有和自己能力匹配的学习任务，不会出现"吃不了"和"吃不饱"的现象，所有学生都能够体会到学习的成就感和挑战性。

（三）开拓思维，作业形式多样化和有趣化

教师要选择灵活多样的作业形式，从语言的听说读写四项技能入手均衡作业设计，兼顾书面和实践拓展作业。教师要积极创新作业内容和形式，增加作业的实践性，比如画报、采访、调查、录音、拍短视频、制作网页和公众号等。比如，七年级上册 Unit1 Family 单元学习完后，我布置学生拍一个短视频，用课上所学的词汇和句型介绍自己的家庭成员。同学们热情高涨，家长也非常配合，不仅学以致用，巩固了课堂所学知识，也提高了学生的口语水平和学习自信心。

（四）以评促学，作业评价科学化

适切的评价，可以帮助学生明确问题，不断完善自我。评价的形式可以是自评、同伴互评、教师评价等，让学生从不同的角度发现问题并进行修正和提高。在评价过程中，教师要提供评价的标准，达到教学评的一致性。教师在评价的过程中，要以引导和鼓励为主，多指出问题，少批评，多采用鼓励性语言。对不同层次的学生，评价的标准也不同，真正体现以生为本的育人理念。

为提高教学质量，减轻学生负担，需要教师重新思考课后作业的真谛。在作业设计过程中，要立足单元教学目标，明确作业目标，优化作业设计，丰富作业类型，联系生活实际创新作业设计，减负增效，并及时给予指导反馈，促进学生英语综合能力和学科素养的全面提高。

中学英语作业设计减负增效的探究

北京市昌平区第二中学回龙观校区　叶祥寿

作业设计和作业实施质量是提升教育质量的重要维度，影响学生发展的核心要素。作为奋战在教育第一线的教师，我们一定要在作业设计上做到以下五个方面：

一、作业设计量要适度

作业的设计要保证全体学生都能高质高效地完成。初中书面作业平均完成时间不超过 90 分钟，高中不超过 2 个小时。那么平均到每个学科上，英语学科的作业初中做好控制在 15 至 20 分钟以内；高中英语学科作业最好控制在 30 分钟以内。中学阶段，英语半个小时的作业量是学生心理上可以承受的，而且也能保证在集中精力的状态下高质量、高效率完成的。所以说，作业设计的适度是保证作业质量的前提。

二、作业设计要有梯度

教师在设计作业时，可以借助数学中的分解法和课堂教学中经常使用的问题链法来实现作业设计的梯度。如果学完英语应用文邀请函的内容（Greeting, beginning , body, ending, wish, signature），让学生独立完成一篇邀请函，可以将一篇整文分成三个部分来完成：先呈现要点，再修饰语言，最后添加关联。当然，问题链的方法设计作业，便于学生以问题为抓手，层层递进，由易到难，高质量完成作业任务。在高中英语北师大版高一英语必修一第二单元的写作 A True Story 作业设计中，教师提出的核心问题是：How to write a story?，并将问题分解成如下小话题：

1、When and where did the story happen?

2、Who was your story about?

3、How did the story develop?

4、Which part touched you most?

5、What was the result?

6、Why do you want to write this story?

六个问题由浅入深，由易到难，层层搭阶，让学生在轻松的状态引导下，顺利完成写作任务。

三、作业设计有包容度

不同类别的学生，在英语学科上的知识存储不一，技能运用有深浅，思维逻辑表现疏密不同。有包容度的作业设计一定是体现分层的。可以是落实到笔头的书面的，可以是鼓励学生张口的口头的，可以是培养逻辑思维的导图，也可以是拓宽文本多模态的报告，内容相同，形式不一。可以鼓励学生尝试创作简单的英语诗歌，编写英语情景剧，改编课本剧，录制短视频，范文跟读，佳作摘抄，好词好句积累。在活动中就能完成作业，既达到了作业对课堂所学的保温和巩固效用，也极大地尊重了学生不同的鲜明的个性。

四、作业设计要有深度

诚然，作业的设计一定是要关注学生的差异性的，所以不同层级的学生一定要预留不同思维深度的作业任务，尤其是对学生批判性思维的培养。具有批判性思维的人能在辩论中发现漏洞，并能抵制毫无根据的想法。以北师大英语高一必修一第三单元为例。可设计这样的作业：中学生对洋节的认识的调查。这种实践性的作业设计激发了学生的学习兴趣，同时通过实践，深度分析，增进中国文化自信，从而有助于培养学生的思维深度。

五、作业设计有关联度

作业设计不单单是指作业要关联课堂所学，还可以以另样身份引领学生熟悉试卷结构，梳理归纳考点。优秀范文的抄写帮助学生提高书写质量的同时，还可以帮助学生清晰优秀书面表达的结构设计，语言亮点，逻辑关联，思维深度，是语言积累的非常实用的一种作业设计。把教材中相对独立的段落提出来，改编成完形填空，语法填空，这样既有效巩固了课堂学业成果，也关联了考试的试卷结构，让学生在看似平常的作业中经历着考试技能和策略的训练。

精心做好作业设计，践行新课标理念，坚决落实"双减"政策，让学生在作业过程中获得不断生长的能力，提升学科核心素养是我们教师义不容辞的责任，更是社会和国家赋予作为光荣的人民教师的我们的一份神圣的使命！

深度学习视角下初中英语线上教学的实践与探究

北京市昌平区第二中学　蒋钰婷

"深度学习"一词在《普通高中英语课程标准》（2017版）中多次出现。深度学习指向理解性的意义学习、主动性的知识建构、批判性的高阶思维、高效性的知识迁移、个性化的问题解决。深度学习视角下的线上教学避免了程式化、碎片化、浅表化的学习活动。结合北师大版七下的一篇阅读文本，本文阐释了教师在线上教学活动中渗透深度学习理论的策略和方法。

一、深度学习的内涵

1976年，Ference Marton和Roger Saljo首次提出了深度学习理论，并在其文章中根据学习者获取和加工信息的方式将学习者分为深度水平加工者和浅层水平加工者。

研究者Keith Sawyer在书中比较了深度学习与浅层学习的主要特征，见表1。

表1　深度学习与浅层学习的主要特征

深度学习	浅层学习
学习者将新知识与原有知识和经验联系起来	学习者把当下内容看作和原有知识不相关的孤立的知识块
学习者主动探寻模型和内在关联，关注复杂概念等非结构化知识	学习者关注概念和原理等结构化知识，不理解其原因
学习者在理解的基础上记忆知识	学习者机械记忆知识
学习者反思自我，批判性地审视内在逻辑	学习者不反思学习过程和学习策略
学习者将所学知识应用到实际生活中	学习者无法将知识迁移到实践中
学习者积极参与课堂活动，因自身需求而主动学习	学习者因为外在压力而被动学习

黎加厚教授在国内首先介绍了深度学习的内涵。他指出深度学习是在理解的基础上，学习者批判地学习新思想和事实，在众多思想间进行联系，并能将

已有的知识迁移到新的情境中，做出决策和解决问题的学习。

2008年，李克东教授首次谈到了网络学习深度的相关问题，掀起了网络学习环境下深度学习研究的热潮。

本课例中，教师围绕文本主题整合教学内容，学生在教师的引导下主动梳理文本信息、把握内在逻辑、理解主题意义，升华高阶思维。

二、线上教学平台的选择

本课例选择的线上教学平台是腾讯QQ，该平台注册方便，操作方法简单。教师使用其文件传输功能给学生分享视频、音频、课件、学案，供学生提前下载打印；使用其屏幕共享功能播放课件、观看视频、勾画知识点，供老师展开直播教学；使用其老师助手小程序了解学生达标情况，学生可上传作业，教师可定时发布、收取和批改作业，适时点评等。

除QQ平台外，教师还综合使用其他平台，如微信、希沃白板、EV录屏等。经实践发现，充分利用多种平台对线上教学起到了更大的支持作用，学习效率得到提高。

三、深度学习在初中英语线上教学的课例实践与反思

（一）背景分析

1. 文本分析

《义务教育英语课程标准》（2011版）指出语篇是表达意义的语言单位，学生语言学习的深度和思维发展的维度与教师对语篇的解读水平密不可分。本课例中，教师深入研究教学文本，分析如下：

从文本内容来看，本课是北师大版初中英语七年级下册第4单元"季节和天气"的第1课"北京的天气"，是一篇介绍北京四季的说明文。本课的词汇内容是月份、穿着的名词和描写天气的形容词。

从文本结构和语言修辞来看，文本共分四段，每段40-50字，整体内容丰富，表述清晰，易获取基本信息。

从文本意图来看，作者对北京四季的介绍体现了作者对大自然的热爱，能培养学生热爱大自然的情趣。

本课教学设计为两课时，此课例为第一课时，侧重对文本的理解，注重提取文章的主旨大意和描述北京不同季节的细节信息。在整合信息的过程中，引导学生关注有关月份、天气、服装、旅游景点等的功能句，最后依托文本进行输出性活动，并谈论在北京旅游的最佳季节。

2. 学情分析

本课授课对象为初一年级学生，对英语学习有正确的认识。学生居家上网课，课前能充分准备，按时进入课堂；课上能积极参与课堂活动并进行语言实践；课后能较好地落实老师布置的任务。具体分析如下，见表2。

表2 学情分析

	已知起点	存在问题	应对策略
文本话题	学生对天气话题熟悉，相关词汇在小学已初步认识。对自己所处城市北京的话题很感兴趣。	部分词汇拼读还需巩固；将词汇运用到不同句式中去介绍一个季节还需要训练。	通过各组图片和小游戏来激活学生已知词汇，学习新词汇；学生在语境中体会词汇的意义和句式的用法。
语言能力	能读懂简短的语篇，抓住主题大意，获取简单信息；能口头对某话题进行简单介绍。	部分同学口头表达时单词句子零散，句式不够完整，内容不够全面，层次不够清晰。	阅读中获取或梳理信息，阅读后整合和概括语言，教师指导和两两协作相结合。
思维品质	学生喜欢关注文本内在逻辑，自我反思，创新意识较强。	平时的阅读题大多是选择或问答题，控制性较强，难以体现学生的思维发展。	自主分析文中介绍季节的几个方面，并补充可以谈论的其他方面，发展批判性、创新性思维。
学习能力	能够使用阅读技巧获取基本信息和细节信息；能根据关键词总结要点。	细节信息容易混淆；文本总结和信息概括的能力需进一步培养。	教师通过核心问题链追问，引导学生总结要点和功能句，类比法迁移至其他文段。
文化意识	能感受北京各个季节特有的景色和天气情况，培育热爱大自然的情感。	学生有时会埋怨一些天气情况，较缺少对事物另一面的思考。	借助图片视频帮助孩子发现北京不同气候下的美，同时加深对爱护大自然的思考。

3. 教学目标

教师在深入分析了教学文本和学情后，制定了以下几点教学目标：
①通过阅读获取北京四季的时间、天气、服装、景点等细节信息；
②通过自主绘制思维导图，转述北京的四季；
③使用本节课所学的词汇和句型，谈论在北京旅游的最佳季节；
④领略北京各个季节特有的风景和天气情况，培养热爱大自然的情感。

其中第①、②、④点为教学重点，第③点为教学难点。目标1对应英语学习活动观中的学习理解活动，旨在获取与主题意义相关的信息；目标2对应应用实践活动，旨在内化梳理语言知识，将书面思维过渡提升到口语思维；目标 3 对应迁移创新活动，旨在将所学与实际生活联系，完成语言输出，发展创新思维；目标 4 对应英语学科核心素养中的文化意识，旨在培养正确的价值取向和情感态度。

教学目标第 1 点和第 2 点可通过学生拍照上传的学案进行检测，学案包括课上的问题链、表格和思维导图；教学目标第 3 点可通过学生拍摄的介绍北京最佳旅游季节的视频进行检测；教学目标第 4 点可通过在教学过程中播放视频材料和学生总结进行情感渗透。

（二）教学过程设计

美国学者 Eric Jensen 和 LeAnn Nickelsen 在《深度学习的 7 种有力策略》中提出 "Deeper Learning Cycle"，即"深度学习路线"，简称为"DELC"，包括"设计标准与课程；预评估；营造积极的学习氛围；预备与激活先期知识；获取新知识；深度加工知识；评价学生的学习"。其中，设计标准与课程和预评估环节已经通过文本分析和学情分析加以论述，其他环节将在下文加以阐释。

1. 线前导学

课前教师发布了教学安排，分享了各项学习文件，为学生营造了积极的学习氛围。具体操作为提前一天：群公告上课时间、教学内容，发布单词、课文录音，要求学生预习单词和文章，学生收到消息需确认群公告；发学案、自我评估文件，要求提前打印在第二天使用（见图 1）。课前 10 分钟：发布此节课教学安排，提醒学生准备好书本、学案、笔记本。课前 5 分钟：进入课堂，组长汇报人数（见图 2）；教师强调规则，进入通话关闭麦克风，点名学生回答问题需在 2 秒内作出回应，课代表留意是否有人中途下线（见图 3）。

本课例话题是"北京的天气"，教师在教学导入环节心情愉悦地向学生们表达自己的家乡阳光明媚，并询问孩子们北京的天气如何，此情境贴近学生生活，人人都能积极表达。接着教师又播放一个短视频"长城的春夏秋冬"，让学生用多种感官去感受，吸引学生注意力。紧接着，教师从情境过渡到话题，并提问"What are the four seasons?" "When are the four seasons?" "What's the weather like in the four seasons?" "What to wear in the four seasons?" 学生在各种丰富多彩的图片和小游戏中激活先期储备，并进一步识记新知，体会语言的运用，为接下来的教学实施搭好桥梁。

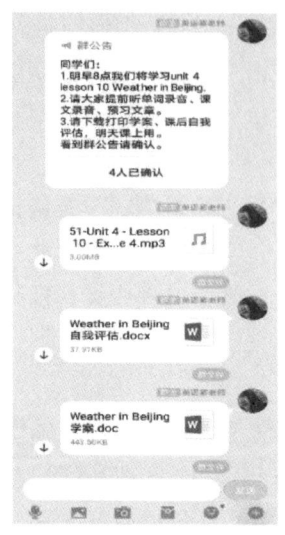 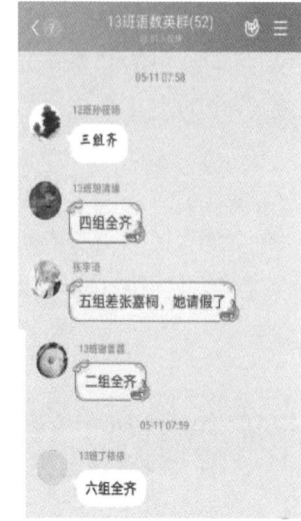 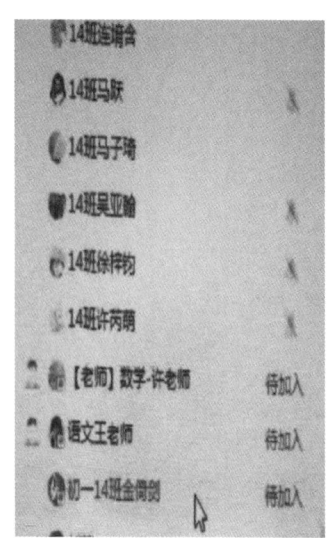

图1 教师发布安排、文件　　图2 组长汇报人数　　图3 课代表关注线上状态

线前导学充分地激发了学生的学习兴趣，完成了深度学习路线的第三和第四步——营造积极的学习氛围、预备与激活先期知识。

2. 线中教学

深度学习强调对文本的深入理解，将孤立的、分散的信息整合。本课例中，教师先让学生阅读"冬季"文段，并提问"When is winter?" "What's the weather like in winter?" "What can we wear in winter?" "Where can we visit in winter?"通过问题链将文段串联起来，使学生更全面地了解介绍季节的四个方面：时间、天气、服装和景点。教师之后将这四个核心问题类比迁移到"春季"文段，渗透语言，加强意义理解。

深度学习关注自主建构，学生是课堂的主人。本课例中，教师引导学生自主绘制思维导图，并根据思维导图复述北京的四季，学生需将整合的信息转化为语言口头表达出来。在展示环节，他们绘制了精彩的要点齐全的思维导图，顺利完成复述，这就是学生自主建构的充分体现。

深度学习要求发展创新性思维和批判性思维。本课例中，在复述后，教师让学生自主总结文本中描述季节的几个方面和功能句，并提出问题"What else can we talk about to introduce a season?"给学生更多的思维拓展空间。学生回答还可以谈论特定季节可以去参加的活动，如冬天去滑雪、夏天去游泳等。学生基于文本，卷入自身经验，总结出了以下方面和功能句，见表3。

表3 功能句总结

months:	It's from... to ...
weather:	It's very hot./It gets warm./It's usually windy./ It rains hard...
clothes:	We need to wear.../ Remember to wear.../Make sure you wear...
famous places:	We can visit... / ... is a good place to visit.
activities:	We can ...

此过程中学生自主探讨，提升了创新思维能力。其次，教师给学生展示了一些北京恶劣天气的图片，让学生思考导致恶劣天气的原因，引导学生联系现实辩证思考、多维度思考。

深度学习注重迁移运用，学习者内化知识，运用至真实情境中。本课例中，教师给出情境，"教师的一个外国朋友将在明年来北京旅行，请学生帮教师跟朋友介绍游玩北京的最佳季节"。教师给出学生足够的语言练习和合作交流时间，学生内化句式结构，大胆表达，体验到了成就感。

线上互动良好，教师与学生屏幕共享，设计小游戏学习词汇；学生完成任务在群里扣数字"1"，方便教师了解进度（图4）；学生将答案打字或拍照发在QQ群里，教师用手机关注群里的消息，并及时检查答案（图5、图6）；时不时叫学生打字、连麦、视频互动，防止学生走神；进行复述、介绍等输出性活动时，学生快速打开摄像头进行展示，教师和其他同学都能观看展示。

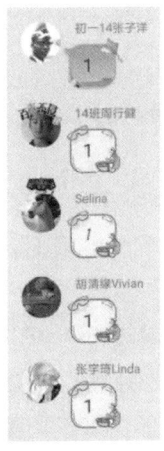
图4 学生扣1互动

图5 学生打字回答

图6 学生分享学案

线上教学深度学习路线的第五步和第六步——获取新知识与深度加工知识在这些环节中得到了淋漓尽致的体现。

3. 线后督学

作业为分层作业，教师根据学生英语水平将学生分为 ABC 三个层次，进行分层指导。课上既讲解基础的词汇语法，也涉及一些可供 A 组同学积累的表达。C 组同学掌握课上所学词汇和句式，能较好地运用到日常交流之中；B 组同学能将所学表达方式迁移到实际生活中进行系统的表达，内容和语言准确，有完整的输出；A 组同学在 B 组基础上，有相关拓展材料如"墨尔本的天气"可供阅读，教师指导学生积累更多课本外的知识。

收到作业后教师及时批改、写评语，督促未提交的学生提交作业（图 7、图 8）。教师对错误提供辅导答疑；对学困生语音单独指导。将评优作业生成表彰图在学生群和家长群公布，保证了家校的密切沟通（图 9）。

  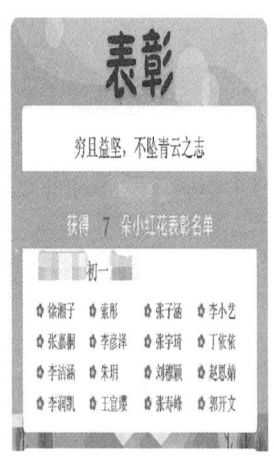

图 7　提醒未交作业学生　　图 8　批改学生作业　　图 9　生成评优作业表彰图

课后，教师下发教学评估表，以检测学生是否达到教学目标，及时调整教学策略。

最后，教师从过程性评价和终结性评价两方面来判断学生是否达成目标。前者包括出勤（10%）、学习时长（20%）和课堂参与度（20%），后者包括自我评价（10%）和课后作业（40%）。全方位的评价实现了深度学习路线的最后一步——评价学生的学习。

（三）教学反思

课前教师应将资料提前发给学生预习，完课后将课件和讲义发送给学生巩固知识。教学活动应具有趣味性，能激发学生学习热情。分层布置作业，作业清晰适量，收到学生的作业及时进行反馈。

深度学习课堂中的学生不应是被动的接受者，而是主动的参与者。教师可在教学过程中放大情感，调动学生的参与度；可建立学习小组，小组间又相互监督。深度学习的线上教学要求教师避免一味地知识灌输，应多提问，和学生打字、连麦或视频互动。

深度学习视角下的初中英语线上教学是进步的，学生在意义理解的基础上去学习，化被动为主动，进入高阶思维层次。当然，教师有很长的路要走，比如要反思线上教学学困生是否能跟上，怎样鼓励更多不同层次的学生和小组进行展示，提高课堂参与的广度和深度等。

初中英语作业设计的若干思考

北京市昌平区第二中学　纪孟

教学政策的提出对教师的教与学生的学提出了新的要求。教师在进行作业设计时，应该以教学政策为指导，在减轻学生作业负担的同时，积极培养学生的学科核心素养。本文以北师大版初中英语七年级下册 Unit 4 Seasons and Weather 为例，结合笔者的教学实践与反思，阐述笔者在双减政策下对初中英语作业设计的几点思考。

一、深入挖掘单元主题意义，设计单元整体作业

《义务教育英语课程标准（2022 年版）》中指出，教师要以单元教学目标为统领，组织各语篇内容，规划系统教学活动。作业的设计需要紧紧围绕单元教学目标开展，并对课堂教学进行巩固和补充。教师应该根据不同学段学生的认知特点和学习需求，基于单元目标，整体设计单元作业和课时作业。下表为笔者在分析北师大版初中英语七年级下册第四单元的教学内容时所进行的单元整体作业设计（表 1）。

表 1　北师大版初中英语七年级下册 Unit 4 单元整体作业设计

单元作业规划	作业名称	作业目标
Lesson 10 第 1、2 课时	1. 跟录音朗读三遍课文	正确朗读 Weather in Beijing 的相关单词，提升语音语调，培养语感
	2. 梳理文章知识结构图（A4 纸）	提升学生利用图表总结、归纳、整合知识的能力
	3.AB 层：小作文描述家乡的四季、气候、适宜衣物、景点及活动等 C 层：摘抄好词好句，至少 5 个词组，3 个句子	学以致用，提高书面表达能力，通过同伴反馈和教师反馈提升学生书面表达的准确度
	4. 完成课本 91 页关于天气的配套练习	复习巩固与季节和天气相关的表达形式

续表

单元作业规划	作业名称	作业目标
Lesson 11 第1、2课时	5.AB层：录制天气预报视频，预报所在地未来的天气情况并给出出行建议 C层：小作文描述所在地未来的天气情况（不少于50词）	分层作业，延伸课堂内容，在语境中练习含will的一般将来时态
Lesson 11 第1、2课时	6.完成课本92页关于天气的配套练习	复习巩固一般将来时，以及与天气相关的表达，提高语言表达的准确度
Lesson 12 第1、2课时	7.听录音朗读三遍文章	正确朗读Tim的明信片，跟读Terracota Warriors等生词、难词，培养语音语调
Lesson 12 第1、2课时	分层作业 8. A 作业本上复述Tim的暑期计划 8. B 小作文描述自己的暑期计划 8. C 完成单词填空，仿写文章中含有be going to的句子，至少三句	分层作业，满足不同层次学生的学习需求。练习与巩固与be going to相关的表达，培养学生根据气候安排假期的意识
	9.完成课本93页配套练习	复习巩固重点短语，如go on a tour，learn English，swim in the sea，和含be going to的一般将来时，提高语言表达的准确度
CW 第7、8课时	10. 小作文向他人推荐一个旅行目的地，包括目的地、价格、最佳观赏季节、景色等	学以致用，拓展知识面，提高书面表达能力
CW 第7、8课时	11. 小组合作完成旅行社宣传海报并进行同伴互评	拓展知识面，提高同伴写作能力，以评促学
CW 第7、8课时	12. 绘制单元知识图谱并完成单元自评表	提升学生总结、概括、归纳、整合知识的能力，提升学生的反思能力

二、充分了解学生学情，设计分层作业。

教师可以通过课前问卷调查、学生访谈等方式，了解学生学情。例如，在北师大版初中英语七年级下册Unit 4 Lesson 12中，通过发放课前问卷，发现学生对旅游类词汇不熟悉，因此，在课后作业中设计了单词填空。通过阅读学生对What are you going to do on summer holiday？这一问题的作答，发现学生的假期安排缺乏合理性，因此在课后环节针对这一问题，又让学生重新思考、制定自己的暑期安排。

笔者所任教的两个班级，学生差异较大，两极分化严重。对于基础较好的学生，通常设置有挑战的作业，对于基础薄弱的同学，通常设置巩固类作业。例如，在七年级下册U4 L12中，笔者要求基础较好的A层学生以第三人称的视角复述 Tim 的暑期计划，B 层学生小作文描述自己的暑期计划，而基础薄弱的 C 层学生则完成单词填空，仿写文章中含有 be going to 的句子，旨在帮助他们巩固词汇和掌握 be going to 的用法。

三、积极丰富作业形式，设计趣味性作业

作业设计中还应该应用多种作业形式，提高学生的学习兴趣。在进行作业布置时，笔者常常采用不同的形式，例如，绘制思维导图、海报，续写文章，趣配音，录制天气预报等。

四、引导学生参与作业评价，设计"以评促学"式作业

在各类评价活动中，学生都应该是积极的参与者和主动的合作者。因此，在作业设计中，不仅要关注学生作业的批改，还应引导学生成为作业的评价者、反馈者，达到以评促学的目的。例如，在初中七年级下册 Unit 4 Lesson 12 中，当学生完成假期计划小作文时，使用教师设计的评价量表，明确评价标准，发现问题，主动反思和调控自己的学习策略。

综上，教师在作业设计时不仅要宏观把控作业量，严格把控作业时长，还需要深入了解学情，从单元整体角度设计作业，设置分层作业，丰富作业形式，让学生参与到作业评价中来，让学生在个性化作业中获取知识，获得成长，引导学生在学习和运用英语的过程中，逐步树立正确的世界观、人生观和价值观。

作业改革初探
——高效作业

昌平区第二中学 郑盼盼

一、研究背景

如何才能研究和设计出能让学生高效掌握课堂知识，并且不断探索，能够把学习能力延伸的作业，是我们的一个新的课堂研究课题。笔者通过座谈方式，调研学生对作业的想法，并在多次不断探索中，提出了几点让学生高效作业的设计思路和实践方法。

二、研究方式

在调查问卷中，优秀学生在课上就可以掌握所学知识，中等层次学生反映最多的问题是：（1）老师课上讲授过的单词，下次在阅读中见到，还是不知道意思。（2）作业形式枯燥，他们只是应付老师，课余时间，他们更喜欢玩游戏。（3）作业全班统一，已经课上掌握的同学觉得抄写作业太浪费时间。针对学生反映出的三大问题，笔者打算从作业设计的形式上、自主性上、学生的兴趣点上进行深入研究和挖掘。

三、研究过程和结果

（一）作业的分层

作业的设计要从学生的学习能力出发，保证作业的实际效果（张春杰，2014）。这就需要老师发动自己的智慧，进行有效分层教学。比如在教授九年级上册 Unit4 Space L10 Life in Space 中，第一课时后，老师进行分层作业：A 层同学完成老师给予表格，用连接词组成句子，简单描述宇航员的生活。这部分学生只是简单添加 because 和 so that 这样的连接词语就可以。B 层同学就可以完成对于宇航员的生活进行自己梳理出思维导图，提出自己对宇航员要问的问题。教师依据学生学习水平设计不同层次作业，使学生都能在自己能力范围内完成作业，同时教师要注意分层作业要适时变化，使学生又完成更高层次作业的空间（贾炜茵，杨君，2014）。A 层同学通过老师所给予内容消化、巩固课上所学，B 层同学把课上所学按照自己方式用思维导图形式展示，并且对于课上所学提出自己的感兴趣的话题和疑问，达到了课外延伸的目的。

（二）作业的实践应用

只有让学生真正掌握，并且去使用，才是我们教学的目的。研究性学习要求学生在亲身参与的社会实践活动中运用所学知识，通过集体性学习或自主探究质疑、提问、发现、探索最终对某一问题得出结论、发表见解（边侃，2013）。因此，笔者采用如下方法：

1. 戏剧表演

以学生兴趣为出发点，对于英语采用英语戏剧的方式让学生表演出来，让他们体会作者情感。例如在 Tom Sawyer 这一篇课文中，作者描述的主人公 Tom 是个足智多谋的顽皮小孩。为了体会作者的描述语言，笔者要求学生 4 个人为一个小组，包括旁白，表演出这个片段。在学生小组声情并茂的表演下，学生体会到了几个关键词语的意义。内容具有趣味性的英语作业能吸引学生的注意力，更容易调动学生所擅长的智能，积极完成作业（王晴、张哲华，2019）。

2. 角色扮演

笔者在讲授现在进行时这一时态，采用让学生自己录制自己正在做的事情的方式，介绍周末家人都在做的事情。每个学生都非常感兴趣并且使用现在进行时，他们没有感到是在学习语法，而是把它们使用到生活中。语言源于生活，在生活中去体现。

3. 不同词性单词造句

为了帮助学生，笔者采用，每个单词用不同词性去造句，并且，句子要合情合理。比如 drop 一词。作为名词：There are some drops in the bottle. 作为动词：He is dropping a little waste. 作为词组 drop out of school 有辍学的意思。Tom dropped out of school because he didn't study well. 在不同的句子中，每个词的意义不同，这样学生就掌握了一词多义，能够体会语境的意义。

（三）作业种类

在现有的教学过程中，我们应该基于课文，不断探索作业的新形式，让作业成为学生巩固当天所学知识、创新实践所学，展示个性的平台。因此，作业的种类可以多样，可以是话剧表演、歌曲演唱、配音比赛等形式，也可以故事续写，想法展示等方式。

四、研究心得

课后作业是上课的延续,通过学生做作业,一方面,有利于培养学生独立思考的能力,较好地巩固知识,解决问题。另一方面,有助于教师对自己的教学查漏补缺,从而进行教学反思,进一步改进教学方法,提高教学质量(杜颖妮,2011)。只有用心去设计对于学生有效的作业,让学生喜欢完成作业,学生才能得到全面提高。赞科夫曾经说过:"如果教师让每一个学生具有的那些不同的智慧、情感、性格等特点都表现出来,就会在学生的发展上取得很大的成效"(朱晓红,2011)。希望每个英语老师都想办法,让学生真正去体会语言的魅力,积极主动地去使用语言,体会沟通的意义。

初高中物理教学衔接视角下重视创设情境的教学实践与研究
——以运动和力的关系为例

首都师范大学附属回龙观育新学校　崔特

内容提要：为了使学生能够顺利适应高中物理学习，初高中物理教学衔接的研究与实践就尤为重要，这个研究需要围绕学情，关注初中物理学习了什么，高中物理将要学习什么，以及初高中物理核心素养的要求。本实践和研究是作者结合自身初、高中物理跨头教学活动展开的，以下是关于初高中物理教学衔接视角下重视创设情境的教学实践与研究的一些做法。

主题词：初高中物理教学衔接　创设情境　运动和力的关系

学生学习高中物理后，普遍的反馈是高中物理难学。这个难主要表现是"听不懂""听明白了依然不会解题"等。本文是作者结合自身初高中物理跨头教学经验，以创设情境为出发点展开了初步的初高物理教学衔接研究。

一、课程标准为准则，明确衔接方向

课标是课程实施的指南，是针对一节课提出的基本要求。在准备运动和力这节课时，要明确初高中课标要求，结合学情进行教学设计。初高中课标中关于运动和力的关系的要求如表1所示。

表1　初高中物理课程标准中关于运动和力的关系的要求

内容	初中课标 义务教育物理课程标准（2011年版）	高中课标 普通高中物理课程标准 （2017年版2020年修订）
运动和力的关系	2.2.5通过实验，认识牛顿第一定律。用物体的惯性解释自然界和生活中的有关现象。 例4运用惯性，解释当汽车急刹车、转弯时，车内可能发生的现象。	1.2.3通过实验，探究物体运动的加速度与物体受力、物体质量的关系。理解牛顿运动定律，能用牛顿运动定律解释生产生活中的有关现象、解决有关问题。通过实验，认识超重和失重现象。 1.2.4知道国际单位制中的力学单位。了解单位制在物理学中的重要意义。

结合课标与教材（初中教材选用的是北师大版八年级全一册，高中教材是人教版普通高中教科书必修第一册）可以将"运动和力"这一大单元分解为"描述物体运动""相互作用力"，"运动和力的关系"三部分。

通过对比分析，运动的描述这一部分在初高中都是重要的学习内容。第一在运动状态上、初中以静止、匀速直线运动状态为主；高中以匀变速直线运动为主。第二在描述物体运动的相关物理量上、初中引入了路程、时间、速度；高中建立了质点、位移、时间间隔等。第三分析物理问题的方法，都利用了比值定义法建立新的物理量，利用运动和力的关系分析一些运动问题。

同时也会发现速度这个概念在初高中物理学习中都有涉及，但有所区别。在初中，建立速度时的情境为物体做直线运动（同一方向，不折返），那么以高中速度概念角度来看，这个情境下，初中所学的平均速度的概念是没有问题的。实际上是高中引入了矢量的概念，比如位移、速度、加速度、力不仅有大小，还有方向，满足矢量运算法则，这一重要观念对后续学习电场强度、磁感应强度起到了奠基作用。如图1所示。

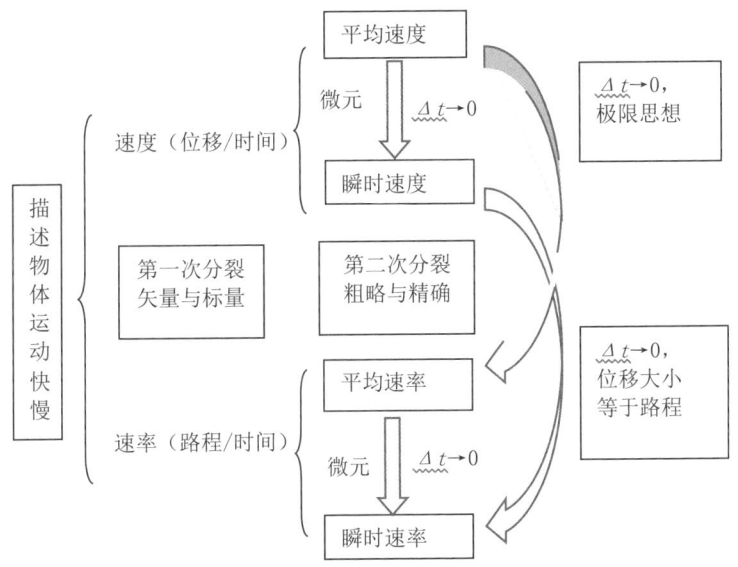

图1 描述物体运动快慢概念建立过程中的两次分裂

二、创设情境为手段，落实初高衔接

初高中物理教学既是一个整体同时又各有特点。老师应充分了解对应的教材，并利用好教材中的情境，形成串联，实现初高中物理教学的衔接。

（一）整合初高教材，做好知识衔接

通过对比初中、高中物理教材，会出现相同的物理情境，当我们关注的研究对象不同，所生成的物理知识也有所不同。如表2所示。

1. 利用相同物理情境，提炼物体问题

在初高中教材中都选取了火车、天安门、运动员等情境，相同的情境中提炼的问题不同，比如：天安门这个情境，初中选取了国旗为研究对象，介绍了其长宽、让学生感受物体的尺度；高中则是以通过天安门前的车辆为研究对象，让学生区分时间间隔、时刻，从而更加准确的描述物体的运动。

表2 初高中关于描述物体运动部分教材提供的情境

内容	学段		研究对象	机械运动	描述物体的位置		描述物体运动快慢
描述物体运动	初中	物理知识	人、车或某一个物体	参照物	长度、时间的测量；路程（标量）：物体运动轨迹的长度		速度（路程与时间的比值）
		教材中的情境					
	高中	物理知识	质点模型（模型建立）	参考系	位移（矢量）	坐标系	速度（位移与时间的比值）；加速度（速度变化量与时间的比值）
		教材中的情境					

2. 利用不相同情境，提炼物理问题

在相互作用力这一部分，能够充分体现初高中物理的衔接，教材编写是按照力的性质分别学习重力、弹力、摩擦力，学习的内容相同，要求不同，对应的情境也不相同，比如初中针对压力的学习中，压强、浮力是学习重点，而压强、浮力在高中学习中涉及较少，但是在分析物体浮沉情况时同样运用了运动和力的关系的物理观念。

（二）利用物理实验，重视能力衔接

实验在物理教学中发挥着重要作用，不仅能激发学习兴趣，实现做中学，还能够在实验过程中，提升学生的动手能力，实验探究能力等。老师需要基于学情和尊重学生思维发展特点的前提下，利用好物理实验。

1. 研究方法共通，初中适当延伸

初中阶段在测量物体平均速度的实验中，要求学生测量物体做直线运动时的平均速度，这个实验为高中测瞬时速度进行铺垫，因此该实验还可以延伸把整个斜面的长度三等分或四等分，要求学生分别测量物体通过每一段长度的平均速度。利用初中平均速度的测量为高中瞬时速度的测量进行了铺垫，如表3所示。

表3　测量物体的速度实验对比

	初中	高中
实验目的	测量小车运动的平均速度	1. 练习使用打点计时器（手拉动） 2. 测量纸带的平均速度和瞬时速度（手拉动、重物牵引） 3. 实验：探究小车速度随时间变化的规律（重物牵引）
实验原理	平均速度： $v=\dfrac{S}{t}$	平均速度： $v=\dfrac{\Delta x}{\Delta t}$ 瞬时速度： （具体关系参照图2描述物体运动快慢概念建立过程中的两次分裂）
实验装置		

续表

	初中	高中
测量工具	长度 – 刻度尺 时间 – 停表	长度 – 刻度尺 时间 – 打点计时器
实验数据	一组数据：长度　时间	多组数据：位移　时间
实验数据处理	利用公式 $v=\dfrac{S}{t}$ 计算平均速度	利用一段时间内物体的平均速度代替其中某一时刻的瞬时速度。

2. 实验数据处理，从列表计算法到图像法

研究物体运动情况时，有的学生提出利用手机摄像功能拍摄钩码运动的过程。结合运动图像引导学生将其结合问题画出实验数据记录表格，进而利用图像表征物体运动情况，如图2所示。

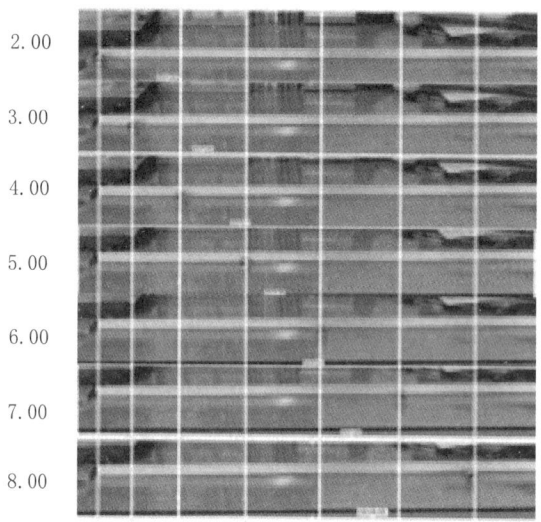

t/s	前1s内	前2s内	前3s内	前4s内	前5s内	前6s内
s/m	7.03	16.08	26.15	36.16	46.19	56.27

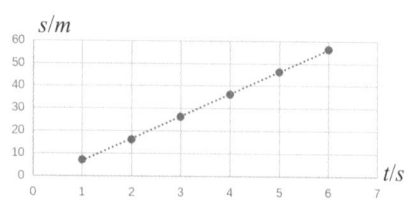

图2　利用录像单幅截图做运动学研究

高中阶段研究物体运动的时候，也是利用了此思路，情境虽不相同，这个研究思路是相同的，如图3所示。

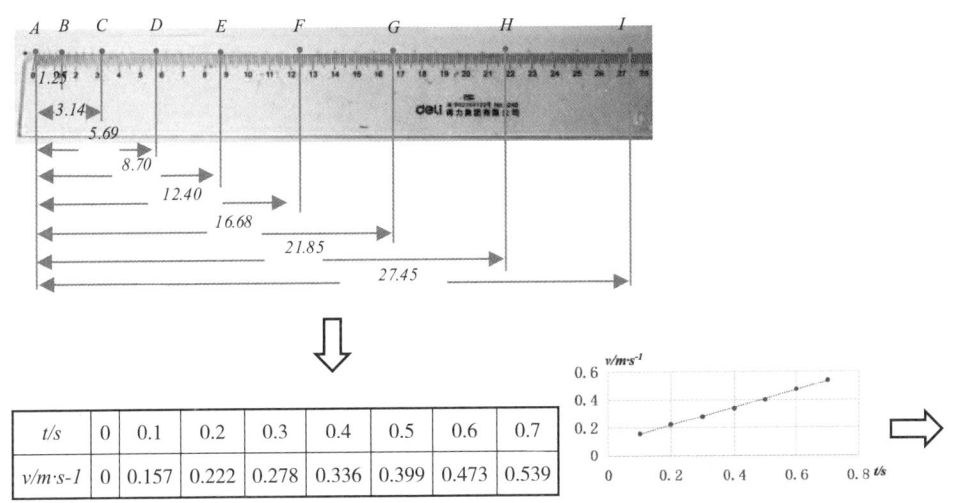

图3　利用打点计时器做运动学研究

（三）尝试单元整合，聚焦学法衔接

单元备课能够解决只见树木不见森林的问题，如果从单元备课的角度来看，初高中对于运动和力这一部分的内容，是在尊重学生思维发展、能力水平的基础上进行了各自的编排。本文中在分析衔接的实践与研究的过程中，就是以单元备课的角度进行的。

三、初高衔接初尝试，浅谈收获反思

大部分情况下，初高中教师是在自己的学段内进行教科研工作，要想实现衔接是有一定的困难的，需要相互了解初高中教学的要求、内容，学生特点等等。初高的衔接一定不是高中知识初中化，需是在尊重学生思维发展规律的前提下，以发展学生核心素养为目的进行教学活动，因此我们不应将视野拉到培养学生科学素养的高度去看待衔接。衔接的最终目的是利于初中学生能够具备学习高中物理的能力和心理准备，因此这种尝试与研究是非常重要的。

最后，一些尝试和研究局限在部分内容。在研究过程中，学生的潜力是无穷的，当我们敢于创设情境及将时间交给他们，他们一定会给我们出乎意料的反馈。

初中化学复习教学关键问题研究

昌平区第二中学　孙贻

一、常规复习课的教学现状

初三化学复习教学是初中阶段化学教学的一个重要组成部分，它的作用往往被定义

为帮助学生扎实系统地掌握基础知识，在中考中赢得好的分数，因此课堂教学通常是围绕"考点"展开，教师疲于将不同形式的试题进行归纳整理，学生同样疲于重复枯燥地输入，记忆。这样的教学只是触及一些表面性的事实和结论，只能一定程度地促进学生对相关事实的认识发展，无疑加大了学生复习的负担。

复习课的教学素材来源于已有的试题，脱离于真实情境，虽然大部分学生能够记住、理解，但并不能做到触类旁通，融会贯通。如，有关二氧化碳性质的复习课，对于实验一中体现的二氧化碳的性质"二氧化碳不可燃、不助燃、密度比空气大"学生已经耳熟能详，当面对实验二、实验三时，学生不假思索地套用实验一的答案，没有主动对比两个实验中实验装置差异的意识，没有认识角度，没有形成解题思路（图1）。

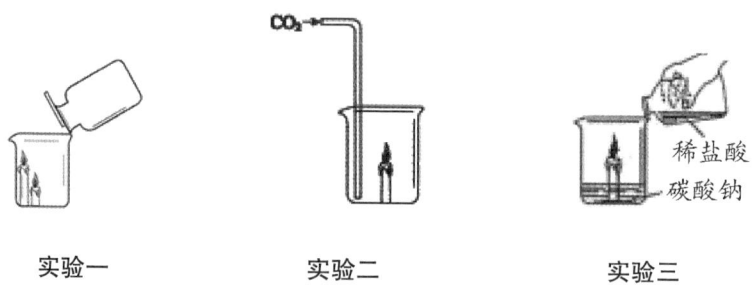

实验一　　　　　实验二　　　　　实验三

图1　二氧化碳性质的实验

二、基于发展学生核心素养的初中化学复习教学关键问题研究
（一）基于发展学生核心素养的认知冲突教学情境创设

认知冲突是一个人已建立的认知结构与当前面临的学习情境之间暂时的矛盾与冲突，是已有的知识和经验与新知识之间存在某种差距而导致的心理失衡。教学中巧设含有认知冲突的教学情境，当学生运用原有知识和经验分析问题得出的结论与事实本身不符时，矛盾与冲突激发学生好奇心和探究欲望，迫使学生深入思考，寻求造成矛盾与冲突的原因。这能大大增强教学成果，减轻学生学习负担。

鉴于此，笔者在初三化学复习课"再认识铁生锈"中连续两次创设有认知冲突的教学情境，取得了较好的教学效果。片段如下：

【教师提问】思考加快实验装置中铁生锈的方法（图2）。

【形成"认知冲突"1】学生根据已有的认知和经验思考出加快铁生锈的方法有：将铁研磨成铁粉、加热和选择催化剂（图3）。

这时教师展示实验结果：相同的实验时间（24h）

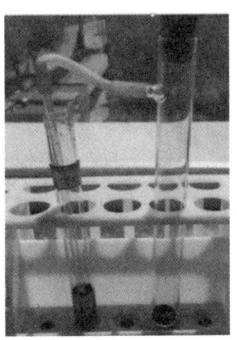

图2　铁钉生锈情况　　　　　图3　铁粉生锈情况

学生发现：相同时间内，铁粉生锈反而比铁钉更慢，实验结果与实验预测相反。面对认知冲突，学生陷入沉思，不得不全方位多角度地认真对比两次实验要素，从水的用量，铁的用量、装置气密性最后到铁粉与铁钉的区别，通过分析对比排除了其他原因，最终学生认识到铁钉是合金（Fe、C），铁粉是单质，二者成分上的差别是造成矛盾与冲突的原因，切身体验了解决实际问题的过程。

【学生活动】利用学生设计的实验装置做实验，"证明O_2是铁生锈的反应物"。

【形成"认知冲突"2】学生汇报实验成果，观察到导气管中有一段倒吸的红墨水柱，根据气压差原理，证明O_2在铁生锈过程中被消耗，是反应物。当学生沉浸在实验成功的喜悦中时，教师抛出实验中的异常现象，引发学生激烈讨论，重新梳理实验原理，一番抽丝剥茧后学生认识到铁生锈是一个放热反应，由于热胀冷缩原理造成体系中气体外逸，也会引起导管中红墨水倒吸的现象。学生再次面对认知冲突，激发学生探究解决冲突与矛盾的方法，即实验装置的改进。

本节课，教师创设了2次认知冲突，激发学生强烈的求知欲望，使学生能积极主动地参与到科学探究的过程中来，使知识的学习变成学生自主建构的过程，不仅纠正了学生的认知偏差，丰富了学生的认识角度，更提升了学生多角度系统分析和解决复杂化学问题的能力。

（二）基于发展学生核心素养的学科能力活动设计

核心素养不是先天遗传，是经过后天教育习得的，即强调经过后天的学习可获得，是可教可学的。学生发展核心素养在学科领域中具体化为学科核心素养，其实质是学生顺利完成学习理解、应用实践和迁移创新等学科认识活动和问题解决活动的稳定的心理调节机制，即学生的学科能力。那么，切实有效的学科能力活动设计是不可或缺的抓手和阶梯。根据王磊教授的研究成果（见图）可知，学科能力表现指标是有梯度、有层次的，反映出学生发展的阶段性和水平差异。在备课过程中，教师要根据核心素养发展的系统性和阶段性特点，依据学生学科能力表现来设计学生学科能力活动，最终达成核心素养培养的目标。

笔者在初三化学复习课"再认识铁生锈"中设计了如下学生学科能力活动。

【第一轮次的学科能力活动】

C迁移创新	
C2系统探究	【活动3】思考加快铁生锈的方法 展示实验结果：铁粉生锈比铁钉更慢 教师提问：请分析实验结果与预测矛盾的原因
B应用实践	
B3简单设计 B2推论预测	教师提问：你认为O_2是反应物吗？ 这个实验能证明吗？ 【活动2】设计"证明O_2是反应物"的实验方案
A学习理解	
A1辨识记忆	【引入】钢铁在生产、生活中有着广泛的用途，为我们带来便利的同时，因为钢铁生锈引起的巨大经济损失也如影随形。你知道钢铁在什么条件下会生锈吗？ 【活动1】复习"探究铁生锈条件的实验"

【第二轮次的学科能力活动】

```
C迁移创新         【活动6】通过再看铁生锈条件的实验及生分析
C3创新思维         过程，你对铁生锈有了哪些新的认识？
                  铁生锈反应的应用：制食品保鲜剂和"暖宝宝"

C迁移创新         实验现象汇报：导气管中有一段倒吸的红墨水柱
C3创新思维                     食盐水中有气泡
                  【活动5】"证明O₂是反应物"的实验方案评价与反思

C迁移创新         【活动4】动手实验"证明O₂是反应物"
C2系统探究


任务布置          【活动2】设计"证明O₂是反应物"的实验方案
阶段
小组内讨          学生通过讨论、互评确定实验原理，完成实验方案设计
论阶段
小组展示          小组代表展示实验方案，进行自评，组间学生互评。
阶段
教师"点睛"        组织引导学生自评和互评，分析总结。
阶段
```

2个轮次的学科能力活动实施，在顺应学生已有的物质转化的变化观基础上，发展了能量转化的变化观，丰富了学生的认识角度，从对化学变化的探究 ⟶ 反思 ⟶ 主动输出应用调控，促进了学生分析解释、推论预测和复杂推理的学科能力发展，不同程度地落实了学生核心素养的发展进阶。

（三）基于发展学生核心素养的学生思路外显环节设计

教师对学生进行诊断的方式除了作业情况和考试数据之外，最直接最全面地方式应该是课堂上学生的语言表述形成的外显思路。传统的课堂常常吝啬给予学生表达自己想法和意见的机会，长此以往会影响学生的核心素养发展，大部分学生不能自主建立信息–知识–认识角度间的关联，只有极个别的学生能在建立关联的基础上，对认识对象进行系统分析。这可能与课堂教学中经常出现的以下现象有关：……在与学生的对话中，教师更关注"是什么"，而很少问"为什么"。初中化学课程标准当中要求学生能用变化和联系的观点分析常见的化学现象，说明并解释一些简单的化学问题；能主动与他人交流和讨论，清楚地表达自己的观点。由此可见教学中学生思路外显环节尤其重要。笔者在

初三化学复习课"再认识铁生锈"中进行了如下尝试。

教师通过倾听每一位学生的每一个发言，捕捉、分析学生的发展障碍点、因势利导，及时改进应对策略，提高了课堂质量。学生通过自评和互评，发现了自身认知的不足。

教学设计需改进之处：在实施"证明 O_2 是反应物"的实验方案评价与反思这一教学活动时，也应组织引导学生广泛开展自评和互评，进一步落实学生的核心素养发展。

通过教学实践，笔者在具有认知冲突的教学情境下，设计并开展了契合学生水平的学科能力活动，尝试了外显学生思路的自评和互评环节，使学生在探究欲望的驱动下，自主构建了认知发展，落实了核心素养发展，更为重要的是大大减轻了学生的学习负担，获得了更好的学习效果。

聚焦核心素养 控量提质增效
——初中生物作业设计初探

北京市昌平区第二中学 刘霞

"作业"成为社会、家长的关注点,在这一政策背景下,教师要以核心素养为目标,遵循"控量提质增效"的原则,重新定位作业功能与本质,重新建构作业体系,回归教育本质,回归教育初心。

重视初中生物作业设计,提升作业设计的质量,对于提高数学质量发挥作业的积极有效功能、保证学生学习质量有着重要的意义。

一、初中生物作业设计的基本原则

生物作业设计是服务于课堂教学内容,基于《生物课程标准》对于生物学科课程目标的要求,教师应该把握课堂教学重点内容,结合初中生的兴趣爱好,依据不同学生的学习水平和理解层次来设计科学和有趣的课后作业,进而让作业内容做到有温度、有维度、有深度、有态度,以发展学生的生物学学科核心素养为宗旨,促进和保障学生全面健康成长。

二、初中生物作业设计的具体举措

（一）减负增效,确保学生身心健康

1. 作业时长和总量要把控

"控量"不是盲目减量,更不是完全不要作业。初中生物课时少,一般一周两到三课时,教师可以将作业进行"整合",锁定具体目标,依据学生的认知逻辑和学科的知识逻辑进行结构化设计,以便在有限的作业时间内,最大化促进学生思维地参与和情感地投入,绝不能为了整合而整合。

我们不妨以单元主题为单元布置作业,一个月留一次,时间控制在一小时,将原来碎片化时间也就是"短作业"转变为"长作业"。

2. 作业形式要研讨

为了提高作业设计质量,将作业设计纳入"教研体系",作业的改进不是教师单打独斗能实现的，要通过教研组共同研讨来推动作业改进。

教研组要组织不同教师所面对的学生层次不同，教研一份"标准化"作业，且作业要求要明确，作业形式要丰富。另外，针对同一学段学生，同年级教师也可以通过研讨，设计一份高质量的作业，对这份作业经过仔细地分析研讨、亲自"下水"，确保这份作业的科学性与合理性，在研究过程中，教师不仅对学科知识有了更深入的认识，而且能加深理解育人方式和教学方式。

3. 作业对象要分层

针对学生的个体差异，教师在生物作业的设计上要有梯度，让不同层次的学生都有所收获。

初中生物作业设计应该具备"基础巩固、能力提升、延伸拓展"三个梯度层次，兼顾不同层次学生学习的需要。

教师可以设置出金字塔式的作业，例如，在讲解"植物的光合作用"内容时，教师可以为学生布置以下几种作业形式：给基础层学生布置低难度内容，通过查阅教材绘制光合作用的示意图，清楚地表示出光合作用，这样既加深这一层次学生对生物基础知识的理解与记忆，又提高学生学习自信心；给能力层学生布置利用生物知识解决实际问题的作业，像提出一些与光合作用相关的问题，并利用所学知识解决问题，这样不仅培养学生观察能力、分析能力，还提升学生对生物知识的掌握与实践应用；给拓展层学生布置的作业要减少机械性和无效性，尽量布置生物概念与知识拓展类型的作业，学生可以查阅文献研究光合作用的发现史，分析光合作用的实质，根据学生情况适当增加题目难度与类型，每位学生都能在作业中加深对光合作用的认知，让这一层次的生物作业更加综合，从而进一步提升教学和学生的学习效果。

4. 作业结果要反馈

作业反馈的功能繁多，除了激励和鉴定，还有导向和诊断的作用。因此，反馈结果不能只是简单标注对错，更要发挥针对每一个学生个体的个性化指导功能。要尽可能形成"整体评价＋优点评述＋不足点评＋改进建议"的作业指导反馈模式。这样，作业就可以成为教师与每一个学生个体单独对话的重要桥梁，每一个学生的努力都会被看到，每一个学生都能体验到自己在教师眼中的独特和唯一，从而增强学习主体意识。

（二）提质增效，落实学科核心素养

教师完成设计、组织、协助等任务的要求更加明晰，作业的设计与布置需要更具灵活性与创造性，基于核心素养下如何设计高质量的初中生物作业，使其成为课堂教学的诊断巩固和延伸？笔者有如下思考。

1. 形成生命观念，让生物作业更有温度

细胞是生物体结构和功能的基本单位，生命生活里离不开细胞，许多神奇的现象，最终还的回归细胞。课堂中，教师往往需要提供大量的生物学事实，为发展生命观念提供了实例基础。学生通过系统的学习，对生物学事实形成基本的认识，将其中的核心概念进行概括、内化，最终形成"结构与功能观""进化与适应观"和"生命系统观"。

例如，用热水烫菠菜的时候，为什么水变绿了？

该项作业学生通过学习细胞膜的相关知识，知道细胞膜能控制物质的进出，而加热破坏了细胞膜的结构，失去其生理活性，细胞液泡内的色素流出，因此水变绿了，从而体现了生物体的结构与功能相适应的生命观念。再如，为了促使学生形成进化与适应观，撰写读书笔记或者相互交流物种进化观点。根据学生在活动中的表现给予一定的评价，这也符合新课程标准中要求的多元化评价的理念。

类似的作业设计还有皮肤在人体表面起到保护作用，当皮肤被划破时人会感到疼痛，有时还会流血。试说明皮肤中可能包含了哪几种组织。

2. 培养科学思维，让生物作业更有维度

科学思维，即形成并运用于科学认识活动、对感性认识材料进行加工处理的方式与途径的理论体系。

例如，在七年级上册生物课本上认识了动植物细胞的结构后，同学们是否对其有了更加科学的认识？请你利用身边垂手而得的材料（像黏土、彩纸等各种材料）自己动手制作细胞器的结构模型，并在各结构上标记名称。此类作业学生将建立起抽象的生物学概念与形象的生物学模型的联系，将课本与生活的距离更加贴近，对培养学生的科学思维和科学探究能力有着不可忽视的作用。

类似的作业设计还有"肾单位模型""小肠模型""神经元模型""制作肌肉牵引骨运动的模型"等，这使得学生在动手中学会创造，并提高其生物科学素养。

3. 提升科学探究能力，让生物作业更有深度

生物学是一门实验科学，以探究实验或验证实验为主，教师在设计此类作业时，要结合具体的学习内容提出启发性的实验问题，并搭建支架形成任务串，从而引导学生明确实验原理和目的，进一步运用科学方法设计实验方案，并对实验结果作出合理的解释和说明，最终得出结论。

例如，学生学习完《生物与环境》这一节内容，探究观察鼠妇生活受什么环境因素影响呢？记录实验现象和结果，在实验前确定好研究问题后，再确

定实验变量和对照实验，设计出实验方案，并向老师和同学分享交流实验心得。在完成作业的过程中，综合培养了学生的生命观念、生物思维、科学实践和社会责任。

类似的作业设计还有"尝试在家中培育豆芽"过程，创设豆子萌发所需的适宜环境。这个实践过程会让学生学到的要比书本上更多的具体知识。

4. 树立社会责任，让生物作业更有态度。

通过初中生物学的学习，学生应该了解许多健康知识、饮食常识、遗传原理、环保技能等，并利用这些知识解释生活中的现象，要对社会有所担当并承担力所能及的责任。教师设计的作业要注重对学生社会责任意识的培养。

例如，学生学习完《用药与急救》这一节的内容后和家长一起交流讨论如下问题：知道家中的小药箱都有哪些药，这些药是针对治疗什么样的病？如何区分处方药和非处方药？如何进行心肺复苏？请你对自己家的家庭小药箱进行改良。并与家长一起完善家庭药箱，记录安全用药的观点。

该项作业学生与家长科学交流想法的同时养成了安全用药、健康生活的好习惯，培养了学生科学实践和社会责任的素养，还可以努力让更多的人了解生物学知识，让生物学知识更好地服务于社会。

类似的作业设计还有"与家里人分享 AED '救命神奇'"或"与农民交流农作物的种植方式"。

初中生物教师应当以此为契机，以改革作业设计为抓手，以控量减负增效为原则，尊重教育教学规律和学生成长规律，从实践性研究出发，赋予作业设计更多的价值，布置少量高质的家庭作业外，削减中学生所承受的学习心理负担，保障学生的成绩外，实现作业的育人功能，助力学生全面健康成长。

高中生物教学的几点思考

北京市昌平区第二中学　张萍

生物作为我国高中阶段必修的课程，涉及较多的宏观概念和微观概念，以及实践操作内容。作为一线教师，在实践中摸索，逐渐梳理出一些头绪，愿与同仁一起思索，抛砖引玉。

一、课堂资源的再整合

传统的观念，一切向分看齐，导致教师灌输式教学的意味浓烈，忽视了学生的主体作用。

在教学中，我更加注重各种真题为背景的教学，让学生有自然科学研究的一般方法和理念，循序渐进培养科学思维，让生物课堂不再单调枯燥。课堂问题的设置，我也更注重思维的深度，对于只需要回答是与不是的问题，尽量不出现，抛出的问题最好通过学生的交流与合作共同来完成，让学生的思维得到碰撞。同时，我们教师也要在学生讨论不同课程问题的过程中进行适当的引导，让学生在生物课堂上适当的展现自己的才能，培养学生的个性，在合作学习的过程中深化对生物课程知识的理解，同时养成合作探究的意识。

二、优化作业设置

以前教师留作业主要是细碎的知识点的落实，学生很难将知识体系化，我经常打比方我们学习的知识点是一颗颗珍珠，我们要想办法将它串成珠链和珠网，从一点入手可以辐射到线和面，这样我们做起题来思维就会更活跃，答题也会更严谨。

作业的量压下去，质一定要提上来，我会每节课根据学生的反映找真题来让学生做，每天的作业量不大，但每道题都有针对性，做到有的放矢。在讲到孟德尔时，同学感觉遗传提很难，我坚持印发关于遗传部分的习题，每日一题，一天一结，期末考试这部分失分率比较低。课下让同学结成学习小组，组内评阅作业，让做对的同学利用零散时间相互讲解。我也会制作小视频对题目进行讲解，让同学自行选择观看，大大地提高了作业讲评的效率。

三、拓展教学空间

高中生由于自身年龄阶段和思维能力的限制，针对抽象性的生物知识概念、生物学原理和生物内涵等内容难以形成有效的理解。那么推动现代前沿技术与高中生物课程知识有效融合，不仅仅是增强课程内容直观性的重要方式，同时也是促进生物课程教学创新的重要手段。

对于课本的实验，我们教研组开展教研，怎样简化流程，效果明显。在微生物的培养实验中，我们就利用我们手上和口腔的菌种，省去了培养大肠杆菌的过程，对于抑菌效果，我们就要市面上的各种牙膏，材料简单易得，收到的效果都不错。

种群密度的实验，我让学生们利用假期走进奥森，实地调查物种丰富度和某一植物的种群密度，写成实验报告，回来同学们一起讨论，纠错，从实践中体味实验的乐趣，也对自然科学的研究方法有比较深入的思考。我们每个等级班级都有QQ群，我们同学可以在群里提问，会有好多热心的同学来解答，如果存在不同的观点还会引起激烈的讨论，在讨论中，学生的思维碰撞，使生物思维得到延伸。

四、强学科组的教研

想要课堂提速增效，离不开集体的智慧。我们高中组每周进行一次教研，我们轮流进行微专题汇报，在开学初我们就先设置好微专题的题目，都是教师迫切需要解决的问题，我们高中学科组把遇到的问题汇总，分成若干个小专题，每次教研由一人主讲，然后一起分析讨论，争取一次教研解决一个问题。我们对于典型的课例会组织一起听评课，帮助教师快速成长。

综上，我们生物教师要想进一步提升生物教学的效率与质量，就要革新教育理念，创新教学方式。同时积极利网络等教学手段，开展高效、直观的生物课堂教学。此外，我们也要意识到，学生才是课堂的主体，要多给学生独立思考与自主探究的时间和空间，并做好课外研讨与实践活动，激发学生学习生物知识的积极性，让学生围绕生物学科知识进行深入思考，感受生命的真谛、感悟生命的价值，进而彰显高中生物学科的实用性作用。

浅谈如何在高中生物教学中落实教育新规定
——以新授课《人体三大调节方式间的关系》为例

北京市昌平区第二中学 彭丽

在课堂教学中，如何提高质量呢？现行《普通高中生物学课程标准》的基本理念中，也给出了明确的答案：核心素养为宗旨；内容聚焦大概念；教学过程重实践；学业评价促发展。

现以高中生物人教版选择性必修一新授课《人体三大调节方式间的关系》为例，浅谈在高中生物教学中如何从《课标》基本理念的四个维度落实"双减"政策。

一、教学目标

本节是对三大调节方式的总结，通过实例，阐明三者之间的关系及实质。在课标的内容要求上，并没有具体要求，但是在学业要求中，作了说明：结合日常情境，分析三大系统对内外环境变化作出的反应。根据课程标准中的学科核心素养和课程目标要求，制定目标如下：

通过运动员体内响应刺激、实现稳态的过程，构建神经、体液、免疫调节网络，深化稳态与平衡观。

从系统的视角、信息的视角，阐明神经系统、内分泌系统与免疫系统之间的联系，深化结构与功能观。

二、教学流程

东京奥运会百米决赛情境导入

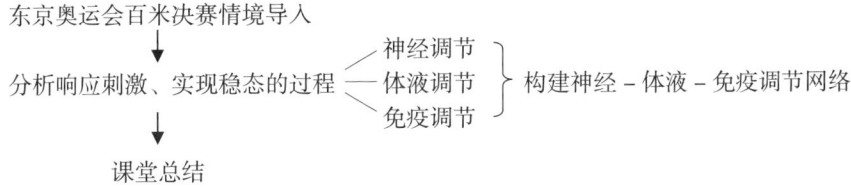

三、教学过程

(一) 核心素养为宗旨

核心素养是一个学科留给学生的精髓。抓住学科核心素养，教学会事半功倍。如，神经调节的主体教学过程。

基于《2020东京奥运会百米决赛》视频，教师提问：

从枪响这个信号开始，到起跑这个动作完成，运动员机体内扮演主要角色的调节方式是什么？依赖于什么系统？信号的传导经过了哪些结构？请用文字、箭头的形式表示出运动员机体做出反应的过程。信号传导的方向是从哪一侧到哪一侧？为什么？

学生思考，大致形成的答案：

神经调节 神经系统；枪声等信号 à 声音等感受器（耳朵）à 躯体运动中枢等神经中枢（大脑皮层）à 相关肌肉等效应器（四肢）；因为感受器能够接受刺激产生兴奋，传导过程中神经递质只存在于突触小泡中，只能由突触前膜释放，然后作用于突触后膜的受体上，所以从感受器一侧到效应器一侧，单向传导。

提炼重点，形成板书：

神经调节　　　神经递质 + 受体
（神经系统）
枪声等刺激→声音等感受器（耳朵）→躯体运动中枢等神经中枢（大脑皮层）→相关肌肉等效
应器（四肢）

设计意图 直击神经调节的结构基础，认识到神经系统决定神经调节，即形成结构与功能观。

(二) 内容聚焦大概念

此前，教学可谓是负重前行。倡导内容聚焦大概念后，教学实现了轻装上阵。没有了烦琐的细枝末节知识，学生更容易捕获课堂重点和实现思维进阶。如，体液调节的主体教学过程。

基于《2020东京奥运会百米决赛》视频，教师再提问：

从枪响这个信号开始，到起跑这个动作完成，运动员机体内还有哪些变化？比如分子水平上的物质变化……

学生思考，大致形成的答案：

甲状腺激素、肾上腺素……

教师补充、展示实例——糖皮质激素的变化：

如此紧张的状态下，内源性糖皮质激素的分泌量会激增到平时的 10 倍左右。分泌过程如图：

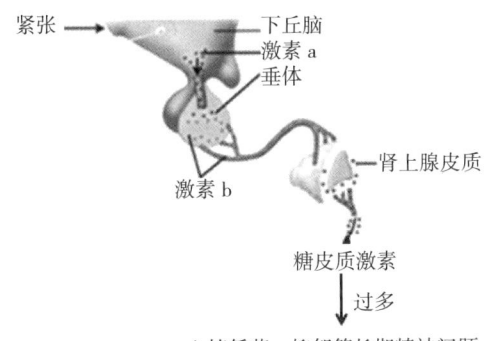

回答下列问题：

下丘脑分泌的激素 a 会促进垂体分泌_____（激素 b），从而使肾上腺皮质分泌和释放的糖皮质激素量增加，以促进代谢、提高血糖，应对紧急状况。但健康人体内糖皮质激素浓度不会持续过高，原因是下丘脑和垂体上都有糖皮质激素的_____，通过_____调节机制保证了激素分泌的稳态。若上述作用减弱，将造成糖皮质激素持续升高而引发心情低落、抑郁等长期精神问题。

学生思考，大致形成的答案：

促肾上腺皮质激素；受体；（负）反馈。

教师追问：

激素如何精确地作用于自己的靶细胞？信号是如何传导到下丘脑的？

学生思考，大致形成这样的答案：

激素 + 受体；枪声等信号→声音等感受器→大脑皮层→下丘脑。

提炼重点，形成板书：

体液调节（激素调节）　　激素 + 受体
（内分泌系统）
　　刺激→感受器→大脑皮层→下丘脑→促肾上腺皮质激素释放激素→垂体→促肾上腺皮质激素→肾上腺皮质→糖皮质激素

设计意图　通过实例，让学生直观地感受到机体面对一些情况时有多种调节方式参与。同时，通过神经系统与内分泌系统的联系，从系统的视角、信息的视角，认识神经调节与体液调节的联系的必然性，深化结构与功能观、稳态

与平衡观。

（三）教学过程重实践

在生活中进行学习，从实践中获取真知，这是老话。注重学生的学习经历，才能让学生更好地认同和接受枯燥的知识。如，免疫调节的主体教学过程。

教师讲述：

当大多数人都在关心运动员能不能夺冠时，有少数人却在关心他们的健康，因为紧张、压力状态下或者过后，容易免疫力下降、生病。

学生任务：

请你根据本节前面所提到的相关信息，提出一个关于运动员免疫力下降可进一步研究的科学问题。

学生思考，可能形成的答案：

糖皮质激素的增多，导致运动员机体免疫力下降；神经递质作用于免疫系统，导致免疫力下降等。

学生任务：

有人推测，过量的糖皮质激素可能抑制了辅助性 T 细胞的功能，从而使免疫力低下。若用体外实验验证该假设，实验组应选择的实验材料及观测指标包括_____。

a. 活化的辅助性 T 细胞　　b. 未活化的辅助性 T 细胞　　c. 肿瘤细胞

d. 糖皮质激素溶液　　　　e. 生理盐水　　　　　　　　f. 细胞毒性 T 细胞

g. 肿瘤细胞的数量

学生思考，大致形成的答案：

a c d f（实验材料）g（因变量衡量指标）

提炼重点，形成板书：

免疫调节	细胞因子 + 受体
（免疫系统）	
糖皮质激素→辅助性 T 细胞→细胞因子→细胞毒性 T 细胞→癌细胞	

设计意图　通过探究活动，形成体液调节与免疫调节之间的联系，同时培养学生的探究意识和创新精神。

附：补充资料

资料一：在神经系统的早期发育阶段，糖皮质激素可通过影响下丘脑 – 垂体 – 肾上腺轴的活动，并经由糖皮质激素受体介导，对神经元和神经胶质细胞的存活、分化、生长和凋亡过程进行调节；在成年阶段，糖皮质激素对与神经元可塑性相关的因子进行调节，从而影响神经元的可塑性变化；在老年阶段，过量的糖皮质激素对神经元更多的产生危害作用。因此糖皮质激素对神经元的发育起着重要的调节作用。

资料二：免疫细胞上的受体类型

免疫细胞的种类	受体类型
中性粒细胞	肾上腺素受体
单核细胞、T淋巴细胞（人）	乙酰胆碱受体
淋巴细胞	多巴胺受体
淋巴细胞（人）	β-内啡肽受体

（四）学业评价促发展

评价机会很多，评价方法也多种多样。在前面的课堂教学环节中，每一个思考问题和任务，其实都是一个诊断和评价过程。此处以练习为依托的知识评价为例。

以下为甲状腺激素作用机制图解，请回答相关问题：

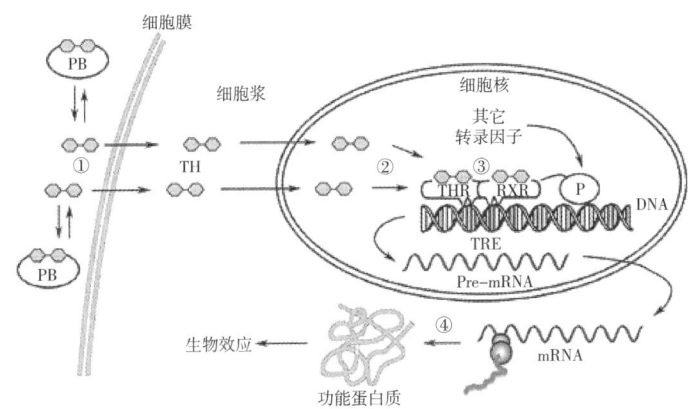

P：RNA聚合酶；PB：甲状腺激素的血浆运输蛋白；TH：甲状腺激素

甲状腺激素的细胞内作用机制示意图

人处于寒冷环境中时，在_____分泌的促甲状腺激素调节作用下，甲状腺的活动加强。由图推测，甲状腺激素直接调节的是_____过程，最终产生的生物效应。另一方面甲状腺的生理活动也受自主神经的控制，由此看来，甲状腺及支配它的神经末梢属于反射弧中的_____，轴突末梢释放的肾上腺素和去甲肾上腺素属于_____。

学生思考，可能形成的答案：

垂体；转录；效应器；神经递质。

师生探讨：

甲状腺既是反射弧中的组成部分，也是内分泌腺中的组成部分；肾上腺素和去甲肾上腺素既是神经系统中的分子，也是内分泌系统中的分子……他们都分饰两角，亦或者说在神经调节和体液调节中"含混不清"，这也说明了功能间存在联系的必然性。

提炼重点，形成板书：

```
        决定
结构间存在的客观联系 → 功能间存在着必然联系
```

设计意图 通过练习，客观的认识自己的掌握情况，同时再次通过事实，认识、认同结构间的联系决定了功能间的联系，从系统、信息的视角，阐明神经系统、内分泌系统与免疫系统之间的联系，深化稳态与平衡观。在这个任务中，有教、有学、有评，实现了一体化。

附：本节板书。

```
        决定
三大系统间的客观联系 → 人体三大调节方式间的关系
```

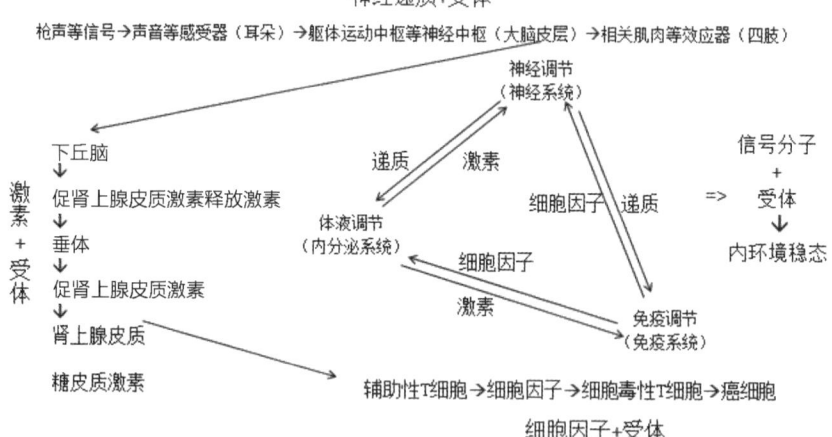

应用数学模型提高生物学核心素养的实践研究

首都师范大学附属回龙观育新学校　严惠馨　刘艳秋

生物学研究中常用的模型类型包括概念模型、物理模型和数学模型，模型可反应科学探究的过程，其中数学模型和数学建模作为一种对实验数据进行处理的方法和手段，可以帮助学生理解知识间的关系，把复杂的问题简单化，因此建立数学模型的方法是生物科学方法教育的重点。同时数学建模也是数学学科的核心素养之一，因此学生具备一定的基础，这也充分体现了学科交叉融合的特点。

一、模型与模型构建

广义的模型是指某个实际问题或客观事物、规律抽象后的一种形式化表达方式，以简化的形式再现原型的各种复杂结构、功能和联系，是连接理论和应用的桥梁，如图1所示。一般来说模型由三个部分组成，即目标、变量和关系，其中目标确定要研究的问题；变量反应事物在幅度、强度和程度上变化的特征；通过分析确定变量间的关系，明确因果。模型构建的简称是建模，强调构建模型的过程、思维和方法，结果是获得相关的模型，解决实际问题。建立模型的过程是一个思维与行为相统一的过程，是通过对科学模型的研究来加深对原型认识的方法。模型是否成功，还需要进行检验和修正。

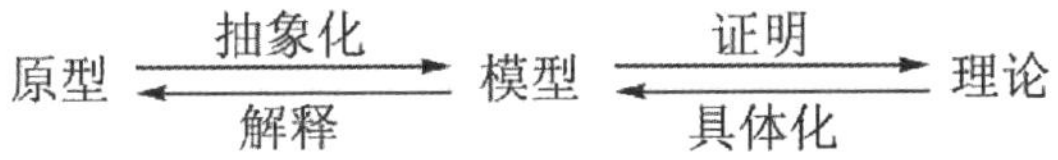

原型 ⇌(抽象化/解释) 模型 ⇌(证明/具体化) 理论

图1　模型与原型的关系

二、数学模型及在高中生物教材中的体现

数学模型是指在对实际问题进行分析和高度抽象基础上建立起来的数学关系，可以通过方程式、表格、曲线图等表示，是客观事物运行规律和变化发展趋势的反映。

数学模型在高中生物教学中的体现类型主要包括函数模型、集合模型、排列组合模式、概率模式等,表现形式多为公式、表格、曲线图、折线图、柱状图等。教师运用数学模型指导学生学习需要认真分析并研读教材中对数学模型的使用情况,在人教版高中生物教材(2019版)中有多处体现对数学模型的使用,对教材中不同栏目涉及的数学模型进行分布统计,结果如图2。其中正文部分占比31%,以稳态与调节模块为例,激素的动态变化多用曲线图表示,例如生长素浓度与植物不同器官生长反应的关系示意图、草莓果实发育和成熟过程中乙烯含量的动态变化等,通过对曲线图的分析学生能够明确激素在植物生长发育的不同时期相互协调。在生物与环境模块中,种群数量的变化也多采用曲线图的形式,通过图像能够把复杂的种内种间关系表示出来,体现出生命观念中的稳态与平衡观。思考讨论对数学模型的使用占比21%,值得关注的是课后习题栏目练习与应用、复习与提高部分占比较高。从对数学模型的体现类型来看多为曲线图和折线图,具体结果如图3,曲线图(折线图)是基于真实的实验数据,通过曲线对表格中的变量建立联系,一般表示因变量随自变量的变化。整体上看,在生物学研究背景下,数学模型作为一种表现形式要求学生能够根据生物学事实,基于给定的数学模型进行分析,找出自变量和因变量间的关系,总结规律,运用数学模型解释生物学现象或预测未来的事物发展。因此在生物教学中对数学模型的分析,以及引导学生进行建模是必要且重要的部分,有利于发展学生的核心素养。

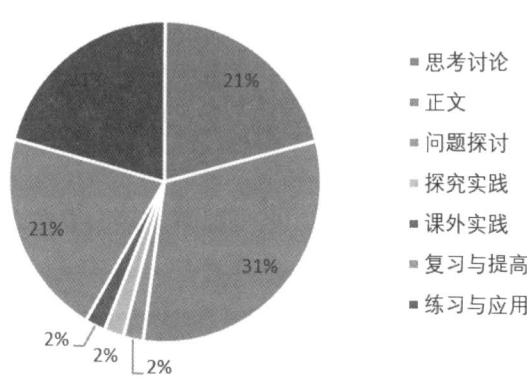

图2 数学模型在人教版高中生物教材不同栏目呈现的相对分布

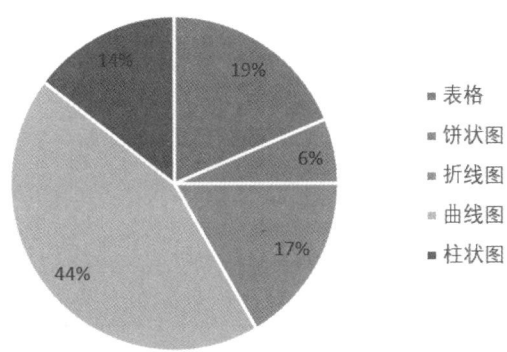

图 3　数学模型在人教版高中生物教材中体现形式的相对分布

教师在对教材内容深入挖掘的同时，大多会根据教材内容，引导学生自主构建数学模型进而加深对生物学问题的理解，这也是建立在学生对教材中数学模型掌握的基础之上。以分子与细胞模块为例，教师在讲授氨基酸脱水缩合的过程后，会引导学生探究不同数目的氨基酸形成肽链时氨基酸数、脱水数、肽链数、肽键数间的关系，进而获得通用的"公式"。

三、应用数学模型提高生物学核心素养的实例

教材对"建立数学模型"方法的介绍和应用集中在高中生物选择性必修 2 第 1 章第 2 节"种群数量的变化"中。下面以本课为例，探讨应用数学模型提高生物学核心素养的方法。本节课以探究"大肠杆菌种群数量的变化"为情景进行教学，引导学生进行系列实验，探究试管中大肠杆菌种群数量的变化，课堂中根据真实的实验数据，运用模型与建模方法构建大肠杆菌种群数量的增长模型，总结建立数学模型的一般过程，并对模型进行应用，让学生真正体会在做中学的乐趣。

（一）、使用理论分析数据，构建数学模型

1. 提出问题

研究表明大肠杆菌每 20min 就通过二分裂繁殖一代，在营养物质充足、生存空间无限的情况下，大肠杆菌种群数量如何变化？

2. 做出假设

在资源和生存空间没有限制的条件下，大肠杆菌种群数量不会受种群密度增加的影响。

3. 建立数学模型

该环节教师应注意对学生学习方法的指导，根据数据建立合适的数学模型。

该环节教师可以提供如下表格1，让学生填写1个大肠杆菌在不同时间产生后代的数量，根据理论分析数据，写出第n代大肠杆菌数量的计算公式（$N_n=2^n$），该过程符合学生的认知水平，养成良好的数据分析习惯。为了更加直观的表明大肠杆菌种群数量随时间的变化情况，可以时间为横坐标，大肠杆菌数量为纵坐标，运用表格数据，在毫米方格纸中画出大肠杆菌种群的增长曲线，实际教学过程中教师应引导学生总结作图的注意事项。通过构建公式和曲线模型，得出结论，在理想情况下，大肠杆菌种群数量会呈J形增长。

表1 大肠杆菌繁殖产生的后代数量

时间（min）	20	40	60	80	100	120	140	160
分裂次数	1	2	3	4	5	6	7	8
数量（个）								

该环节重在培养学生基于理论数据，运用科学的方法认识事物、解决问题的思维习惯，在学习过程中合理运用模型与建模的方法来解决问题。

4. 检验或修正

"实践是检验真理的唯一标准"，因此需要通过实验进行验证，但是在实验条件下无法实现绝对理想情况，因此可以把问题进行转化，探究在真实条件下大肠杆菌种群数量的变化。

（二）使用实验室获得数据，构建数学模型

1. 提出问题

在营养物质、生存空间有限的情况下，大肠杆菌种群数量如何变化？

2. 做出假设

大肠杆菌种群数量会受种群密度、营养物质等的影响，因此不会一直呈J形增长。

3. 建立数学模型

该环节需要学生确定可行的探究课题进行分组实验，例如探究有限空间条件下大肠杆菌种群数量的变化。确定课题后教师应指导学生查阅相关文献进行实验设计，由于该部分涉及"发酵工程"的相关实验操作，给学生的实验设计和后续的操作带来了一定的困难，因此该实验可以选择感兴趣的同学，并不一定要设计成全班性质的实验课。可通过分享实验数据的形式进行后续的数学建模活动。经过科学探究的一般过程，学生获得实验数据，进行全班分享，经过上一环节使用理论分析数据，构建数学模型的过程学习，学生能够描点作图，建立大肠杆菌在有限环境下的种群数量增长曲线图。

4. 检验或修正

班级内不同的实验小组获得的实验数据不完全相同，因此可以根据每组的实验数据建立曲线模型，通过对比总结出大肠杆菌种群数量的S形增长曲线。

（三）使用数学模型，得出实验结论

教师引导学生思考大肠杆菌种群数量的S形增长曲线是否可以抽象概括为适用于一般种群的S形增长曲线模型呢？引发学生思考，发挥头脑风暴。该部分教师可以进行多种处理，比如可以更换实验材料继续探究不同种群数量的增长情况，也可以查阅相关的资料获得不同种群的增长曲线，通过对比引导学生运用不完全归纳法，由一系列具体事实推出一般结论，总结出种群S形增长曲线模型，如图4。通过实验探究得出实验结论，在潜移默化中培养学生形成生命观念中的进化与适应观、稳态与平衡观。

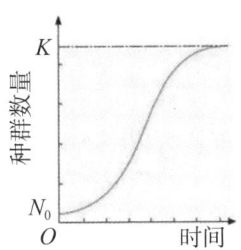

图4 种群的S形增长曲线模型

（四）归纳建立数学模型的一般步骤

教师引导学生回顾建立种群J形增长曲线和S形增长曲线的过程，归纳建立数学模型的一般步骤：提出问题—作出假设—建立数学模型—检验或修正，培养学生形成模型与建模的科学思维。

（五）数学模型的应用

数学建模的过程有利于培养学生的科学探究能力和科学思维，还能形成一定的生命观，学习的最终目的是能够应用所学知识解决实际问题、参与社会事务的讨论。建立数学模型不是目的，所建立的模型应该为实际生产生活提供一定的理论指导。因此在建模后教师应该提出相关问题，激发学生的社会责任感。例如学习完本课，教师可以从以下几个方面提出问题：

降低环境容纳量角度：如控制家鼠数量的思路和具体措施；

提高环境容纳量角度：如保护大熊猫的根本措施；

K/2 的应用：如选择渔业捕捞的最佳时间。

四、反思与体会

（一）理解数学模型是基础

通过对人教版高中生物教材中使用数学模型情况的梳理，明确数学模型作为一种方法和结果呈现形式在教材的各个栏目均有体现，对数学模型的解读有助于学生理解生命现象的本质，因此在日常教学中要注重引导学生对数学模型的理解。不能拘泥于细节的像与不像上，背离模型方法简单化、抽象出本质的要旨，更不能弱化活动中必要的思维过程，以形成一个"正确"的模型为唯一目的。

（二）落实建模活动是关键

在日常教学中落实建模活动是学生真正提升学科核心素养的关键，因此要增强学生的课堂参与感，通过亲身经历加深对数学模型的理解，增加学生的学习动机。

（三）提升核心素养是目的

新课程标准中强调让学生主动地参与学习，在经历科学探究的一般过程中提升学科核心素养。教学设计中不同环节指向核心素养的培养尤为重要，"种群数量的变化"一课包含5个大环节，每一环节都指向核心素养。数学模型在生物课堂的使用是培养学生核心素养的重要方法，教师应注意平时积累，把核心素养的培养贯穿到实际课堂教学中。

初中历史作业设计初探

首师大附属回龙观育新学校　王玲玲

一、初中历史作业设计的重要性

在日常的教学过程中，作业是其重要的组成部分。教师应根据本校的校情和学情设计作业，通过布置作业和对学生的完成情况进行批改，可以更深入地了解学生的实际情况。笔者认为对于初中历史作业来说并不需要所谓的"题海战术"，而单一、量多、重复的练习，对学生来说也不是长久之计，所以笔者尝试从历史课程核心素养出发，立足于学生，设计能让学生感兴趣促使其自主学习，通过设计作业的各个环节，帮助学生及时巩固知识，查缺补漏。

二、初中历史作业的设计与实践

（一）基于历史学科核心素养，依据课标要求

在教育部制定的《义务教育历史课程标准（2022年版）》中，历史课程要立足于学生核心素养的发展，充分发挥历史课程的育人功能。学生通过课程学习逐渐形成正确的价值观、未来能具有必备品质和关键能力。历史课程的核心素养主要包括唯物史观、时空观念、史料实证、历史解释、家国情怀五个方面。在课程标准的指导下，笔者在设计作业的过程中注重对学生的历史核心素养的培养。

（二）以学生为主体，针对学生学习情况

树立以学生为主体的教学观念，注重学生自主探究学习活动，体现学生在教学中的主体地位。笔者通过选择多样化的教学资源，在课堂上引起学生们的注意力和兴趣。通过参加各种丰富多样的教研活动，也促使去探索多样式的教学方法和方式。在日常的教学过程中，将现代信息技术与历史教学进行融合。

笔者设计作业主要由以下几个环节组成：【作业目标】、【课前预习】、【课上学习】、【课堂总结】和【课后练习】。比如，人教版八年级下册第四单元第13课《香港和澳门回归祖国》，课标要求：了解香港、澳门回归的史实。本课围绕祖国统一这一主题展开，内容包括邓小平提出"一国两制"的构想、香港和澳门回归祖国两部分组成。在设计作业时，我将作业的第一个环节【作

业目标】进行细化（表1）。

表1　第13课《香港和澳门回归祖国》作业目标

作业目标	1. 说出香港、澳门问题的由来 2. 了解"一国两制"的提出，理解其含义 3. 了解香港、澳门回归的过程和原因、认识港澳回归的重大意义 4. 理解祖国统一是中华民族共同的心愿和历史的必然趋势

第二个环节【课前预习】，考虑到有一部分学生对于新知识的学习存在困难，所以第二环节的设计意图是为了学生能更有效地学习新课做"铺垫"。课前预习一般以"填空题"或"时间轴"或"问题链"等形式构成。在进行预习前帮助学生对预习的内容和方法进行指导，促使学生对新课内容产生兴趣，使得在上课时不需要再花费时间去熟悉知识，从而提高课堂学习效率（表2）。

表2　第13课《香港和澳门回归祖国》课前预习

课前预习
温故知新：复习回顾在中国近代史中学习的几个不平等条约的内容，了解香港、澳门问题的由来。 知识建构： 一、"一国两制"的构想 1. 提出：进入改革开放新时期后，＿＿＿＿＿从维护祖国和中华民族根本利益出发，创造性地提出了"＿＿＿＿＿"的伟大构想。 2. 内涵：在＿＿＿＿＿的前提下，国家的主体坚持＿＿＿＿＿，同时在台湾、香港、澳门保持原有的＿＿＿＿＿和生活方式长期不变。 3. 地位："＿＿＿＿＿、＿＿＿＿＿"是完成祖国统一大业的基本方针。 二、香港和澳门回归祖国 1. 概况：＿＿＿＿＿，中国对香港恢复行使主权，中华人民共和国＿＿＿＿＿正式成立；＿＿＿＿＿中国对澳门恢复行使主权，中华人民共和国澳门特别行政区正式成立。 2. 意义：香港、澳门回归祖国，标志着中国人民洗雪了百年国耻，在完成＿＿＿＿＿的道路上迈出了重要一步。

第三个环节【课上学习】依据课表要求，确立香港和澳门回归为本课重点，"一国两制"的含义为本课难点。第三个环节需要学生在课堂上边学边写，在授课过程中帮助学生掌握知识的重点、突破难点。作业的使用贯穿于整节课堂甚至包括课后，作业的大部分内容是学生可以当堂同步完成的。作业不再是学生的负担和压力，而成为学生学习和自主探究的载体（表3）。

表3 第13课《香港和澳门回归祖国》课上学习

课上学习	
小任务1：回顾历史，香港和澳门问题是怎样形成？并梳理回归香港、澳门祖国的过程？ （1）香港问题的由来及香港回归祖国（请完成以下表格的空白内容）	
1842年《南京条约》	
1860年《北京条约》	
1898年《展拓香港界址专条》	
1982年	
1984年12月	
1997年7月1日	
（2）澳门问题的由来及澳门回归祖国（请完成以下表格的空白内容）	
1553年	
1887年《中葡会议草约》《中葡北京条约》	
1987年4月	
1999年12月20日	
（2）澳门问题的由来及澳门回归祖国（请完成以下表格的空白内容）	
1553年	
1887年《中葡会议草约》《中葡北京条约》	
1987年4月	
1999年12月20日	
小任务2：分析香港、澳门顺利回归祖国的原因？（依据材料并结合所学内容）	
小任务3：分析香港、澳门回归祖国的意义？（依据材料并结合所学内容）	
小任务4：理解并概况"一国两制"的含义？	
（PPT图片所示：上课时笔者用示意图进行讲解，帮助学生理解）	

第四个环节【课堂总结】，学生通过在课上的学习已基本上掌握了本课的重、难点知识。在本节课的尾声，笔者引导学生将课本中琐碎繁杂的内容以"思维导图"或"示意图"等形式进行课堂总结。学生通过思维导图等形式，可以将"一国两制"的提出者、出发点、前提和含义等内容清晰地总结出来。

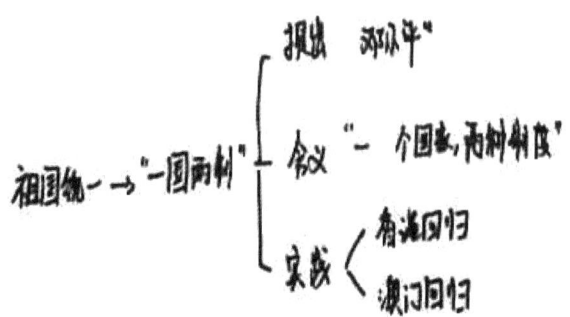

（图片为：某同学课堂总结的示意图）

三、初中历史作业的优化与反思
（一）优化精制作业，设计有层次有梯度的问题

依据课程标准，将学科能力划分为三个层次"了解""理解"和"运用"。所以笔者在设计作业的第四个环节【课后练习】紧扣课标，设计有层次有梯度的问题。在选题方面做到"少而精"，避免有重复性的题目。在授课过程中，指导学生对材料进行分析、归纳和总结，在日常学习中，提高学生的学习方式、拓展学习思维，提升学生分析和解答问题的能力。在设计作业的过程中进行适当的调整与优化。作业的总量和完成时间不等同于学生的学习效果，所以控制好每次作业的总量和时间也是给学生减负的关键。

表格4 第13课《香港和澳门回归祖国》课后练习

作业时间	10～15分钟
整体难度	简单题50%、中等题40%、难题10%
题型设计	选择题、材料分析题
题目来源	依据《海淀名师伴你学》、各区模拟题和中考真题等，节选改编。
课后练习（节选部分题目）	

续表

一、选择题
1. 下面两幅图片相关的历史事件是中国政府解决历史遗留问题的成功范例。它践行了（　　）

A. 人民代表大会制度　　　B. 民族区域自治制度
C. 和平共处五项原则　　　D. "一国两制"的构想

2. 20世纪即将结束的时候，有一首歌谣家喻户晓，中国人唱着这首歌，迎来了一个被外国人租占的领土的回归。这首歌的歌词应该是（　　）
A. 雄赳赳，气昂昂，跨过鸭绿江　　B. 一九七九年，那是一个春天
C. 你可知"MACAU"，不是我真姓　　D. 我和你，心连心，同住地球村

材料分析题（节选）
材料：从1997年到2016年，香港本地生产总值由1.37万亿港元增至2.49万亿港元，特区政府的财政储备由4575亿港元增至9083亿港元。香港已连续23年被评为全球最自由的经济体，营商环境和竞争力长期在世界上名列前茅。

——国务院港澳事务办公室

（1）依据材料，概括香港回归后的经济发展状况。

（2）依据材料并结合本课所学，谈谈你对推进祖国统一大业的认识。

（二）落实作业在实践中的成效与问题反思

就现阶段学生落实作业的反馈，课堂效率有了明显的提高。学生能在课堂上通过合作探究，师生、生生间互相讨论，答疑解惑，从而提高课堂效率。

然而在作业设计和落实上也存在着一定的问题，比如：就目前来说，作业的形式还是以每课的课时作业为主体，缺少阶段性的作业设计。因此，历史作业还需要设计如"单元式"的、"专题式"的。尤其是对于毕业年级的学生在复习时应注重以单元为线索，专题式作业在复习课上有助于培养学生的核心素养。除此之外，也应设计一些活动探究类的作业，笔者曾在开发历史校本选修课程时设计过相关内容的作业（外出任务单），但只带领一小部分学生展开过实践活动。那么在设计寒暑假历史作业时，在允许的情况下可以设计布置一些活动探究类的作业。

对于笔者而言，设计作业是一个需要长期学习、不断完善的过程。这有利于提高我自身的专业发展和进一步加深对历史学科的理解。如何能发挥作业真正的作用，还需要笔者和同行老师们的共同努力。

浅探核心素养下减负提质的中学历史教学
——以义务教育教科书八年级上册第八课革命先行者孙中山为例

昌平区第二中学　贾林蓉

我认为要想实现素质教育，目前全国的教育教学工作中还存在一些需要改进的问题，下面我将以义务教育教科书八年级上册第八课革命先行者孙中山为课例具体探讨如何在中学历史教学学科核心素养的指导下落实减负提质的任务。

一、现实问题
（一）课堂教学问题

对于义务教育阶段的中小学生而言，校内课堂教学是学生接受教育的主阵地，但在课堂教学中依旧存在一些需要改进和完善的地方：

1. 教学设计形式单一、缺乏创新

由于新时代下信息化技术的发展与应用，教师对于备课的观念有所减弱，太过于依赖网络资源和信息化教学手段，使得教学设计出现雷同，图片、史料等没有进行甄选和缺少针对性，教学设计缺乏教师思考没有创新等问题，这都不利于因材施教，不利于学生历史学科核心素养的培养，也会导致课堂质量的下降。

2. 课堂内容枯燥无味、缺少吸引力

在传统的课堂教学模式中，教师过多的讲述，没有给学生参与课堂的机会，缺少师生的互动与配合，这样的课堂枯燥乏味，也就失去了它原本的魅力，大大减弱了学习成效。

3. 课堂教学影响不足、忽视素质提升

缺少魅力的课堂教学会更加重视知识的传授而忽视了学生的全面发展，更多的是为了应试教育而教育，那么课堂的影响力会大打折扣，与我国培养素质人才的思想也是相违背的，也会影响到学生多方面能力的发展。

（二）课外负担问题

如果课堂教学未能达到良好的教学效果，那么课后作业、课外辅导班等问题就会随之而来。在学校要求和教学任务的压力下，教师可能会忽视了教学质量的提升，更加重视学生成绩，这样课后作业也会变成机械、重复式的作业，各科作业相加就会延长学生作业时间，学习效率下降，形成恶性循环。另外，家长"不让孩子输在起跑线"上的想法，课堂教学效果减弱更是直接影响了家长报课外班的心理，无形中会增加学生负。

针对以上问题，我以义务教育教科书八年级上册第八课革命先行者孙中山为例论述我对于上述问题的解决。

二、解决方案

在本节课中，我转变了传统的教学理念，将课堂还给学生，创设历史情境发挥学生主体性，调动学生学习的积极性，布置开放式作业，提升作业质量并加强家校合作，合力共促学生健康发展。

（一）转变教学观念

1. 精心备课，创新教学设计

我会依据课标仔细研读教材，并通过对学情的深入分析确定重难点及创新突破重难点的方法。

本节课的课程标准是了解孙中山早年的革命活动，知道孙中山是中国民主革命的先行者。通过对本节课的教材内容进行分析和研究发现：孙中山这一历史人物是本单元的灵魂和串联本单元的主要线索。本课在本单元中起到了呼应单元主题，引领单元内容的作用。

对于学情，学生虽然有一定的学习本课的基础，但初二学生的思维发展能力尚不完善，对孙中山的精神品质感悟不深。因此，在教学过程中，教师要结合学生实际情况，通过讲故事、解读史料，同时采用图片、视频等表现形式，创设历史情境，直观再现历史史实，通过对史料的分析提高论从史出的能力，培养史料实证的核心素养。

本节课我制定的教学重点是同盟会的创立。教学难点是三民主义的内涵和孙中山在民主革命中的地位。我采用的教学重难点突破方法：同盟会的创立是本课重点内容，教师通过出示同盟会创立小视频，让同学们尝试自主概括列出具体内容，同时结合史料，加深同学们对同盟会性质和影响的理解。

2. 改变课堂结构，发挥学生主体性

在导入中，我通过提问同学们知道有哪些具体纪念孙中山先生的方式来激发学生的学习兴趣，从而吸引学生注意力，进入新课。新课讲授第一部分少年逐梦、青年寻路、中少年逐梦的部分，首先我通过出示图片，让同学们讲故事的方式培养同学们表达交流的能力和归纳概括的能力，给予同学们参与课堂的机会。接下来我会出示史料并提问：在美国檀香山，孙中山能看到什么样的场景呢？孙中山见识到西方先进的社会后再回想中国，随着列强的侵略，中国逐步沦为一个半殖民地半封建国家。孙中山会怎么做？创设情境，引导学生思考。紧接着我通过出示史料的方式让同学探究孙中山救国的方法和目的发生了什么样的变化？及为何孙中山坚定不移地走上了革命的道路？在青年寻路部分，我会让同学们通过阅读课本，回答在革命道路中，孙中山采取了哪些具体行动呢？然后找出兴中会建立的时间、地点、宗旨、口号、地位，培养学生从史料中提取关键信息的能力。接下来请同学们通过课前查阅资料，说出广州起义的时间、领导人、地点及结果。出示史料回答能够学习到陆皓东身上怎样的革命精神，从而培养爱国主义情感。

新课讲授第二部分愈挫愈勇、创同盟会是本节课的重点内容，通过学生阅读课本，概括出同盟会创立的背景，教师播放同盟会创立的小视频，同学们自主完成学案上同盟会成立的时间、地点、领导人、机关报、性质、政治纲领和影响，培养学生自主学习的习惯，激发学习兴趣。三民主义的内涵又是本节课的难点，教师通过让同学们阅读课本找出同盟会十六字政治纲领与三民主义中哪一条一一对应，并连线的活动使每位同学都参与到课堂中来并积极思考问题。出示史料，通过一问一答的方式，引导同学们层层深入理解，提升思维发展水平。

新课讲授第三部分革命先行、一往无前中让同学们通过回顾本节课的知识内容回答：孙中山为什么是民主革命的先行者来升华主题，理解孙中山这一历史人物是本单元的灵魂和串联本单元的主要线索，为后来的学习奠定基础。最后出示史料，请同学们小组讨论能从孙中山先生身上学到哪些宝贵的精神，提升学生合作交流的意识，树立正确的价值观，培养历史学科核心素养。本节课教师通过自主学习、合作探究的教学方式将课堂还给学生，不仅重视知识的学习，更重视学习方法、习惯的培养和能力的提升。

（二）提升作业质量

本节课我不再布置重复、机械式的作业，而是采用开放式作业，让同学们以革命先行者孙中山为主题绘制一幅手抄报，可查阅相关资料来完成。本次作业学生可根据自身情况来完成，实现了分层布置作业、因材施教的目的，不仅能够使学生掌握基础知识，还能培养学生创新意识与动手能力。

三、实践成效

教师在今后的教学过程中,都应着眼于课堂,授人以鱼不如授人以渔,做青少年健康成长的引路人。

初中地理作业设计研究

昌平二中　陈双

本文对作业的设计进行了深入的思考、研讨和设计。针对作业内容和作业形式进行设计研讨，如何能更好地复习课上知识、辅助课上教学、提升学生的地理思维能力和地理实践力，同时又能激发学生的学习热情、让学生轻松愉悦的完成地理作业。

针对以上情况，本文总结如下地理作业的设计方法：

一、设计富有地理情趣的作业、让学生成为学习的主动者

瑞士心理学家皮亚杰说："所有智力方面的工作都依赖于兴趣。"对于地理作业如何提高学生兴趣，我们可以从学科本身入手，挖掘学科本质，我校初中地理组的各位教师根据学生兴趣设计多次贴近生活的地理作业，例如：学习了气温降水和气候特征这一节课后，让学生作有关天气预报的作业。具体内容如下：学生观看某天的天气预报，设计天气符号卡片和解说词，录制三分钟视频，评选最佳天气预报解说员和天气符号卡片设计员，做成微信公众号。学生们参加踊跃，很好地掌握了天气符号对天气和气候的区分也很透彻。

二、设计富有探索性的作业、让学生成为学习的探究者

探索性的作业要求学生有一定的知识积累和生活实践，能够培养学生提出问题、分析问题、解决问题的能力。这就要求探索性的作业要有学生思考和操作的空间，老师在设计探索性的作业时，要有计划有步骤引领，之后让学生们探索实践，让学生感受探索的乐趣。例如在学习七年级上册第四章中国的自然资源这节，给学生布置的作业就是关注社会事实－垃圾分类。设计的探究作业如下：第一步：调查垃圾分类现状：社区、商场、公园、学校、工厂（优点不足）。第二步：班级垃圾分类，如有分类不当，进行整改一个月，其间学生做好记录。第三步：小组课题探究垃圾分类对生态环境、国家发展、未来社会的影响。此次作业关注生活热点问题，垃圾分类大家都在做，但执行的力度不同。所以社区、商场、公园、学校、工厂产生的垃圾种类也不同。学生可以通过访谈法、

数据调查法、对比分析法来进行这次实践探究作业。之后再结合上课所学内容和生活经验的积累，互相探究制定方案计划，之后让学生在探究中摸索方案的优点和不足，再进行修正，获得经验的积累知识的应用。

三、设计贴近生活的作业、让学生成为地理知识的实践者

地理作业也只有紧密联系学生的生活实际，从生活中寻找学生感兴趣的作业素材，引导学生用地理的思维方法去观察和认识世界，帮助学生真正获得富有生命力的地理知识，使他们不仅理解所学的知识，而且能够运用自如，从而切实体会到地理作业的趣味性和应用价值。在留作业时既要贴近生活又不能忽视学科知识的专业性、系统性。

例如在复习地图这一节，需要强调地图三要素及图符相同比例尺大小与内容详略的关系。作业设计如下：教师发给每位学生一张统一A4纸，让学生绘制校园平面图、教室平面图、教学楼平面图。

学生在实践操作中，发现测量工具尺子不够长，自己带来了毛线，有的组是量步子，有的组使用手机程序测距离。一同负责记录数据的同学，使用铅笔记录。根据图幅设计比例尺，学生有的选择数字比例尺，有的选择线段比例尺。方向的标注，学生有的是根据每天上学放学日出日落的方向判断东、南、西、北，进而判断学校大门的朝向。有的同学根据自己家小区的方向判断学校的方向，有的是根据路上的路标指示牌确定东、南、西、北，然后确定大门的方向。还有的同学根据手表指针正午朝向来判断方向。还有根据北极星位置来判定学校的方向。学生们同时还总结出绘图时的优点和不足及改进措施。

这次作业全面体现了地理学科实践力，紧密联系生活实际，根据绘制校园平面图的方法，学生还可以延伸到绘制家庭平面图，卧室平面图，自己设计装修等。让学生在实践中检查自己课上知识掌握的程度。锻炼学生分析问题、解决问题、互相合作的能力。让学生成为地理知识的实践者。从而激发学生的学习热情和完成作业的激情。

四、设计分层作业、让学生成为作业的收获者

学生的理解能力、生活体验、学习基础都存在差异，新课标要求根据学生个体差异和课程内容，关注学生身心发展特点，设计分层次的作业。让每位学生都能够参与、思考、创造、表现，进而检查学生对所学知识的掌握程度。这就要求作业设计考察有能力层次、知识梯度、既有操作的作业也有知识检测的作业。作业设计要体现满足这些方面，了解学生学习能力差异来分层设计作业

尤为重要。可根据学情将作业难度分为 A、B、C 三层。思维能力、理解能力、应用能力比较强的选 C 级，知识梯度和中等能力选 B 级，知识能力相对基础的同学选 A 级。

例如：思维能力、理解能力、应用能力强的对应探究性作业、实践应用，总结归纳的作业。在学习地球和地图这节，学生初学地球和地球仪，经纬线、经纬度，经纬网定位等相关知识。对经纬度的判定，经纬网定位理解应用有难度。针对学生知识掌握和能力层级设计作业如下：

思维、理解、应用能力强的同学，对应 C 级，利用乒乓球和铁丝制作小地球仪。设计时，学生需要注意地轴的空间指向北极星，绘制经线时注意经线是连接南北两极点的半圆弧，长度相等；纬线是平行于赤道的圆圈，从赤道向两级逐渐变短，到极点变为一个点。同时标注简单的经纬度，考查学生对经纬度划分的掌握情况。让学生总结制作地球仪需要注意的事项。强化经纬、纬线，经度、纬度的特征。

中等能力层级对应 B 级，做考察知识概念的填空题，考察赤道、南北回归线、南北极圈、南北极点特殊纬线的度数；高中低纬、五带的划分；本初子午线，东西半球的划分；经线、纬线指示的方向。

A 级相对基础的，整理笔记，总结知识点，做基础习题。

五、根据学科特点和学生需求设计丰富多样的作业形式和内容来巩固课堂教学

（一）读书报告类型

读书报告类作业适合基础弱的同学，让学生拓宽眼界，培养学习兴趣。中学生感兴趣的任何地理相关东西，都可以去查找资料，汇编成文，并在其中谈一些自己的体会形成读书报告类型的作业。老师需要强调报告内容必须和题目贴切，内容的阐述必须围绕题目而进行，每大段之间最好加一个标题，不同的内容放在不同的大段标题之下，使读者能一目了然即可。

（二）社会调查研究类型的作业

社会调查类作业可以让学生开拓视野，延伸课堂知识，提高学生的沟通能力、发现问题、解决问题的能力，能力考查层级高。社会调查的范围很广，很多地理社会现象都可以作为我们研究性学习的内容。例如在讲解资源和环境时留的调查类作业：垃圾分类现状调查、北京水质调查；在讲解人口和民族时留的作业是：让学生调查学校的民族构成和人数等。让学生调查验证自己所学的民族分布特点。调查类作业可以让学生深切地感受到地理源于生活，服务于

生活。

（三）设计类型的作业

学生的兴趣、审美、特长多种多样，老师需要给学生搭建展示的平台，让学生发现自己的闪光点。设计类型的作业可以培养学生的创新思维，有的设计可能是一种顿悟，有的设计需要进行资料的收集和实验。这无疑都是需要学生结合自己地里课上所学知识和生活实际结合，把自己的知识、技能创造成果展示给大家。在学习七年级上册中国主要的河流和湖泊时，留的作业是设计一期有关长江、黄河的手抄报；在学习人口和民族这节留的作业是设计民族服饰展、特色传统民居展等。既考察了学生对知识的掌握，也开拓了学生的学习思路，培养学生的动手能力，理论联系实际，调动学生的学习热情，提高学生的复习效率。

（四）小课题研究类型的作业

学生可以针对社会热点地理内容，进行阶段性的跟踪查找资料，学生研究城市化柏油路对地下水下渗的影响。自制水陆缸，研究生态系统，动植物的适应气候环境，生物的进化等方面的研究。查找相关文献和资料做成展板，参加环球自然日科普大赛。让学生学习有深度，研究有广度，史、地、政、生多科目结合，形成知识的融合贯通。为高中学习做铺垫。

（五）总结整理性作业

学生一天的学习、一周的学习、一个月的学习、一学期的学习都需要学生有阶段性的总结归类，查缺补漏。可以让学生设计知识脉络图，之后展示优秀作业。这对于各层次的学生深入理解学科知识都能有帮助，都能有较大收获。

六、结束语

老师设计课后作业要有针对性、启发性、创新性、实践性，这样的作业让学生巩固所学知识的同时能够获得更多的生活体验，更深入的思考学科本身的知识内涵。感受地理学科的综合思维、地理实践力，进而激发学生的学习兴趣和创新思维。面对社会对人才的需求方向，改变教学策略，设计相应的作业，激发学生内在的学习动力，是教师长期思考的问题。

大单元教学对提高中学生地理核心素养的现状研究

北京市昌平区第二中学　李阳

一、理论基础

以地理课程标准和立德树人的课程理念为指导思想，在地理课堂中提高综合性对于培养学生自主学习能力和综合思维能力具有重要意义。

结合北京市两考合一的实际情况，以落实地理核心素养为行动指南，落实中学生的地理核心素养需要将常态化的课堂进行翻转，用大单元教学的形式落实学生的综合思维。基于学科核心素养的新课程改革提出重视问题教学、开展学生思维结构评价、引导学生深度学习与关注学业质量水平等教学建议，将大单元教学与新课程改革的教学建议相结合来阐述学科核心素养下的大单元教学策略更符合时代的要求。地理核心素养包括人地协调观、综合思维、区域认知与地理实践力，本单元教学内容侧重培养学生地理实践力和综合思维的核心素养。

二、实践探究

以七年级地理地方文化特色为大单元，进行教学实践，探究实践路径和过程：

（一）联系生活实际，激发学习兴趣

课前学生查找旅游相关资料，进行线路设计，绘制旅游线路图。准备课上展示美食和服饰的相关制作材料如青稞粉、酥油茶、筒裙和PPT。查找和搜集替代材料，制作传统服饰、民居、饮食等模型。教师在学生操作环节适当提供帮助，并提供建议。

课中学生 7 人为一个小组，围坐在一起进行讨论。在饮食制作和服饰穿搭体验环节进行现场参与。教师利用希沃授课助手直播的形式展示学生现场操作环节。同时对学生的讨论问题进行升华迁移。

课后学生利用小组进行课后的知识点整理和反思。教师布置开放型学习作

业，增强学生问题迁移能力，解决实际问题的能力。

（二）情境式教学，提高学生综合思维

建立单元结构示意图（图1），单元学习内容一目了然，通过活动设计感受中国的传统文化，本节课利用情境式教学方法，结合大单元教学的理念，利用旅行社与游客之间的关系，采用启发式讲授和小组讨论相结合的方法，结合学生的生活实际和经验，了解地方文化特色，创设情境。教师强调在各环节中的语言引导，通过线路设计精彩展示环节，增加自主学习，探究学习的能力，建立区域认知，充分发挥学生的创造性思维，养成规范的地理术语表达能力，使得学生学习地理更有趣味性，寓教于乐，寓学于乐。课上通过希沃授课助手现场直播的形式，将学生制作糌粑的过程呈现在大屏幕上，使得同学们观察到细节，教师通过细节提问：为什么糌粑吃法特殊？同时追问吃糌粑配酥油茶的原因？使得问题环环相扣，教师问题追问非常及时，同时指出错误也很及时。符合杜威强调的"做中学"，学生做中有思考，有体验，有知识生成，有思维进阶。

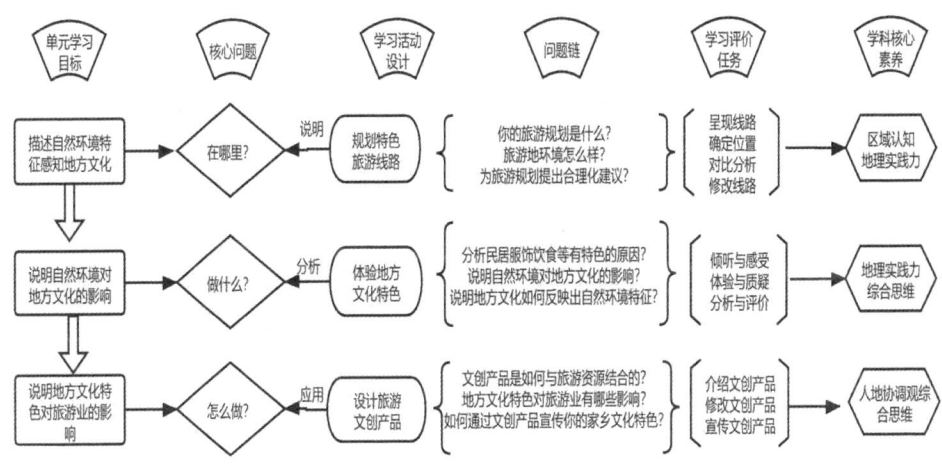

图1 地方文化特色单元结构示意图

（三）搭建实践平台，建立人地协调观

通过各旅行社制作的旅游文创产品，造福地方旅游地的经济发展，模型展示与汇报，学生能够阐述整个文创产品的制作过程，并在思考中发现问题，分析问题，解决问题。在展示的过程中发展创造性思维，养成用地理思维解决实际问题的良好习惯；形成与发展相联系的安全意识、规范意识、环保意识、质量意识、经济意识和创新意识。

三、关于大单元教学的反思

（一）教学特色

针对学情采取了不同的教学方式，特别是能够有效激发学生课堂参与的角色扮演、小组讨论等教学方式。结合讲授内容的特色，让学生在课前进行了准备，力求是讲授内容，基于学生的体验与日常生活相联系。反映出老师对于初中地理课程标准当中，学习生活中的地理相关理念的正确认识。在单元教学过程中，学生在设计特色旅游线路时，因旅游经验不相同，所以通过小组合作的方式，集思广益形成初步方案，在课堂中进行讨论和交流，形成好的修改建议，同时又初步了解各地区富有特色的文化，规划特色旅游线路为学生体验和感受地方文化特色奠定基础。

通过第二课时现场体验傣族服饰穿法和制作糍粑的形式，增强学生的动手操作能力和实际体验感，探究其自然环境对地方文化特色产生的影响，使得学生从感性认识上升到理性认识。突出了在做中学的教育理念，学生在积极参与动手的过程当中促进了思维的发展，对于区域环境与特色文化之间的联系有了更深入的认识。同时使学生对地方文化产生强烈兴趣时，也对其背后的旅游资源产生兴趣，在热爱祖国热爱家乡的情感下，精心设计富有特色的旅游文创产品，服务于当地，服务于社会，人与自然和谐相处。

（2）反思

从整个单元设计角度更加注重学生体验和动手操作，在讨论和交流中生成自己对知识的理解，但在课堂参与活动过程中，也许因活动衔接和个别语言引导不及时，学生的关注点容易出现偏颇，一部分学生更在意做了什么，而不深究其背后隐含的地理深意，单元课程结束，全程按计划参与有思考的同学会收获颇丰，但关注点出现偏颇的同学易出现收获歉收的情况。同时每节课学生在课堂生成内容较多，但老师并没有及时将学生的生成反映到副黑板上，使得在总结环节，学生需要头脑风暴，继续讨论，才能形成结论。

（3）改进措施

在关注知识落实的同时更关注整体性，把握知识及知识的联系。但在教学过程当中知识显得比较细碎，学生在落实的过程当中主要以记忆为主，而对于知识内在的联系并不是很清晰，因此建议在未来的教学过程当中，更加关注知识的发生过程及内在联系的教学，让学生充分理解知识，真正形成属于自己学习过程的知识结构积累。

将以学生为主体，学习生活中的地理落到实处，这就是我们常提到的学生在实际生活中解决问题的能力，只要按照这种以学生为核心的认知思路进行教学的设计，才能真正达到让学生将地理与生活紧密结合学习生活中地理的目标。这样的课堂才能真正地发挥培养学生核心素养的作用。

体育课中学生自主实践能力的培养

北京市昌平实验小学　谷宝鑫　李志健

小学体育教学阶段是学生初步树立体育实践意识，为培养终身体育奠定基础的关键，是放手培养学生自主实践能力的最佳时期。在这个阶段，教师要培养学生自主进行体育锻炼的意识，使学生逐步掌握自定目标，自主练习，自我评价的方法，养成锻炼身体的习惯，掌握一种评价身体的方法，为终身体育奠定基础。

一、制定出符合学生实际的教学目标，为学生自主实践活动指明方

要制定出学生通过努力才能够达到的目标，就要求体育教师必须吃透体育教学大纲内容，把教材内容的重难点，依据大纲的要求和学生的情况，制定出符合不同身体素质的学生的目标，使全体学生都能够通过自己的学习和练习完成本课的学习任务。

例如在进行单杠：跳上成正撑—前翻下的教学过程中，我们可以把这一技术串联详细分解为多个步骤进行教学。首先将该技术串联分为三次课进行教学，第一次课为跳上成正撑，第二次课为成套动作，第三次课为巩固提高。其次是在每次课中进行详细的分解练习，为学生创造自主实践的机会。以第一次课为例：（1）站立式握杆练习，初建动作概念；（2）石桌贴"手印"，感受坚持；（3）石桌支撑走，尝试身体控制；（4）模拟"低单杠"跳上成支撑练习，学习要求紧伴随，动趣相连；（5）跳上低单杠成支撑练习，感知动作方法；（6）教师讲解演示跳上成支撑动作；（7）改进动作，提高动作质量再练习。通过目标的设置，学生是在一个自主的氛围下进行的学与练，不仅可以很好地完成教学任务，同时也间接培养了学生自主实践的能力。

二、营造学生自主实践的教学环境

（一）给学生"自主权"

多年来，传统的体育教学观念和教学模式"统治"体育课堂，"禁锢"着体育教师的头脑，体育课教学多以"成人化""技术型"的教学为中心，教师

在课堂教学中长期充当着"指挥者""统治者",无情的占有了学生"主人"的地位。

当今的体育课要充分发挥学生的主体作用,一节课成功与否关键要看学生的主体作用发挥如何,看学生参与教学活动的程度,看学生学习练习的主动性,积极性。这就要求教师赋予每一名学生充分的学习"自主权"。

（二）教学方法的选择要得当

"教自有法,教无定法"。不同教材有不同的教学方法,同样的教材在不同的年级教法也不尽相同。备课时选择什么教法,要切合教学实际。使教学过程做到教学内容、教学对象、场地器材、教学手段有机结合。例如：三年级仰卧推起成桥这节新授课,在教学时,我首先安排了小鸭子捉鱼这个游戏,先让学生模仿出小鸭子的样子,游戏过后,让学生想象一下小鸭子在水中的影子是什么样,并及时出示一幅小鸭子在水中游泳的画,学生边看边想象边对比。这时老师要求学生把小鸭子在水中倒影的样子做出来,同学们根据自己看见的,想象到的基本上都做了出来,老师在不失时机地点拨这个动作的要点,使学生较快的掌握了这个动作。之后,通过生帮生的小组练习,钻桥洞,集体造桥等手段进一步提高学生的动作技能。在整个教学过程中,使学生在实践中创造性的学习,充分发挥了学生的主体作用,培养了学生自主实践的能力。

（三）进行分层教学,因材施教

在教学中,我尝试了分层次教学的实践,目的就是更好地是实施因材施教。实践中,我先按学生水平的差异分好层次,在因人而异地制订学习目标,对不同层次的学生提出各自不同的要求和教学方法,有效地解决课堂上学生"吃不饱"和"吃不了"现象。充分发挥和挖掘学生的个性潜能,促进不同层次的学生都得到最优的发展,达到全面提高学生的身体素质,更好地提高教学的效果。

如在"跨越式跳高"的教学中,将学生按身体素质和运动能力的高低分为男女各四个小组,各分为 A 组（优等生）、B 组（良好生）、C 组（中等生）、D 组（学困生）。练习中,"横杆"的高度根据各小组学生层次的不同而调节。通过高度的控制,使得各层次的学生都能达到各自的要求,获得成功的喜悦,最大限度地激发了学生学习的积极型,培养了对体育学习的兴趣,增强了学习的自信心。

（四）及时评价学生学习效果

体育课的教学任务之一是学生初步掌握三基。教师要根据本课的任务和学生的学习情况给予恰当的评价,对学生取得的成绩给予肯定,对存在的问题及时指出,帮助其改正,同时也帮助学生对动作的认识和理解。评价方式有很多种,不仅是教师对学生的评价,也可以是学生的相互评价,还可以是教师对小组的评价……运用不同方式的评价手段,既可以使学生了解自己的学习情况,又可以促进学习和练习,用时少,学得快;更能够加大学生自主练习的心理动机;同时教师还可以掌握当堂的教学效果,提高课堂教学效率。

三、启迪学生自主探索,激发学生自主实践的兴趣

在体育教学过程中,教师应当根据学生的实际情况、水平和心理生理特点,启迪学生大胆地进行自主探索,精心保护学生实践的自信心,逐步激发自主实践的兴趣。

(一)通过问题情境的设置,激发学生自主实践的兴趣

创设"问题情境"就是在教学中提出问题,激发学生思维的积极性和求职的欲望,引导学生进入"心求通而未通,口欲言而未能"的境界,这是学生自主实践、自主探索的最佳时机。

再以三年级仰卧推起成桥这节课为例,我为学生创设了小鸭子游泳的情境,紧接着我提出了问题:小鸭子在水中的影子是什么样子的?同学们展开了想象,这时我及时出示小鸭子游泳的图片,帮助学生加深印象。通过观察,我再次提出问题:大家可以把小鸭子在水中倒影的样子做出来吗?这时场地内呈现出活跃的气愤,孩子们争先恐后地进行了模仿。抓住这一时机,我做了两次示范,并进行了讲解,同时要求学生找出我的两个动作的不同点。同学们通过观察找到了我的动作的优缺点,这时我引入竞争机制,为学生们的练习创造了轻松的氛围,使得这节课的教学效果尤为突出。

(二)通过故事情境的设置,为学生创造自主实践的氛围

学生在课堂上的学习过程应当是一个积极参与、发现知识的主动探究过程。这一过程需要在一种自由、宽松、民主、平等、互助的氛围中完成。这样,学生才会积极主动地参与到学习过程中去,教师应尽可能多地为学生创设广阔的自主实践的空间,让学生充分体验,尽情享受自主实践的乐趣。

例如:在低年级的"跑走交替"教学中,我为学生精心创设了自主实践的故事情境。即:模仿解放军叔叔边防线上巡逻站岗,保卫祖国。(虽然学生对解放军的了解很少了,但中年级以上的学生通过学习课文还是知道的比较多。)学生们被角色深深地吸引住了,时而"翻山涉水"追赶敌人,时而悄无声息的巡逻侦查……师生的和谐相处与交流,激发学生大胆地参与和表现,充分发挥了学生的自主性。

当然,情境创设的方法还有很多,如形象创设法、竞赛创设法、场景创设法、角色创设法等等，都是很好的教学手段，可以应用于我们的教学过程之中。

综上所述，培养学生的自主实践能力是素质教育的需要，是体育教学改革的一个新课题。自主实践能力的培养赋予体育教学新时代的气息，它将为学生的一生奠定坚实的体育基础，这是学生终身的财富。正如叶老诗中所希望"疑难能自决，是非能自辩，斗争能自奋，高精能自探。"

对学校排球特色大课间开展的研究

首都师范大学附属回龙观育新学校　李西坤、潘婷

一、前言

（一）选题依据

健全人格首在体育，政策实施下，体育越发成了学校、社会、家庭关注的焦点。作为主流，学校体育起到了举足轻重的作用，同时也迎来新的挑战。打破传统教育思维，从"传统体育"向"新时代体育"转变，多元挖掘体育课堂的功能和价值成为优化策略。

排球是一项集竞技、娱乐、健身于一体，具有较高锻炼价值的运动项目，能够很好地锻炼学生体能、技能，培养学生身体健康、心理健康，满足学生体育核心素养培养与发展需求。近年来国家女排登上世界排坛高峰，顽强拼搏的女排精神再次得到呼应，鼓舞和感染学生茁壮成长，深受学生喜爱。作为排球传统项目学校，排球项目迅速发展，创新排球特色大课间开展更好地推动了学校体育的发展，营造了良好的排球学习氛围，同时提高大课间体育活动学生参与积极性，使学生再享受乐趣、收获技能、提高体能同时，提高学生排球学习的兴趣。

（二）研究目的与意义

本研究旨在对北京某所小学排球特色大课间的开展与应用进行研究，以发展排球特色为抓手，合理应用体育大课间，运用科学、创新手段来解决体育大课间开展的传统问题，激发学生体育锻炼的积极性，培养终身体育锻炼的意识，促进学校大课间活动的开展，并为学校开发创新型特色大课间体育活动的研究提供参考帮助。

二、研究对象与方法

（一）研究对象

本文以北京某小学排球特色大课间的开展与应用现状为研究对象，以学校小学高年级（五、六）年纪学生为调查对象。

(二）研究方法

1．文献资料法

根据研究需求，在中国知网（CNKI）平台以"排球特色大课间"为关键词检索到论文 132 篇，通过整理和分析，将与本文相关信息进行收集，同时，翻阅教育学、体育学相关的报刊书籍，这些都为本研究提供理论依据。

2．访谈法

就学校排球特色大课间活动的开展与应用情况与其他小学部体育教师和学校体育领导进行了交流、探讨，了解他们对排球特色大课间活动的认识，认真听取学校聘请北京市特级教师就排球特色大课间活动的意见与建议，通过访谈了解的情况为本研究的写作提供了理论指导意义。

3．问卷调查法

（1）问卷的设计。

参考前人关于特色体育大课间研究成果，结合平时与学生、一线教师及专家教师探讨，总结研究对象和研究内容，编制我校小学高年级学生对参与特色排球大课间活动效果调查问卷。

（2）效度检验。

将上述编制问卷，与学校领导、教师和北京市专家老师进行探讨，征求专家老师意见后进行修改，并对该问卷题目效度进行评价，评价结果表明，设置题目能够清楚调查本研究所需内容，该问卷具有效度。

（3）信度检验。

在问卷发放一周后，在被测班级随机抽取每个年级两个班学生进行二次发放，利用 excel 软件计算两次测量相似系数：（$R=0.87$）说明问卷拥有较高信度，符合调查要求。

（4）问卷的发放与回收。

本研究选取我校五、六年级学生为调查对象。每个年级随机抽取六个班级，向学生发放问卷，考虑小学生对问卷题目理解能力及答题判断力，叮嘱在家长辅助下填写问卷，及时回收问卷。共发放问卷为 480 份，有效问卷 452 份，回收有效率为 94%（表 1）。

表 1　问卷发放与回收情况

年纪	发放数量	有效回收数量	有效回收率
五年级	240 份	220 份	91%
六年级	240 份	232 份	96%

4. 数理统计法

运用 excel 软件对收集有效数据进行统计分析，并对分析结果进行归纳整理。

5. 逻辑分析法

通过归纳和演绎的方法对数据结果进行分析，得出合理观点。

三、结果与分析

（一）排球特色大课间活动方式

为了满足学生日益提高的锻炼需求，发展学校排球建设工作，发挥学校师资优势，提高学生锻炼的兴趣和效果，根据学校时间安排，每周一、三、五下午第二节课后 30 分钟时间对小学高年级（五、六）年纪学生组织开展排球特色大课间活动。

体育教师分组轮班负责活动组织，其中排球专项教师主席台负责排球技术教学与练习组织，并及时就学生练习情况进行总结评价，其他教师在操场负责巡视指导，班主任与德育干部辅助监督。

（二）排球特色大课间活动内容

排球特色大课间活动内容如表 2 所示。

表 2 排球特色大课间活动内容

目标：
1. 学生通过排球项目的学习，了解排球基本知识，掌握排球基本技术，并在练习中逐步提高技术水平，通过进行多种形式项目比赛，培养学生对排球运动的兴趣和爱好。
2. 学生在学练过程中能够全面提高身体素质，磨炼意志，促进身心健康全面发展。
3. 作为一项集体项目，学生在练习及比赛中相互配合，团结协作，培养学生优良品质，提高合作交往能力和班级凝聚力。

活动阶段	活动时间	活动内容
热身阶段	3 分钟	热身操、专项移动、慢跑
学练阶段	17 分钟	知识与技能学习、多种方式技术练习
体能或竞赛阶段	8 分钟	Tabata 体能练习、平板支撑、柔韧练习、折返跑、个人项目竞赛、班级项目竞赛
放松阶段	2 分钟	放松操、韵律操

（三）排球特色大课间活动优势

1. 排球特色大课间活动更加突出学生主体

排球特色大课间活动中，教师通过多样化的排球活动满足学生锻炼需求，充分发挥学生的主体作用,打造学生特长,使学生在浓厚的排球氛围中进行学练,同时提升参加锻炼的主动性。

2. 排球特色大课间活动设计更加科学

教师在安排特色大课间活动时充分考虑学生的情况,负荷量既要达到锻炼效果,又不能因负荷量过大而导致学生上课无精神气,影响学习效率,技术难易度要适合学生,不能过于简单使学生缺乏挑战性,也不能太难使学生缺乏信心,针对恶劣天气安排室内理论学习或观看专业赛事视频,学生适宜的方式,相比传统大课间活动更加科学,锻炼效果更佳。

3. 排球特色大课间活动开展更加安全

大课间体育活动一般参与的学生人数较多,如果没有良好秩序就容易造成一定的安全隐患,场地安全、器材安全、组织管理是需要着重关注的安全问题,排球特色大课间活动在组织前做好安全预案,尽可能地避免出现安全问题,体育中心、德育部门、班主任与值周干部共同构筑监督防线,即使出现突发危机也能及时发现并及时有效处理。

4. 排球特色大课间活动更加追求创新

实践证明,单个体育项目的大课间体育活动如果不能及时创新,不仅不能突出特色,实现组织初衷,还会为后面学校体育教学工作徒增困难。因此特色就是要保证在原有基础上不断添加色彩,使学生不断体验排球活动的乐趣,这也是对学校和教师的不断考验,在实践中不断强化教学水平。

(四)学生问卷结果分析

表3 对学生参与排球特色大课间活动的效果调查统计

问题(对参与排球特色大课间效果)	类别	百分比
1、我认为激发了参与兴趣	赞同	77.8%
	一般	21.3%
	不赞同	0.9%
2、我认为提高了身体素质	赞同	78.3%
	一般	13.2%
	不赞同	8.5%
3、我认为促进了锻炼习惯的养成	赞同	76.1%
	一般	17.2%
	不赞同	6.7%

续表

问题（对参与排球特色大课间效果）	类别	百分比
4、我认为提高了协作和沟通能力	赞同	89.3%
	一般	6.7%
	不赞同	4%
5、我认为提高了排球技能	赞同	94.7%
	一般	2.3%
	不赞同	0.8%
6、我非常喜欢大课间活动设计	赞同	76.3%
	一般	16.2%
	不赞同	7.5%

通过表3可以看出，对学生参与排球特色大课间效果调查统计，77.8%的学生赞同参与排球特色大课间有效地激发学生的锻炼兴趣，78.3%的学生认为参与排球特色大课间活动可以有效地提高力量、协调、爆发力、柔韧等身体素质，起到强身健体作用。76.1%学生认为可以有效地培养学生体育锻炼习惯，养成终身体育的意识。89.3%的学生认为参与排球特色大课间活动可以有效地提高团队协作和沟通能力，94.7%的学生认为参与排球特色大课间活动提高了自身排球技术水平，76.3%的学生表示非常喜欢学校组织的排球特色大课间活动。

通过上述数据分析可以看出，大部分学生对学校组织的排球特色大课间活动持有肯定态度，受到学生喜爱，而排球特色大课间活动也发挥了设置初衷的目标，学生再享受乐趣、收获技能、提高体能同时，提高学生排球学习的兴趣养成积极体育锻炼的好习惯。

四、结论与建议

（一）结论

1. 开展排球特色大课间活动能更加突出学生主体性，满足学生锻炼需求，发挥学生的主体作用，打造学生特长。

2. 排球特色大课间活动设计更加科学，开展过程中更加安全，学生锻炼效果更佳，参与舒适度大大提高。

3. 排球特色大课间活动的开展促进学校教师不断创新，调动学生参与兴趣，不断提高教师创新水平。

4. 学校组织的排球特色大课间活动深受到学生喜爱，学生再享受乐趣、收获技能、提高体能同时，提高学生排球学习的兴趣养成积极体育锻炼的好习惯。

（二）建议

（1）在排球特色大课间活动开展过程中教师不要过度拘泥于形式化要根据实际情况合理安排，充分发挥场地器材优势。

（2）教师在组织活动前要提前做好计划，做到有备无患，活动中加强行为规范，活动后要及时总结。

（3）教师要遵循实事求是理念下，大胆创新，敢于尝试，不断更新活动方法和锻炼手段。

（4）学校行政部门要统筹规划安排值班人员，建立完善监督体系，落实管理责任。

体育教师的自我定位及教学反思

中国人民大学附属中学昌平学校　刘瑶

体育是素质教育的重要组成部分，提高体育教育是提升素质教育的重要途径，习近平总书记在全国教育大会上进一步强调，培养社会主义建设者和接班人要在六个方面下功夫，其中，"要树立健康第一的教育理念，开齐开足体育课，帮助学生在体育锻炼中享受乐趣、增强体质、健全人格、锤炼意志。"这是对学校体育进一步的激发和完善，在减少课后作业的同时，学校增加了课后服务，同时也增加了体育社团，让学生有更多的时间和途径去参加体育锻炼。

作为体育教师，如何进一步发挥教师的职能，这是我们应该进一步反思的。青少年是体育强国的后备人才，是体育长期良性循环发展的保障。对于青少年体育来说不仅要重视课程安排、课后锻炼，更要谋划好青少年体育后备人才的选拔、训练、竞赛、教育等内容。要将青少年体育教育一以贯之地发展下去，在提高体育素质的同时，让他们的文化学习也更上一层楼。

教育作为百年大计之本，教师作为教育之本，首先要在思想上保持先进性、纯洁性，而先进性和纯洁性，就是始终坚持共产主义理想信念。明确了教师的目的任务，那么接下来就是实施环节。如何去成为一名适应社会主义社会发展的新时代教师，在自己教学工作中，我有以下的见解及实施过程：

首先，在体育课堂中，通过高效利用体育课来周期性的培养学生身体素质。依据人体发育特征位，男生在5～9岁其柔韧性的可塑性极强，男生7～14岁是移速度的发育的最佳时期，而女生力量、速度素质敏感期较男生早，女生的柔韧素质敏感期长于男生，但是女生的力量较差。耐力素质敏感期贯穿于青少年发育全周期，且该素质具有更大的可塑性。因此，从本学期开始，在第一个月，在每节课后五分钟，让学生跑三个50米，锻炼学生的爆发力、速度力量和速度素质；在三年级的课堂利用碎片化的时间来高效培养学生的爆发力。同时，我会在每节课下课前，带学生进行韧带的拉伸，从上肢到下肢，尤其是针对男生大腿后侧的韧带的练习，从而提高男生的柔韧性。为增强学生心肺耐力和速度耐力，激发学生锻炼乐趣，我在第二个月制定短跑200～400米计划，在每节课下课前让孩子进行200～400米跑，通过每节课的练习，来培养学生的速度素质，耐力素质，心肺功能等。在对力量训练上，基本上根基青少年身心发育的特点，做一些克服自重的基本素质练习。

其次，为减轻学生们课外学习的压力，三年级以下不设置作业，三年级以上设置每天一小时的作业量，这样在很大程度上增加了学生参与体育锻炼的时间，因此，我建议没有参与课外训练的学生可以组团在小区进行体育锻炼，例如："踢毽子""打鸭子""跳房子等"活动，并在课堂上教会学生如何在小区自己开展或者组织。也倡导家长在周末的时候带着孩子在公园进行亲子运动如"小篮球""小足球"等活动。既锻炼了身体，又培养了兴趣，更增进的亲子间的感情、也让学生亲近自然，拥抱自然。

最后，我在课堂会给学生讲解一些简单的运动项目规则，让学生对项目产生兴趣，所谓兴趣是最好的老师，学生对体育运动感兴趣，才会主动去学习去练习。同时也鼓励孩子们在课余去观看一些体育比赛或者奥运项目的视频，或者体育方面的纪录片或影视片。并且让学生写一些观后感，很多学生会说在看到中国队获胜的时候会觉得特别骄傲，特别激动，还有同学说在看奥运会比赛看到中国队夺冠，国旗升起了会激动的流泪，我想这大概就是体育教育最成功的时刻。

作为老师，我们要知道自己是谁、为了谁、成为谁。古人云，师者，传道、授业、解惑也。孔子曰，仁者，爱人也。教师就是人类社会灵魂的工程师，只有真心诚意地去爱每一名学生，才能成为一名合格的教师。

小学音乐学科主题单元教学问题链的设计与探究

北京市昌平第二实验小学　赵琬儒

随着中国学生发展核心素养及以审美为核心理念的逐步落地，单元设计更被认为是撬动课堂转型的一个支点。音乐教育教学要以学生的发展为目标，讲求对学生的尊重，要从生本理念的角度，以音乐学科教学问题链的核心研讨为策略，开展创新教学研究，培养学生的自主学习能力，让他们在一系列环环相扣的问题链条中，感知与师生之间快乐的探究互动过程，促进他们创新精神和实践能力的全面发展，培养他们的审美能力，充分展现教育教学中以生为本的教育理念，促进教学高效地开展。

一、单元教学问题链的含义

单元教学问题链，是指教师在一定的教学单元范围内，按照单元教学目标针对学生学习过程中要学习的内容和可能产生的疑问，把教材知识转换成一系列的教学问题，一般由三个以上的问题组成。因为单元教学最终还是要通过一节节课来组织实施，所以单元教学问题链要具体细化到每一节课的课时问题链。

因此，从单元视角来看，单元教学问题链应该包含两部分：一是从整个单元统筹考虑而设计出的单元重点问题链，即由围绕单元中最核心、最重要的知识设计出的"大"问题链；二是从每节课时教学考虑而设计出的课时基本问题链，即由围绕每个课时教学任务的学习而设计成的"小"问题链，这样由每个"小"问题链组合而成整个单元的"大"问题链。单元问题链构成如图1所示。

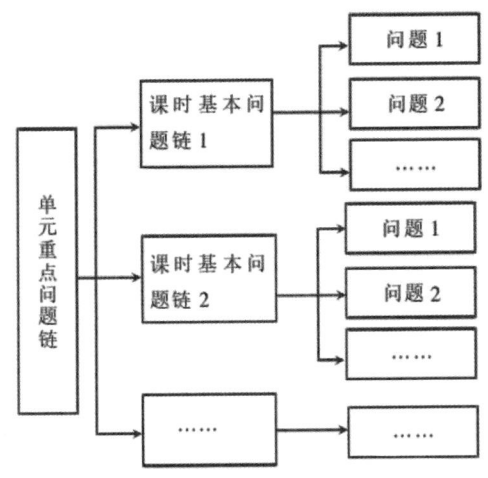

图1 单元问题链构成图

二、单元教学中问题链设计存在的问题

综观目前的小学音乐单元教学，一些不科学的提问现象普遍存在：有的随意发问，缺乏整体性；有的无的放矢，缺乏指向性；有的难易不当，缺乏系统性；有的顺序混乱，缺乏逻辑性。更主要的问题是各课时问题链没有单元指向性，问题分散，问题背后无法直指单元整体的"大"目标。

三、问题链设计的价值取向

如果把教学目的比作高楼的话，问题链就是登上高楼的梯子。如果教师能搭好这样的梯子，学生就会更上一层楼，眼界将更宽阔，思维将更活跃。一堂课若能搭好几个这样的梯子，学生的思维就犹如一池春水，荡漾起一层层涟漪，带来一丝丝春意。

1. 指向学生思维的深度，达到对问题的深层次理解

问题链引导学生的思维向更深更广处发展。学生的思维常因生活实践问题停留在对事物表面的认识上，教师的拔高追问会使学生的思维上升一个台阶，攀向思维的新高。教师问题链设计的价值在于引领学生进一步发现问题、解决问题，走进问题的纵深，以达到对某个科学问题的深层次理。

2. 指向学生的思维过程，培养解决问题的过程和方法

问题链着眼于学生思维的还原和外化有利于教师关注学生的学习过程和方法，引领和转化学生解决问题的思维策略。

四、单元教学中问题链的设计策略

在问题的引导下开展单元教学时,问题的方向直接决定了单元教学的方向,问题的质量也决定了教学是否合理、有效。因此,我们需要根据音乐课程标准、教材、学科融合等方面来进整体建构,科学设置问题链,即指向问题解决的学习目标。学生能根据问题探索知识内容,从而起到引导作用。

1. 问题设计应注重统筹兼顾

单元教学问题链与课时教学问题链之间是根和系的关系,其中单元教学问题链为"根",它是由各课时问题链所在的"系"串成的"集合",这样形成的每一个问题链都是一个有机不可分割的整体;每个整体又是由一个个子集结合而成,每个子集间一般也是具有一定的逻辑关系,少了其中任何一个子集就会破坏一个集合的整体性。因此,设计单元教学问题链时一定要具有全局意识,从宏观上统筹整个单元,也要兼顾各课时的教学。

2. 问题设计应具有层次性

问题链的设置还必须要考虑学生已有的知识水平,具有一定的层次性。这里的层次性,有两层不同含义:一是从整个单元来看,单元教学问题链与课时教学问题链之间应具有层层深入的关系,单元教学问题链中的问题应是整个单元中最核心、最关键的问题,而这些问题又可以分解到一节节课时中,由一个个课时基本问题串联起来;二是从某课时来看,问题链的设置还必须遵循教学规律,针对学生现有的知识水平,从简单的问题开始步步启发、层层深入、逐步引导,从而形成具有一定梯度的问题链。

3. 问题设计应具有向心性

每一节音乐课都有明确的教学目标、教学理念和教学中心,而围绕着这个中心展开的教育才是更有效的教育,在当前的音乐课程教学中,教师也可以教学内容为依据,明确教学目标,并在教学目标的指导下设计问题链,这样的问题链具中心指向性。

例如:在《春天举行音乐会》的教学过程中,教师可以将目标设定为:培养学生对自然的热爱之情,提升学生的审美情趣。以此为中心,设计一组问题,让课堂变得更高效,问题可这样来设计:(1)听完这首歌曲,你有什么感受?(2)读完歌词,体现了创作者的什么情感?(3)闭上眼睛,再次倾听,你有没有联想到春天的某个画面?学生在这样的问题链下就会逐渐提升自己的审美情趣,提升自身的音乐素养。音乐素养的形成需要音乐思维,问题链的设计要以提升学生的音乐思维能力为主,要有明确的指导方向,从学生能够接受的角度精心设计问题。向心性的问题链设计是实施高效课堂的有效途径。

4. 问题设计应尊重学生间差异

在实施教育教学时，教师要学会尊重差异，从生本理念出发，多开展问题链的探究活动，引导学生在多样的问题研讨中，积极思考、踊跃发言，允许思路的多元化，尊重学生之间存在的个性差异，用环环相扣的问题设置凸显课堂的层次性，激发学生课堂的学习热情。生本教育理念要体现尊重原则，要鼓励学生大胆地思考并发言，让课堂围绕核心问题链活力绽放。

例如，在学习歌曲《我的中国心》时可采用问题设疑的方法实施导入："同学们，你觉得我们应该用怎样的情感去读出《我的中国心》这个歌曲题目？你觉得身为一名中国人你的心情是怎样的？作为一名当代小学生如何表现爱国行为？"教师结合本节课的歌曲主题，展开一系列的提问，引导学生在学习之初就进行互动的问题研讨，为后边的情感歌唱奠定基础。

5. 问题设计应分层

教师要关注每一个学生的课堂表现，保障每个学生都可以积极参与到课堂教学活动中来，因此教师要设计分层问题链，让能力较差的学生也能倾情投入其中，感受美好的音乐环境，感悟音乐背后的深层意境。

例如：在《雨花石》的教学过程中，教师在培养学生的审美情趣时，可以设计分层问题，借此让学生来感悟这首歌曲的内在情感。在上课伊始，教师可以让学生倾听音乐，然后设计问题启发学生思考和感悟，鉴于学生的理解能力有限，教师可以设计以下问题链：（1）你理解这首歌曲的歌词含义吗？（2）在欣赏歌曲的过程中，你能想到哪些画面？（3）你觉得这首歌曲中的雨花石代表了什么？（4）你能不能以此旋律创编一首其他的歌曲？学生有了选择的权利，也有了参与的兴趣，课堂教学就有了成效。问题链设计的时候要分层，让每个学生都可以找到自己可以探寻的问题，进而使课堂更高效，学生的参与度更高。

6. 问题设计应呈递进行

问题要由浅入深，由表面到内在，在课堂教学中，问题必不可少，而在问题设计的时候，要关注学生的接受程度，立足教学内容，设计一些具有启发性和思维性的问题。问题链的设计要有递进性，循序渐进地探寻到问题的本质。

7. 问题设计应具探究性

学习的高效性要体现在探究式的学习模式中，教师要运用音乐问题链的核心探讨，来实现学生自主性的学习，帮助他们在一系列的问题互动中，实现师生之间的愉悦教学。

例：在《我创造的民族打击乐》教学过程中，教师提出以下三个问题：

（1）可以改变那些音乐要素用打击乐创造出不同情绪？（2）观看《老鼠娶亲》后你发现还有怎样的打击乐表现形式？（3）怎样改变节奏进行情景创编？学生通过问题的逐步探究，可以对打击乐的表现形式有更多了解。通过节奏创编也可很好的锻炼学生对于打击乐及相关音乐要素的运用能力。

8. 问题设计应联系生活，注重情感性

音乐是情感的艺术，能直接有力地进入人类的情感世界。教师也可围绕情感主线设计问题链，促使学生进一步思考。让学生在多次解决问题的过程中不断感受和体验音乐，在经历音乐实践的过程中感受美、体验美、表现美和创造美。以此提高学生的审美情趣，深化音乐审美体验，达到深度学习的目的。

《阿细跳月》是一首彝族音乐作品，问题设计本着让学生感受彝族的音乐特点，感知"跳月"的典型节奏，体验彝族的基本舞步，最后理解他们在节日的心情为目的出发。因此教师提出的问题指向乐曲情绪："你仿佛看到了怎样的场景？"学生纷纷表示乐曲非常的热烈、欢快，仿佛彝族人民在纵情欢歌，从而引出了火把节。之后，教师又继续用问题引导："乐曲的主题旋律是几拍子的？""你能跟着老师一起用跳、跳、跳、拍、拍的舞步表现5拍子吗？""音乐主题是由几个乐句构成的？""数一数主题变化重复了几次？""每一次重复，乐曲的速度、力度、音色又有什么变化？""你能用热情洋溢的彝族舞蹈来演绎火把节吗？"学生在解决问题的过程中，逐渐熟悉乐曲的主题旋律，感知彝族音乐的节拍特点，并能尝试用彝族基本舞步体验节拍韵律，表现对彝族音乐的感受。这对发展学生的音乐思维起到积极的作用。

综上所述，以真实的问题形成问题链，并在此基础上形成的"单元问题链"教学，有利于提升学生解决问题的能力，有利于落实对学生学科素养的全面培养，更有利于培养学生对美的感知和理解，提升学生学习效率与质量。

小学音乐教学中培养学生多声部音乐能力的实践探索

中国人民大学附属中学昌平学校　王茜

一直以来，在小学音乐课堂教学中，提到多声部教学，学生多声部音乐能力的培养，大多数教师都有这样一个误区，总认为对于一个自然班来说，这是一件十分困难的事情，不知道如何实践操作，总认为需要花大量的时间、大块的时间、学习大型的多声部作品，让学生一遍又一遍地练习，才叫做多声部的学习。本文中笔者将运用音乐课堂有限的时间，充分挖掘音乐教学内容，通过多声部歌唱、多声部节奏、多声部欣赏、多声部打击乐器演奏这四个方面进行阐述。

一、合作演唱，参与多声部歌唱

合唱这一演唱形式对于低年级的学生来说俨然是很陌生，它是声部之间的合作，一个人是不可能完成的，低年级的学生以形象思维为主，只讲概念，是很难理解合唱的意思。根据学生的年龄特点，笔者运用每节课的课前5分钟，用师生问好的方式进行简单得多声部合唱的教学，运用《问好歌》从最初的单声部，过渡到二声部演唱，在二声部演唱熟练的基础上在进入三声部演唱。除此之外，笔者在利用下课前5分钟的时间，运用《再见歌》来进行多声部演唱活动，方法同上述一致，总而言之，笔者运用每节课的"边边角角"的时间，结合学生年龄特点，进行多声部歌唱的合作演唱，由浅入深，由易到难，逐步让学生养成多声部歌唱的能力。

二、针对练习，体验多声部节奏

节奏训练是音乐中最基本的、最重要的训练，音乐训练最先应该从节奏训练开始。笔者给一年级新生上第一堂音乐课时，开始了节奏式的自我介绍，并让学生顺着这种方式按着42拍有节奏地介绍自己，然后引出《你的名字叫什么》这一课的学习，这一方面激发了学生的兴趣，另一方面使学生有了一定的稳定拍感，为进行多声部节奏打下基础。

单纯的节奏练习对于低年级学生来说比较枯燥。教师将节奏与学生熟悉的内容结合，更易于学生接受。从学生出发，找到学生熟悉、感兴趣的内容加入节奏进行练习。如一年级《动物说话》，笔者先让学生模仿小鸡、小鸭的叫声，然后，加入小牛儿（二分音符节奏型）的叫声，最后进行二声部节奏的体验与实践。又如《其多列》是一首由学生非常喜欢的儿哈尼族民歌，笔者先让学生学会歌曲，然后运用声势律动的方式，将歌曲中出现"ti ti ta"的部分用"腿腿手"的方式表现出来，最后，教师让学生边演唱歌曲，边用固定节奏型"ti ti ta"为歌曲伴奏的形式表演歌曲，让学生感受多声部节奏的魅力。再比如《火车开啦》这一课，笔者通过让学生模仿小火车汽笛声（二分音符 wu—）、小火车车轮声（四分音符 hong long）、小火车开动声（ka cha ka cha），将学生分为三组，根据每组不同的节奏，从单声部的整齐划一，到逐步进入的多声部的节奏清晰，每次都有提高与进步。最后，学生清晰地感受到三个声部的立体效果。

三、对比聆听，感知多声部音响

在低年级学生欣赏合唱歌曲时，教师可以通过对比的方法进行引导。新课标中指出，低学段的学生需要知道一些辨识度比较高的演唱形式——齐唱与独唱。例如，拓展欣赏人音版小学一年级《小鸡小鸡》时，笔者先让学生欣赏独唱版本，再欣赏合唱版，说说更喜欢哪种演唱形式及原因。学生认为合唱版的更好听，能把小鸡的特点表现得更为丰富。

四、探索实践，动手多声部打击乐器演奏

打击乐器是学生们最喜爱的表演形式，也是培养学生多声部能力的有效途径。例如在人音版小学一年级歌曲《小青蛙找家》中，笔者运用歌曲中出现的四分音符节奏型、双八分音符节奏型，为歌曲编配了打击乐器伴奏，通过让学生观察谱例中响板与串铃出现的位置和相对应的节奏型，引导学生准确演奏出打击乐器节奏。学生在演唱歌曲的同时，加入与自己歌唱节奏相配的打击乐演奏，也就形成了自己个人二声部活动。打击乐器演奏也可以进行分小组合作完成，边演唱边敲击出与自己声部所负责的打击乐节奏，这样的合作演奏可以大大提高学生学习的积极性，同时也锻炼学生合作的能力。提高日积月累的多声部节奏活动，可以有效地提到学生多声部演奏的能力。

总之，多声部的音乐能力要从低年级着手进行培养，根据学生心理特点和发展规律开展教学活动，教学活动的设计要给予学生现有的能力由浅入深，有

序进行。运用有限的时间,让学生通过体验、感知、实践等教学活动,提高学生音乐的综合能力,只有这样长期的坚持,才能真正取得理想的教学效果,实现真正意义上的提质增效。

优化评价 美由心生

北京市昌平第二实验小学 范增宇

随着我国教育课程的不断发展，传统的教学理念和教学模式已经不能适应现代义务教育的发展，从"四育平均发展"到"五育并举"，从关注成绩到关注人，从应试教育到素质教育，致力于培养学生核心素养，立足于为学生的终身发展奠基。在小学美术教育的课堂上，教师要通过恰当的教学形式，评价方式，引导学生学习相应的美术知识，提高美术核心素养，切实落实教育改革，做到减负增效，提升课堂教学质量。有效的、创新的课堂评价，对提升学生的学习兴趣，提升教学实效性有很大的促进作用。

一、革新教学理念，立足核心素养，树立科学的评价体系

提到评价方式的改变，教师的首要任务是革新教育理念，从教师讲授到教师引导，学生从被动学习到主动学习，"教""学"方式的转变，教学评价也应该随之改变。传统的美术学科教学评价过于单一，过分关注技能学习从而忽略了素质教育。教师应围绕核心素养，根据美术学习内容与素质教育内容设计评价方式与内容，就可以促进学生核心素养的发展。

例如：我在上《小小旅行壶》这一课时，首先引导学生们制定调查任务单，在制定调查任务的时候，学生们各抒己见，在这个阶段，我就注重过程性评价，对学生表现的观察力，逻辑的缜密性进行评价，并鼓励学生继续深挖调查任务，同时引导学生进一步结合生活发现问题，激发了学生的探究兴趣。调查任务单制定之后，学生根据自主制定的调查任务单，展开实地的现场调查，通过去生活中的真实场景中采访，根据调查结果进行梳理汇报。梳理调查结果，汇报调查结果，学生通过自己的语言进行汇报，对学生的资料收集能力，语言能力，都进行评价，同时根据学生的不同的调查场所，对学生对生活的观察能力进行评价，鼓励学生关注生活，善于发现生活。在探究学习阶段，学生根据调查结果，进行有针对性的探究，每个组的调查结果不同，探究的方向也就不同，对不同的探究方式及时地予以肯定，在教师的肯定和鼓励之下，激发学生的学习兴趣，探究热情。进而自发的，进行小组间的学习交流，并自发地根据探究结果，创

新设计思路，绘制设计图，从而完成本课美术学习的教学目标。绘制完设计图之后进行小组间的展示交流，由于每个小组的探究点不同，因此将作品的评价定位在展示交流，小组之间取长补短，通过不同小组不同方面的探究，相互交流，利用这种生生互评的方式使知识进行迁移，以点带面。开放式的评价方式维护了学生的自尊心，弥补了学生之间的差异，同时学生的学习热情很高，学习兴趣很足，全员都能有效地参与其中。在学生获得方面，不仅传统教学当中的技能学习目标实现了，还完成了生活目标，情感态度价值观的培养目标。这样评价，可以有效地培养学生的核心素养。

二、尊重差异设计评价，提高学习兴趣

学生之间存在差异，教师应尊重学生间的差异，根据学生间的差异设计不同的评价标准与评价方式，可以在不打击学生的情况下，激发学生的学习兴趣，提质增效，培养学生核心素养。

例如：《画玩具》这一课，课程要求运用不同的线条表现玩具的质感，看似简单的学习任务，其实对于学生们来说并不简单，而且每个学生的喜好是不同的，就男生女士而言都是不一样的，男生喜欢的玩具多是硬质感的，女生喜欢的玩具多是软质感的。在上这一课的时候，我通常都是两次实践，一次体验表现硬质感的玩具，一次表现软质感的玩具，然后再由学生选择一个自己喜欢的玩具进行创作，在这个过程中，最常出现的情况就是每个孩子的喜好不一样，表现自己喜欢的时候，学习兴趣高，表现自己不感兴趣的内容时会显得比较消极，而且由于变现的是不同的质感，作为学生来说就是有差异的，为了避免这种差异，我通常课中评价都是鼓励学生进行自我评价，评价画自己喜欢的玩具时应该注意那些事项，这样不仅，尊重了孩子的差异性，同时对教学内容进行了巩固，对学生最终的创作进行进一步的强调，在课后评价的时候，让学生介绍自己作品，同时进行评价，觉得自己再那些方面还有不足，即完成了自评，同时每个体的评价都是不同的，淡化了个体之间的差异性，让评价更加的主观。同时教师评价的时候，设计不同的评价奖项，例如"最强质感奖""最萌作品奖""最佳搭配奖"等，让表现不同质感的同学，都能在老师这里都能得到相对应的肯定，兼顾全体学生对美术学习的兴趣。

三、运用激励性评价，激活学生学习动力

小学阶段学生是乐于被鼓励和表扬的。教师可以利用学生的这一心理，进行鼓励性评价，尤其是在关注学困生方面，使用激励性评价，能够很好地增强

学生对美术学习的自信心，激活学生的学习动力。

例如：我的一个学生"阳仔"，是年级有名的学困生，可以说对哪一科的学习都是很抵触，尤其是课题常规方面，上课调皮捣蛋，扰乱课堂秩序一定少不了他的参与，让各科老师都比较头疼。在我了解这个情况之后，就在课上注重发现"阳仔"的闪光点，上《动态之美》这一课时，利用线性材料表现人物动态，我发现"阳仔"做得很快，在我的鼓励之下，被所有人不看好的学困生，竟真的用了一节课的时间，用美术课上学到的技法，做了一整套街舞动作，并在全班进行了展示。当全班为他的作品所震撼的时候，我看到"阳仔"的眼里，真的泛出了泪花，那种由衷的喜悦，那种终于被认可的情绪，似乎一下子喷薄而出。从那次课之后，"阳仔"变了，在美术课上，纪律得到了很大的提升，而且对学习的热情很高，能够参与到各种教学活动当中了，其他学科的课上也有了很大的改观，最令人欣慰的，在本学期的开学典礼上学困生"阳仔"竟一跃成为开学典礼的主持人，那种自信，由内而外，眼里迸发着希望。

四、引导学生自我评价，增强学生的反思意识

学生具备学习兴趣，并了解自身的闪光点与不足之处，就能够制定有效的学习方案，并促进自身的提升。教师可以引导学生进行自我评价，以此丰富教学评价的方式，并增强学生的自我反思意识，从而就能使学生认清自身的不足之处与闪光点。

五、指点学生相互评价，促使学生共同发展

学生之间是可以相互影响的。教师可以指点学生相互评价，以此使学生发现同伴的优点，这样可以使学生互相学习优点，并促使学生共同发展。教师根据教学内容与教学情况合理地运用评价方式，就可以建立有效的教学评价体系。

教师基于核心素养培养理念开展小学美术知识教学，并根据核心素养培养理念设计小学美术教学评价，可以提升小学美术教学评价的有效性，从而就能促进小学美术知识教学效率的提升。教师合理的创新的运用美术教学评价内容与方式，既可以提升学生的美术技能、美术素养与学习兴趣，又可以发展学生的综合素质，这样就能培养学生美术核心素养，并促进学生核心素养的发展。

小学美术分层作业设计
——以《有疏密变化的线条》为例

北京市昌平区回龙观第二小学　吴玉红

一、教学背景

美术课堂上最能体现学生知识技能掌握程度和教学有效性的是学生的课堂作业。传统"一刀切"的课堂作业忽视了学生发展的实际需要，阻碍了学生的个性发展。因此，我们应承认差异、尊重差异，在"让每个学生都能得到最优发展"的教育理念下，设计具有层次化、个性化的美术课堂作业，帮助不同层次的学生得到最大的发展，使美术课审美育人功效发挥到最大化。

二、教材分析：

本课是小学美术二年级课程，是继教材一年级《好看的线条》一课内容之后的线条系列课。本课属于"造型·表现"学习领域，目的是引导学生初步认识线条疏密变化带给人的美感，培养学生的观察能力、审美能力及线造型能力。

三、学情分析：

优势：我校二年级学生已对线条的一些表现方法有所认识。

困难：如何有规律的运用线条的拼摆与组合使画面产生美。

对策：运用课前五分钟欣赏图片及游戏植入进行分层教学，对问题与难点进行解决

四、教学目标

1. 知识与技能

知识：初步了解线的疏密变化带给人的美感。

技能：运用疏密变化的线条进行造型表现。

2. 过程与方法

引导学生在观察、体验中，感悟线条疏密变化带给人的美感，培养学生从

生活中发现和感悟线的美感的能力。

3. 情感、态度和价值观

培养学生善于观察的习惯，激发他们热爱生活的情感及对美术活动的兴趣。

4. 教学重点

发现认识生活中、艺术作品中线条的疏密变化带给人的美感。

5. 教学难点

运用线条的疏密组织出有美感的画面，注意整体与局部的关系。

五、教学过程

（一）欣赏导入

1. 课前准备

课前五分钟同学介绍韩干神骏图和克利风景素描。引导学生观察线条表现的情感。

2. 小结

线条的疏密变化可以带给我们不同的美感。今天就让我们一起走进线条的奇妙世界吧！学习《有疏密变化的线条》这一课。

3. 板书

《有疏密变化的线条》。

【设计意图】认识艺术作品中线条的美。通过图片欣赏，激发学生学习兴趣。认识、欣赏线条带来的美。

（二）探究新知

1. 认识线条

第一关：找一找。

请同学们看下面六幅图片，找一找，图中运用了那些线条，用圆圈全出用线密的部分。

【设计意图】通过任务单的形式，引导学生认识线条疏密的变化。

2. 分析线条

第二关：连一连

请同学们看下面六幅图片，连一连，线与线对应的组合方式（粗细、曲直、长短、疏密）。

【设计意图】培养学生以阅读、思考和讨论的方式，分析探究出线的组合方式。

3. 使用线条

第三关：说一说

说一说1：你用那些线条组合装饰下面图，表现疏密变化？

说一说2：欣赏学生作品。

打开课本第四页请看下面四幅图，请你说一说你喜欢哪幅作品，他们是怎样用疏密变化表示画面的。

【设计意图】通过自主探究组合线条，学会运用线条，突破难点，引导学生发现更多线条组合方式，感受线条的美。

（三）艺术实践

教师示范：多种形式绘画，不同方式表现疏密变化。

范画一：学习线条的疏密变化的方法（学生观看教师示范视频）。

还有什么方法可以，让画面更丰富，更有趣呢？教师出示镂空外形装饰法和剪贴装饰法（学生观看教师示范视频）。

当你无从下手，不知道画什么的时候，怎么办？

范画三：不知道画什么怎么办？随意画，再看看像什么，再进行深入描绘。

【设计意图】教师分层示范，多样化、多层次化的美术作业设计可以促进学生特长的良性发展，激发不同层次的学生学习美术的兴趣，促进学生发现自我、肯定自我，享受美术带来的乐趣，奠定他们向更高层次发展的信心，从而实现美育的最大成效。

艺术实践要求：（1）采用多种表现方法画一幅具有疏密变化的线描作品；（2）体现出线条疏密变化的美感。

【设计意图】明确绘画要求，教师巡视，及时评价。

（四）展示评价

学生将作品放到展板上，同学评价，教师总结评价。

评价要点：构图、线条疏密变化、美观。

【设计意图】利用展评，锻炼学生表达能力和审美能力。

（五）拓展提高

推荐绘本2010年版的《爷爷送我一条小溪》，作者：奥荷丽亚·弗提（法国）。

【设计意图】再次感悟线条的妙用。

六、设计特色

立足师生经验基础，充分把握教学目标教师要根据自己的教学经验对教材及学生的特点做深入的认识。在围绕教学目标的基础上要学会"跳出教材看教材",要有广阔的教材视域,使美术课堂作业设计在教学目标的引领下更加符合学生的兴趣。

联系学生实际生活,适度进行课程创生。在尊重学生个性的前提下,教师要了解学生的实际需要,贴近学生的实际生活创造性地使用教材,因势利导激发学生的想象力,设计开放性的美术作业。情景主线是设置了"线条大挑战"——过三关:找一找–疏密,连一连–组合,说一说–装饰,画一画–实践,为线条赋予更多的情感。知识主线从认识线条–分析线条–使用线条层层递进,作为暗线贯穿中情景主线的始终,让学生在兴趣盎然的挑战中不知不觉地掌握了本课的知识。

注重教师课堂示范,发挥学生首创精神。针对创设情境式的手工作业,我们首先要发挥教师的示范作用,通过教师的讲解示范解决学生的技法障碍问题。为了增添趣味性,在接下来的自由创作部分,教师主要围绕表现主题创设各种不同的创作情境,以激发学生的合作乐趣。教师示范环节,采用视频嵌入的方式根据本班学生的实际进行分层示范。

课堂作业的设计考验老师的教学智慧,给学生足够的创作空间与支持,学生的创造力会超出我们的想象。

教室四周的墙壁上贴满了不同风格和内容的线描画作品,让学生发现并欣赏线描画与其他画的异同点:仅仅是一种黑色或其他深的颜色(单色)居然可以画出如此丰富的画面;仅仅是细细的线条也是可以组合成色块的。潜移默化地培养学生善于观察的习惯,激发了他们热爱生活的情感及对美术活动的兴趣,为后面的造型表现课业打下线条造型的创作基础。

(三)成效与反思

充分挖掘美术活动的育人潜力,让美术教育在素质教育的旋律中奏出"以美育人"的强音,是我们美术教师义不容辞的职责。为了进一步利用美术课堂作业分层设计发挥其审美育人功能,教师需要进一步增强理论自觉,提高美术学科的学科素养,需要对课程和班级学情有整体的感知与把握。教师在对课程深入认识的基础上正确把握教学目标,围绕知识与技能、过程与方法、情感态度与价值观综合考虑进行课堂作业的设计,在课程内容上要正确处理美术教学内容的"预设"与"生成"之间的关系,在美术课程评价上要尊重差异、理解个性、多元评价。只有这样,基于此课堂作业的设计才能发挥最大价值,进而更好地发挥美术课的审美育人功效。

初中音乐课堂中的有效提问
——通过有效提问，提升学生欣赏与评述能力的探究

中国人民大学附属中学昌平学校　于乃涓

在传统教学中，通常都是千篇一律的提问，如："你们听懂了吗？""能不能明白？"这样的提问属于无效提问。因此合理有效的提向方式不仅可以优化课堂教学效果，而且还能调动学生参与积极性，开拓学生的思维，促进学生全面发展。创新提问模式可以增强初中音乐欣赏课堂教学的有效性和合理性，提升课堂教学质量。

学生是教学活动的主体。音乐科目是一项听觉的审美艺术，相比别的科目更重视学生综合能力的提升，以及学生在学习的时候对音乐的感悟、体验和呈现。初中学段正是青春期发展的重要时期，培养通过音乐鉴赏提升学生的审美能力，表达情绪，减轻学业负担及升学压力，是音乐育人的最终目的。

一、初中音乐欣赏课堂的有效提问方式

教师如何从学生角度出发，关注学生心理、年龄、兴趣等特点因材施教，制定符合学生学情的教学计划，是课堂教学的重点。

（一）从学生心理角度出发，创设情境提升学习兴趣

初中阶段的学生大都不愿意表达，害怕自己的回答出错引发同学的嘲笑。从学生心理出发，我在课堂教学中运用不同的教学手段，提升学生的学习兴趣，保证学生能够持续专注的跟随课堂的教学节奏。例如在学习二声部歌曲《念故乡》中，我在课前朗诵了一首回乡偶书，让学生感受思乡之情。通过教师二声部弹唱让学生感受二声部音乐的和声效果。我发现，学生对未知的事物的学习兴趣较高，并且老师展示越多的能力及学识会让学生产生钦佩，大大增加学生学习的欲望。因此，教师认真备课，专研教材及作品，创设不同的教学方式可以大幅度提升学生学习积极性。

（二）从学生年龄角度出发，聚焦兴趣设置有效提问

初中学生处于 12～15 岁的阶段，对青春、时尚、娱乐的话题较为敏感，

对于流行歌曲的熟知程度较高。利用学生的这一特点，在学习初二年级第一学期第三单元"浪漫旋律"中《鳟鱼五重奏》时，我在课上播放了流行歌曲《星晴》。这首歌曲学生耳熟能详，课上大部分学生跟着音乐一起演唱。然后再给学生播放《鳟鱼》，我让学生猜歌名。第一首歌学生们都很熟悉，但是对于第二首鲜有学生知道它的名字，教师提问："通过聆听歌曲歌词你们猜一猜他的名字？"，而后教师再接着提问："为什么我会把两首歌曲放一起给大家欣赏？"，紧接着学生就这一问题进行探讨，最后学生分别在风格、表达情感、节奏等方面进行分析，在交流过程中学生实现了学习目标。且通过知识的迁移来进行提问不仅可以激发学生的兴趣，勾起他们的好奇心，还可以提升学生自主思考的思维方式，加深对知识的记忆。教师在基于创作背景、人文关怀来设置问题，成功激发学生的求知欲，从而使整个课堂教学呈现出生动活泼的局面，达到审美力的有效提高。

（二）从学生兴趣的角度出发，创设学生思考的空间

通过创设情境、联想类比、教师展示等不同方式的有效提问提升学生的学习兴趣，那么在学生兴趣的激发下，教师需要给予一定的时间、空间创设出学生自我思考和自主学习的模式。在课堂教学中不再是教师单一的提问，学生的回答，而是应该引发学生自主思考的提问。如在学习非洲歌舞音乐时，学生在课上问："非洲鼓和中国鼓演奏方式，乐器的音色，演奏时的环境，演奏的目的有什么不同？""非洲鼓的制作和中国鼓有相同之处吗？""他们的音乐风格有什么区别，常用的节奏型及技法怎么辨别呢？"通过这样的思考和学习学生能够感受到非洲音乐带来的律动和音乐所表达的涵义，学会怎样去聆听和欣赏。

二、结束语

根据现有的音乐教学情况，教师应当将课堂进行改进，在课堂教学中必须以学生为主体，培养学生自主思考学习的模式，提升学生的个人能力。通过课堂中科学有效的提问激发学生的探索积极性，让学生积极主动地学习。教师需要给学生创造展示自身的机会，极大程度地发掘每位学生在音乐方面不同的潜能，使用各种不同的学习方式，提升学生的音乐素养。

丰富课后实践体验，促进学生知行合一
——《试种一粒籽》跨学科综合性实践活动探索

中国人民大学附属中学昌平学校　葛云燕

本课是以学生生活为基础的活动课、实践课，学生既学到了种植的科学知识，又体验到了劳动的快乐，学会了坚持和耐心等待，有责任意识、懂得分享。"种植"这一实践活动，把道德与法治法课和科学、劳动课有机结合起来，实现了多学科的融合。教学目标明确：让学生在活动中培养兴趣，在兴趣中愉快地生活；在敢于尝试中学会做事，在做事中学会做人。

发展学生核心素养，促进学生知行合一，除课上教学活动外，还需要让学生在丰富的活动中亲自实践和体验，通过与自然和生活的对话，获得成长，提升自己的道德修养和责任意识，发展健全人格。教学要与社会实践活动相结合，加强课内课外联结，实现隐性课程与显性课程相配合。

"试种一粒籽"是统编教材小学二年级下册第一单元第4课，本着"动脑筋，追求创造性生活"的全册教育主题，在前3课"尝试做事""快乐做人"的基础上设置的活动课，也是本单元的总结教学。通过学习种植活动，整合整个单元，以点及面，让学生尝试去做一件具体的事情，在活动中学做事，在做事中学做人。因此，我以学生生活为基础，结合春季这一种植时节，把道德与法治课和科学、劳动课进行整合，开展了跨学科综合实践——"试种一粒籽，争做种植小达人"活动，指导学生尝试种植活动，亲近自然，参与生活实践。

在一课时的教学基础上，我把激发学生种植兴趣，学习种植方法放在课堂上；把种植的实践活动安排在了课后的生活中。学生通过种植这一实践活动，感受植物的生命发生过程，观察植物的生长，在种植的过程中体验尝试带来的成长与收获，感悟生命的惊喜与美好；同时引导学生培养热爱生活、积极向上的生活态度，体会种植不易，懂得爱惜粮食、珍惜劳动成果……

为实现目标，我主要在以下几个方面进行了努力：

一、以立德树人为根本任务，注重落实核心素养

道德与法治课是落实立德树人根本任务的关键课程，小学思政教育在我国儿童的成长中起到"灯塔"般的引领作用，可以帮助小学生初步形成正确的人生观、价值观，促进小学生全方位的共同发展。《义务教育道德与法治课程标准》（2022年版）指出：核心素养是课程育人价值的集中体现，是学生通过课程学习逐步形成的正确价值观、必备品格和关键能力。道德与法治课程要培养的核心素养，主要包括政治认同、道德修养、法治观念、健全人格、责任意识。

例如；在本课的教学中，我让学生通过"读绘本故事明事理"活动，感受到劳动不易，懂得勤俭节约、珍惜劳动成果，提高了自身道德修养。

学生有感情朗读绘本故事《小猴学种植》，通过寻找小猴子种植桃子和西瓜失败的原因，知道种植不易，懂得要珍惜劳动成果，在日常生活中要爱惜粮食。

二、以学生生活为基础，构建综合性课程

二年级的学生具备一定的动手能力，种植是学生比较感兴趣的活动，有积极参与劳动的欲望和意愿。通过实践活动，拓展了课堂的外延。在整个教学过程中让品德教育、科学知识、劳动技能与自身体验得到了有机结合，实现多学科融合，构建综合性实践课程。

例如，教学活动：一起学种植

1. 老师：我们的爸爸、妈妈、老师也都是热爱生活的人，他们中间还有很多种植高手，一起来看看孙老师办公室有哪那些漂亮的花吧！

2. 师：大家想不想亲自将一粒种子种下长成一棵植物呢？那我们需要准备什么呢？

3. 提出种植计划（可以选择自己喜欢的植物种子）。

4. 老师为同学们每人准备了一份花的种子（并介绍牵牛花的种植注意事项）。

老师：大家看，知道这是什么花吗？对了，是牵牛花的种子！这是老师去年在小区里采集的。

下面我们一起来看看种植牵牛花需要注意什么？为了能够更快更好地种出美丽的牵牛花，大家可要认真学习哟！

5. 老师：同学们，请认真看下面的小短片，记住种植方法、顺序，就可以回家种植你喜欢的植物了！

（播放学习种植视频，并进行接龙游戏考查掌握情况。）

老师总结：相信如果你能够悉心照料，它一定会茁壮成长！

三、运用信息技术整合课程资源，倾听学生反馈做好家校沟通

4月12日我在"晓黑板"上发布了《试种一粒籽》课后实践活动——争做"种植小达人"！

5月疫情来袭，孩子们开始了居家学习的生活，在通过家访了解到孩子们心情比较烦闷后，我把第一单元《试种一粒籽》的课程教学实践活动，又搬到了作业功能板块，大家可以随时发表自己种植的成果和经验，并将时间延长到7月12日。同学们纷纷上传自己的种植成果，分享种植记录和感受。种植的实践活动既转移了孩子们的注意力，也培养了他们居家生活学习的兴趣。

在与学生的互动中，学生上传的每一条分享，我都会积极给予评论，加以指导和肯定。

付静翕同学分享说：我的西红柿和凤仙花都发芽了，凤仙花长得很茂盛，不过需要拔掉多余的，这样才能长壮壮！

孩子在实践过程中学会了疏苗的种植知识，真是太棒了！我的评语是：这叫作间苗，又叫疏苗，是为了防止苗多、营养跟不上，所有苗都长不好；才选择优质苗留下来，吸收足够的营养，茁壮成长！你已掌握了种植的一门技巧，妥妥的种植小达人！

当我看到孙伟宸这张照片时，我的评语是：伟宸你的脸怎么了，在家也要注意安全哟，你种的植物和你一样茁壮，太喜人了，继续加油！

四、丰富实践体验，促进知行合一

活动用时3个多月，经过同学们的精心培育，牵牛花种子不但开花了，还有的同学用结出的种子重新育出新苗，有的同学种出了水萝卜，有同学的西红柿、已经吃到了嘴里，小辣椒上了自家的餐桌……

期末，我们还进行了总结评选活动，共有25名同学获得"种植小达人"称号，孩子们在课上高兴地分享自己的感受：有的说，我收获了成功和喜悦；有的说，我学会了坚持与种植方法，还有同学说，以后，我会更加自信，困难不可怕，只要坚持就一定会成功！

本次实践活动，既让学生学到了种植的科学知识，又体验到了劳动的快乐，在失败中学会了坚持和耐心等待，在尝试中增强了自信心，有责任意识、懂得分享。通过本课的教学，我深深地体会出：低年级道德与法治课就是以学生生活为基础的活动课、实践课，让学生在活动中培养兴趣，在兴趣中愉快地生活；在敢于尝试中学会做事，在做事中学会做人。

小学高效思政课堂的构建

——以"我们的中国梦"为例

清华附中昌平悦府小学　董双

本课依托读本《我们的中国梦》一课内容，运用特色教学资源，设置贴近学生生活的学科创新活动，吸引学生主动探究、深入思考。

一、个人梦透视中国梦

三年级的学生因年龄较小，知识储备有限，凭已有经验理解中国梦难度较大。课前调查显示，仅有32%的同学从新闻媒体中听过"中国梦"这个词，但不能阐述中国梦的内涵，更不知道实现个人梦想和实现中国梦的内在逻辑关系。为了最大限度地贴近学生的知识水平和认识能力，本课从学生分享个人梦想活动引入，启发学生进一步思考实现梦想背后的动因。由此得出个人梦想不仅和自身发展有关，还关乎国家富强、民族振兴和人民幸福，揭示中国梦的内涵。

二、个人梦融入中国梦

（一）讲述英雄故事，感受艰辛逐梦之路

讲故事是道德与法治教学重要且有效的教学形式，尤其对于低年级学生，故事可以载道，把深刻的思想、抽象的道理，转化为鲜活的例子、生动的情境。本课要求学生课前自主查阅和讲述"两弹一星"功勋人物，了解感人事迹。

在分享感受环节，学生回忆了一个细节："1968年12月5日，在从基地返回北京时，郭永怀因飞机失事不幸牺牲。当人们辨认出他的遗体时，他往常一直穿在身上的那件夹克服已烧焦了大半，和警卫员紧紧地拥抱在一起。人们费力地将他俩分开时，才发现郭永怀的那只装有绝密资料的公文包安然无损地夹在他们胸前。"学生通过这段内容深切地感受到老一辈功勋科学家为我国航天发展做出的巨大贡献及对祖国的赤诚热爱之心。

（二）连线航天工作者，聆听接续奋斗之路

本课充分利用我校家长资源，有幸邀请到国家航天局探月中心主管高磊先

生为学生讲述航天幕后英雄的故事。高叔叔和同学们一起回溯了航天人的初心和使命、所取得的傲人成就及当下面临的机遇和挑战。同学们在了解了老一辈"两弹一星"功勋科学家的逐梦之路后，很想知道年轻一代的航天人会有怎样的梦想，他们在不久的将来、更远的未来还会给我们带来怎样的惊喜和自豪。叔叔的航天授课，也在每一位同学的心中种下了一粒种子，是鞭策和鼓励，更是约定和传承。

（三）小组探究学习，分享各行各业筑梦之路

中国梦的实现需要各行各业的人砥砺奋进，共同筑就。在学生充分了解航天梦的逐梦之路基础上，教师采取任务驱动的方式，让学生组内和组间分享课前任务单，结合所给资料，查阅我国在农业、交通和通信领域所取得的发展成就，用自己喜欢的方式和同学们分享交流。

有同学用手抄报的形式介绍袁隆平爷爷，分享他的禾下乘凉梦，他培育的杂交水稻每年增产的粮食可多养活 7000 万人。我们要记住袁隆平爷爷和许许多多像他一样为农业发展做出的巨大贡献的人。

介绍交通发展的小组以自己家交通工具的变迁为例。奶奶说以前家里只有自行车，去再远的地方也只能骑车。后来家里添置了摩托车，出行更加省时。现在家里有了汽车，速度更快，更加舒适和智能。交通工具的变化反映了我国交通行业取得了日新月异的发展。

这个环节具有很大的开放性，学生可以选择从自己的生活着手，通过采访家人感受发展变化；也可以查阅资料、绘制手抄报、思维导图等方式呈现祖国各个领域的发展，并寻找为行业发展做出重要贡献的代表人物，力求最大限度激发学生深度思考，自由表达，同时感受各行各业、一代又一代人为实现中国梦所做出的贡献。

三、个人梦成就中国梦

在课堂总结环节，学生分享了自己的感悟："只要我们每个人努力实现自己的梦想，这些梦汇集到一起，中国梦就实现了。"历史的接力棒已经传到了同学们的手上。期待每一位同学在心中点亮一颗梦想的种子，做敢于有梦、勇于追梦、勤于圆梦的人，自觉将个人梦想与伟大的中国梦紧密结合，为中国梦的实现和中华民族伟大复兴贡献自己的力量！

落实科学探究助力学生思维发展

——以"小苏打和白醋的反应"教学为例

北京市昌平实验小学　臧丽丽

科学思维不仅是学生学习科学必备的关键技能，也是适应现代社会发展的核心思维方式，还可以迁移到其他领域，它是科学课程核心素养的重要组成。科学课中如何通过探究实践活动培养学生的科学思维？笔者以《小苏打和白醋的反应》为例，引导学生通过观察，提出问题，并且以问题引领学生观察、探究，在解决问题的过程中培养科学思维。

一、寻找科学探究的起点，了解学生原生态思维

教学需要根据学生原有认知、原生态思维确定学习起点，教师也只有了解学情，知道学生的起点"在哪"，才能更好地设计教学活动，落实学习目标。教师要根据学生实际，在课前进行评估和调查，实践"以生为本"的理念。

《小苏打和白醋的反应》是小学湘科版五年级上册第四单元《物质变化》的第二课，学生在第一课时《燃烧》中通过比较纸的撕碎、折叠与纸的燃烧的活动和探究蜡烛的燃烧现象，知道燃烧会产生新物质。笔者在"小苏打和白醋的反应"一课教学中统计发现，90%以上的孩子不知道小苏打这一物质，不了解小苏打的作用；95%学生知道白醋；80%学生知道可以用澄清石灰水检验二氧化碳气体；85%学生知道可乐或者雪碧摇晃会产大量气泡。可乐雪碧摇晃后会有大量气泡你会有怎样的猜测？65%学生猜测是产生了气体。由此可知，学生对于小苏打和白醋的了解很少；通过第一课时的学习部分学生已经掌握了二氧化碳气体的检测方法；部分学生知道可乐和雪碧会产生大量气泡，并猜测出可能是产生了气体。

二、深入观察，提出有证据的猜想

猜想不是凭空捏造，而是根据学生学习起点，创设情境引导学生观察、体验、感知，在此基础上有依据地提出真实猜想。教材安排是在学生做完小苏打

和白醋的反应后，直接提问并让学生分析：烧杯里的物质还是小苏打和白醋吗？是否产生了新物质？笔者通过课前评估发现，学生很难同时去判断液体是否还有小苏打和白醋。在遵循学生认识规律的基础上，笔者引导学生先观察小苏打和白醋→再观察小苏打和白醋混合时的现象→根据反应现象猜测是否产生了新物质→再猜测液体是否还是小苏打和白醋。

（一）观察小苏打和白醋并完成实验记录单

1. 学生对小苏打的观察结果

学生1：小苏打是白色粉末状；

学生2：小苏打没有明显的气味；

学生3：小苏打是固态。

2. 学生对白醋的观察结果

学生1：无色透明 有酸味；

学生2：液体。

设计意图：由于生活经验不足，学生对小苏打和白醋并不熟悉，因此教师给学生足够的时间观察并记录，同时因为下一步小苏打和白醋反应的观察记录做好铺垫。

（二）观察小苏打和反应的反应并完成实验记录

学生对观察结果的反馈：

学生1：有大量气泡；

学生2：反应时候有声音；

学生3：液体变浑浊 酸味减弱；

学生4：先有大量气泡后逐渐消失；

设计意图：基于学生对小苏打和白醋的细致观察后，组织学生动手实践记录实验现象，发现有大量的气泡产生，液体变浑浊酸味减弱。前后两次细致的观察为下一步小苏打和白醋反应是否产生新物质奠定了基础。

（三）根据实验现象猜测"小苏打和白醋反应是否产生了新物质？"

学生1：产了气体。因为小苏打和白醋反应有大量气泡；

学生2：我觉得是二氧化碳，因为这个反应很像摇晃雪碧的样子；

学生3：液体是新得液体，因为液体酸味减弱还变浑浊。

真实的猜想要有证据，不管证据的指向是否正确，也都是学生通过亲身体验、总结经验或直观感知获得，并不是胡乱猜想而得，在此过程中教师的职责是向学生提供可以观察、体验、感知的情境和激发其已有认知的机会。

三、把握问题梯度，深入开展探究，促使学生思维的发展

科学探究活动是小学科学教学重要的组成部分，是学生建立科学概念的重要手段，也是发展学生科学核心素养的重要途径。在科学实验探究中提问是实验探究重要环节，把握好问题梯度，协调好问题的衔接，可以让激发学生进一步探究问题的好奇心，进而发展学生思维。

（一）小苏打和白醋反应是产生了气体还是本身就有的气体

学生通过分析两次实验的实验现象可以猜测出小苏打和白醋的反应是产生了气体。此时教师及时追问"根据实验现象推测出小苏打和白醋的反应是产生气体，但是我们在验证土壤中是否有空气时，我们把土块放入水中，也冒出了大量气泡，但是这个气泡不是土壤产生的而是土壤本身就有的空气。请问你如何证明小苏打和白醋反应的气体是产生的而不是本身就有的呢？"

思维型教学理论提到教师要抓住教学中心点和关键点进行提问，可以激发学生学习动机，引发学生认知冲突，促进学生积极思维。《小苏打和白醋的反应》一课的核心问题为：小苏打和白醋混合是否产生了新物质？因此教师教学时抓住关键词"产生"对学生进行深入的提问。

笔者在处理这个难点问题时采用了实验引导的方式，帮助学生理解气体是如何产生的？首先教师提出问题：气泡是小苏打和白醋反应产生的新气体还是水或小苏打中原来就存在的气体呢？然后教师出示水、小苏打和白醋再给学生思考的时间。此时学生根据教师的实验提示可以设计出这样实验：如果把小苏打放入水中产生了气泡，说明小苏打和白醋没有产生新气体；如果把小苏打放入水中没有气泡产生，说明小苏打和白醋反应产生了新气体。教师进行演示实验学生反馈实验现象，分析出实验结论小苏打和白醋反应的气体是产生的而不是本身就有的气体。

（二）小苏打和白醋反应后的液体还有小苏打和白醋吗

学生前面的实验已经分析出新的液体浑浊酸味减弱等现象，因此学生可以根据这个现象猜测出新液体没有白醋。但是新液体里是否还有小苏打学生根据实验现象无法确定。此时教师出示紫甘蓝液的功能，紫甘蓝液遇到酸性物质会变红；遇到碱性物质会变绿由此可以判断物体的酸碱性。教师演示把等量的紫甘蓝液体分别倒入白醋和小苏打中，学生会看到原本紫色的液体变为红色和绿色。因此学生会得出白醋是酸性物质，小苏打是碱性物质。然后教师再把等量的紫甘蓝液体倒入小苏打和白醋反应后的液体中，学生会发现新液体变成了蓝色。教师引导学生根据实验现象分析如果新液体有白醋会成红色，如果有小苏打会成绿色。但是现在新液体是蓝色，说明反应后的液体既没有白醋也没有小

苏打，反应后的液体是新物质。此时教师把红色的白醋液体倒入绿色的小苏打液体中学生更能清晰看到红色液体和绿色液体混合产生了大量的气泡同时液体变成了蓝色。进一步"加强"小苏打和醋反应后产生了新物质，完成本课核心问题奠定基础。

教师的两个演示实验可以增强学生的感性刺激，同时教师还引导理性思维，突破难点。在此过程中教师要给学生铺设思维的阶梯，想办法化繁为简，化难为易，将大问题华为若干个浅显的小问题，降低认知负荷，逐步解决核心问题。利用问题的进阶设计，细化科学概念的建构过程，深入科学探究背后的意义，为发展学生的科学思维建立铺路搭桥。

四、巧妙设计实验装置，将二氧化碳抽象的性质直观可视化

在小苏打和白醋的反应中产生的气体为二氧化碳，但是因二氧化碳看不见摸不着，学生只能通过产生大量气泡猜测出产生了气体。教材中是跟空气做对比，将燃烧的小木棒分别深入小苏打和白醋混合后的烧杯里和充满空气的空烧杯里，进行观察比较。笔者发现教材中实验学生只能分析出的气体不不支持燃烧，不能直观判断到是否产生了气体，气体是否为二氧化碳。因此在课堂教学时根据学生认知规律，改变了教材中的实验。

（一）让小苏打和白醋反应产生的气体现象可视化

教师出示装有白醋平底烧瓶和装有白醋的气球，让学生思考如何设计实验证明小苏打和白醋反应确实产生了气体。学生根据实验材料很容易分析出把气球套在瓶口，让小苏打进入瓶中与白醋反应，如果看到气球鼓起说明产生了气体。

（二）利用"输液管"和澄清的石灰水检查气体是否为二氧化碳

如何检查气体是否为二氧化碳重点在于让二氧化碳气体出来。笔者在气球的顶端剪一个小口，在小孔处插入输液管一段，将输液管的另一端放入有澄清石灰水的烧杯中。教师通过控制输液管的流量阀，实现气体的流出。通过改进实验装置让学生直观看到澄清的石灰水变浑浊，进而分析产生的气体为二氧化碳。

通过改进实验装置有效地帮助学生建立小苏打和白醋的反应产生了新气体为二氧化碳，学生可以直观地获得小苏打和白醋的反应产生了气体，并验证气体为二氧化碳。将学生根据现象的模糊猜测转变为正确认识。在此探究活动中更深入培养学生基于证据进行推理，判断的科学探究能力和科学思维能力。

五、结束语

教育主体是学生，教师除根据课程标准确定教学目标外，教师还要做到准确"把脉"掌握学生学习起点，依据学生已有认知合理安排学习进阶，让学生经历真实的科学探究，学生得出的结论应该在观察、检测证据的基础上得出。教师要设计逐步深入的科学探究，在此过程中培养学生科学探究能力和科学思维能力。

以劳动教育为辅，赋能的实践研究

北京市昌平区回龙观第二小学 颜志耘 李云耘

劳动教育是中小学教育不可分割的一部分，是帮助学生成长、锻炼学生品格、培养学生良好习惯的基本途径。中共中央、国务院印发《关于全面加强新时代大中小学劳动教育的意见》，明确指出，劳动教育是中国特色社会主义教育制度的重要内容，要把劳动教育纳入人才培养全过程，促进学生形成正确的世界观、人生观、价值观。

但是，在实际的教育活动中，劳动教育常被学校弱化。学校教育如何通过劳动教育，树立"以劳树德，以劳增智，以劳强体，以劳育美，以劳创新"的观念，探索"一育"带动"五育"的融合创新路径，让学生养成热爱劳动的态度，树立良好的劳动意识，懂得劳动价值，提高劳动素养呢？

一、立足养成教育，树立劳动意识

1. 构建班级劳动教育体系

在孩子全面成长的过程中，要想让孩子树立劳动的意识，就需要将劳动融入养成教育的过程中。在我们的教育教学中，养成教育的过程中有很多看似微不足道的小事，实际上蕴含着改变孩子想法的巨大能量，会为孩子的习惯养成奠定坚实的基础。

于是，笔者设立了以"责任"为核心的劳动习惯养成教育体系。在班级建立了班、组、人三级管理体系：班主任牵头，小组长监督，各成员落实，层层落实，人人负责。然后根据学生人数将教室划分为前门、后门、北墙1、北墙2、老师讲台、楼道、暖气、过道等与学生人数一样多的区域，让学生自主认领，实行"人人有事干，事事有人管"的班级劳动管理机制。这样的举措，让所有学生都参与到劳动中来，增强了学生的劳动意识和主人翁意识。

2. 做好劳动日总结和周总结

为了让每一个学生明确工作职责，笔者又在班级增设了班级值周制度，将班级劳动内容和劳动制度"上墙张贴"，形成学生间的相互督促、提醒，让每一个学生都能按时遵守各种规章制度，真正做到时时有监督。

每天会有小卫生干部对同学们的劳动情况进行反馈、总结。反馈制度不仅可以起到良好的导向、评价、激励、育人的作用，更能形成"养成教育天天抓，道德教育人人抓"的良好局面，使班级劳动教育运行在一个高速运转、良性循环的体系之上。

3. 把劳动教育由教室延伸到校园新空间

随着学生年龄的增长，笔者又带着学生认领了学校的图书馆、舞蹈教室和实验室作为责任区。慢慢地，学生们学会了绿植的养护，自己动手布置班级文化墙等劳动。这样把劳动教育融入学生的日常生活，让学生在点滴之间树立了劳动的意识。

二、构建共同体，提升参与度

1. 家校协同让劳动教育落到实处

针对学生的劳动习惯和劳动意识比较薄弱，家长对于劳动教育的意义认识不清的情况，笔者先通过用腾讯会议的形式，召开系列让家长会和主题班会。如"劳动教育的意义""劳动的味道大家谈""爱劳动拥抱我们成长""劳动抗疫，让生活更美好"等等。不同主题，不同内容的家长会和主题班会，让家长和学生明白加强劳动和劳动教育，不仅能培养学生的劳动素质，健康体魄，自理能力，更重要的是能使他们体悟并践行一生都能快乐的力量和能力。

2. 居家劳动记录表激发学生劳动参与度

笔者根据学生们在居家学习期间出现的劳动教育问题，指导家长和学生一道根据自己的实际情况，设计居家劳动记录表。记录表的内容包括"我会整理、我会种植、我会烹饪、我会穿针引线等劳动内容，以及时间安排，自我评价，家长评价，我的收获，我的得分等。"与此同时，家长与学生通过自己的每日劳动记录表中内容给学生进行打分评价；最后笔者让家长一起配合老师指导、督促学生把自己的劳动过程或用文字或用拍视频、拍照片等形式进行记录，然后师生和家长一道通过线上班会活动、班级微信号推文等形式，进行展示、交流、评价。

3. 劳动微课助力学生成长

卢梭曾说："一个小时的劳动教育给他的，比终日向他讲述所记住的东西还多。"笔者在跟学生进行交流时发现有些学生和家长不知道该进行哪些有效的居家劳动。笔者根据这种情况，录制《拖地防疫我会做》等系列指导微课。老师通过图片讲解和视频实际操作的指导，让学生了解洗拖把的小知识及如何拖地，如何给地面消毒等疫情防范方法。紧接着再让学生根据老师的微视频，进行实践操作,并记录操作过程记。通过学、做、记一体化的劳动实践活动,使学生在参加家务劳动的过程中,理解了责任与担当的意义,提升了家庭责任感。

笔者还让学生和家长一起制作系列劳动微课,如怎样洗碗,如何包饺子,如何进行西红柿炒鸡蛋等。然后结合语文学科人教版四年级上册第六单元习作《我学会了_____》,在视频中把自己的劳动过程说清楚,最后写一写参加实践活动的感受。

通过微视频引领和指导,班级学生参加劳动实践活动的兴趣和热情被激发了。学生在进行家务劳动体验的同时,进一步内化了自身素质,还在一次次的劳动实践中,体会到了父母的辛劳,亲子关系也在劳动和劳动教育中融洽、改善。

三、设置劳动课程,学习劳动技能

为了让学生更好地掌握基本技能,提升劳动素养。笔者在劳动教育实践过程中,设置了如下劳动教育课程。

1. 在学科融合的劳动课程中体验劳动快乐

在小学阶段的许多学科中蕴含了大量的劳动教育的资源,值得挖掘。如,综合实践教材设置了编制、木工等劳动模块,可以根据学生的年龄特点进行有针对性的学习。又如道德与法治教材中也有关于劳动的章节,可以进行相关的实践活动。

作为语文老师,笔者从语文学科教学的角度挖掘劳动教育的素材,整合学科教学与劳动教育。三年级上学期,其中一个单元习作要求写观察日记,于是我组织学生去泡发豆芽,学生悉心的记录下豆芽的成长过程。等豆芽泡发成功后,学生又尝试着炒豆芽,与家人分享自己劳动的成果。由于学生高涨的热情,后续又开展了种植蒜苗等活动,让学生真正体会到了劳动的价值。

2. 在节日劳动课程中树立积极的生活态度

生活是教育的源泉,节日是教育的契机。学生在学校的生活学习时间是有限的,所以更需要老师把握好教育的契机。

元旦时,笔者组织学生们开展"包饺子"为主题的家校联欢活动。活动的前半部分是学生跟着家长学习和面、剁馅、捏饺子、煮饺子;后半部分则是学生自己独立尝试着完成。热气腾腾的饺子出锅后,孩子们争先恐后地抢着分享劳动带来的美味馈赠。在这种沉浸式的劳动体验中,学生的劳动热情高涨。笔者还结合二十四节气,带领学生开展春分竖蛋、端午包粽子、大寒制作腊八蒜等主题课程。在一系列丰富多彩的劳动课程中,学生们不仅掌握了一定的劳动技能，还深入地了解了传统文化。

生活因劳动而丰富、生命因劳动而多彩，学生们在系列劳动制作过程寻到了快乐、在不同形式的劳动课程中锻炼了意志，慢慢养成了劳动的习惯，树立了积极的生活态度。

四、实施过程评价，提升劳动素养

劳动课程的推进和落地，关键在于评价。随着"互联网+"时代的人工智能、大数据等技术日趋完善，笔者尝试通过网络对学生的劳动实施过程性的评价。

1. 线上线下相结合，促良好劳动习惯养成

为促使学生养成良好的劳动习惯。笔者和家长一起记录学生在学校、在家的劳动行为，然后借助微信群、班级小管家等小程序，及时进行家校评价互动反馈。这种评价形式，突破了时间和空间限制，形成了全新的、即时的体系。接着每个月，笔者会根据系统导出的数据评选出班级的劳动之星，颁发奖牌，搭建起线上线下的评价体系，更好促进学生养成劳动习惯。

2. 公众号宣传助力，唤醒学生生命活力

在居家学习期间，笔者还在班级公众号开辟了"疫情下的成长时光"这个栏目，记录学生们居家学习期间劳动和生活。劳动教育就是最好的生活教育。对学生进行有效的劳动教育的指导，让劳动真实有效的发生，既唤醒了学生生命的活力，又能让学生拥有幸福生活的能力。

校园德育主题活动开启心理课设计新思路
——以"互相分享真好"一课为例

清华附中昌平悦府小学　杨雪松

一、背景

1. 政策背景

《中小学心理健康教育指导纲要(2012修订)》指出"中小学心理健康教育，是进一步加强和改进中小学德育工作、全面推进素质教育的重要组成部分。""学校应将心理健康教育始终贯穿于教育教学全过程。"可以看出心理健康教育与学校德育工作是密不可分的。

2022版国家义务教育《课程方案》指出"要加强课程内容与学生经验、社会生活的联系，强化学科内知识整合，统筹设计综合课程和跨学科主题学习。加强综合课程建设，完善综合课程科目设置，注重培养学生在真实情景中综合运用知识解决问题的能力。开展跨学科主题教学，强化课程协同育人功能。""倡导'做中学''用中学''创中学'。"

2. 现实背景

10月16日是世界粮食日，前期我校德育部门结合劳动教育、节约教育开展了一系列主题活动。此前，二年级已完成"乐于交往 感受友情"的学习，要讲第四课时《互相分享真好》一课，于是我积极参与德育主题活动，收获颇多。

二、提出问题

新课程方案倡导课程内容与学生经验、社会生活相联系，要注重培养学生在真实情景中综合运用知识解决问题的能力。倡导开展跨学科主题教学，强化课程协同育人功能。心理课与德育工作是密不可分的。基于此，我开始思考如何将新课程方案中的基本原则落实到心理教学中，创设以学生为中心、以学生自主活动为基础的心理课教学过程，落实心理健康教育课的活动性、主体性。

三、解决问题

1. 积极参与学校德育主题活动，用心挖掘心理教育元素

在准备二年级心理课《互相分享真好》时，在校园里我看到德育部门发布了一系列关于10月16日世界粮食的主题活动，其中"小小体验家——种植冬小麦""小小创作家——手工制作杂粮饭"深深吸引了我。我同二年级的学生一起参与了种植冬小麦的活动。

同学们对种植活动兴趣十分浓厚，在播种的时候轻拿轻放，他们小心翼翼地挖坑填土，对小种子"呵护备至"，于是我就和学生一起创编了"种下一颗小种子"的游戏。这一活动也作为心理课《互相分享真好》的热身环节，游戏基于真实情景的再现，能唤醒学生美好劳动体验和交往体验。

"生活放大镜——共话分享故事"中"小军的案例"也是来自种植冬小麦的时对学生的观察：小军领到了小铲子，他挖完坑以后，同组的小芳也想用一下，小军却说"这是我先领到的，一会儿我还要用呢，不能分享给你用！"同学们假如你是小军的朋友，你想对他说些什么呢？课堂上，这个问题一抛出，就引发了学生的思考，收到了热烈的反应。

2. "认识粮食"活动在心理课堂延伸，一举多得提升综合素养

在二年级的劳动课上，同学们自愿结成7个小组，每小组领取一种原粮标本。通过查阅资料，请教师长等方式了解这种粮食的知识，然后派代表在全班分享。同学们看着真实的粮食作物激动不已，观察、研究的兴趣极为浓厚。

基于对学情的了解，我将这一学生活动延伸到心理课堂。结合本节课"互相分享真好"这一主题设计了"小粮仓变呀变"这一环节，引导学生观察各小组的粮仓有几种粮食，抛出"怎样才能让小组的粮仓丰富起来？"这一问题，引发学生思考。学生得出结论：只有通过各小组互相分享，小粮仓里的粮食种类才能丰富起来。原本各小组只有一种粮食，通过分享每个小组的粮仓都有了7种粮食，学生自然而然地体会到互相分享可以让粮仓变丰富，可以带来快乐、美好的体验。

此时教师顺势引导各小组学生共同分享小粮仓里丰富的粮食，看一看、摸一摸、互相交流分享收获，再次创设了一个同伴间互相分享、交往互动、感受友情的场域。我想这比一百次空洞地宣传粮食得来不易，要节约粮食给学生留下的印象更深，也更容易促进学生生成探究的动力和方法，提升综合能力和核心素养。

3. 借助"创意杂粮饭"活动，创设分享互动空间促成沉浸式学习

通过制作"创意杂粮饭"让学生近距离观察了解粮食，了解不同粮食的营

养价值，这也是学校世界粮食日德育主题系列活动的重要组成部分。

在课堂上，教师首先引出"据我了解，为了响应世界粮食日活动小组的号召，今天每位同学都带来了一种粮食。你带了什么，可以做成什么好吃的？"这样的设问意在引导学生感悟自己带来的一种粮食做出的食物会比较单一，同时也是学生将了解的粮食知识与生活相链接的一个过程。随后，教师引出"世界粮食日的活动之一，是每人制作一份创意杂粮饭，现在每人只有一种粮食，这可怎么办呢？"问题一出，加之有了前面小组间分享原粮标本的经验，学生很快想到可以各小组同伴之间互相分享。同伴互相分享就在"创意杂粮饭"这一活动设计中自然而然地展开了。更可贵的是，活动中同伴间不但互相分享粮食原材料，还分享了好的创意想法，制作过程中的注意事项，分享作品等。深度学习也正在这样的互动过程中真实发生。

4. 发挥德育展示空间"世界粮食日展区"功能，让分享互动在课后延伸

我校二楼展示空间为配合德育部门世界粮食日主体活动开发了作品展区，经与德育部门沟通，二年级学生承接了展区布置工作，自主自发地把各小组的作品在展区展出。看着自己通过与同伴互相分享创作而成的创意杂粮饭作品能在全校做展示，增强了孩子们的自信心。同时这一做法，进一步促成了同学之间的互动、分享与交流，实现了心理课堂教学在课后的延伸和实践，体现了活动的开放性。

四、反思与讨论

1. 资源取向，将学校德育活动视为资源，深度参与挖掘心理教育元素

作为一名心理教师在没有课标和指定教材的情况下，更要有一种资源取向的意识。作为心理教师就更要关注学校的德育活动，实时了解动态，与学生一起深度参与其中。这样心理教师就能在参与活动和观察学生活动的过程中捕捉到心理教育元素和契机，找到心理课的切入点和突破点。

2. 基于需求，关注学生现实生活情境，借助德育活动延展需求点生长点

在心理课设计和教学活动中，我深深地感受到，"学生是最好的老师""学生的反馈更是教学设计最好的评价"。因此，在进行教学设计的时候，我们不可闭门造车，要走进学生的生活。我发现学生在参加德育主题活动时主动性很高，互动也特别真实。心理课的学习领域与学生生活息息相关密不可分的，所以作为心理教师借助德育活动进行教学设计，找到学生的需求点、生长点显得尤为必要。

3. 素养导向，将心理教学与德育活动有机整合，实现活动育人综合育人

2022版课程方案强化了课程育人导向，作为教师在学校的教育教学活动中应着力培养学生核心素养。各学科、各部门活动之间不再是边界清晰相互割裂的，应视学校的教育教学活动为一个有机整体，为培养学生核心素养搭建平台。因此，在进行心理教学活动设计时，要时刻坚守素养导向，将学生的成长视为一个整体的系统，将德育活动巧妙地转化为心理课上的活动，创设真实、互动、开放的活动空间，让学生在课堂上完成德育活动，同时实现认识自我、积极交往、体验情绪等心理课学习目标，真正实现了活动育人、综合育人的教育初衷。

4. 关注差异，让学习活动活而不乱，关注活动进度因需分层设计

本节心理的设计活动育人、综合育人的初衷是好的，但在实施的过程中考虑学生差异性显得不足。特别是在制作创意杂粮饭环节，小组内和各小组之间的学生制作进度不一致，导致有的学生做完了已经装进杂粮饭托盘，而有的同学才制作了一半，后面的互评和自评环节无法进行。

后续教学改进设想：①学具准备工作可以再细致一些，小碗的双面胶可换成有厚度的透明纳米胶，方便粘取；②因材施教分层教学，动作快先完成杂粮饭的同学在自愿的前提下可以下座位找自己的朋友先行互相分享，没完成的同学继续制作；③动作快先完成的同学经过第一轮和好友分享回到组内，这时同组同学也差不多都完成了，这时再进行"分享之星"互评和写下"分享感言"的自评。充分体现分层设计、因材施教。

小学校内课后服务的优化与提升

北京市昌平区霍营中心小学　王葳

一、研究背景

为减轻中小学生校内外学习负担，北京市义务教育阶段学校进一步优化提升校内课后服务质量，丰富教学资源和内容。小学课后服务解决了"三点半难题"，让家长不再为孩子的接送问题发愁，让学生有了安全的课后托管环境；在校内课后服务中，学生们可以参与到更多的素质教育活动中，提升综合素质。但是，校内课后服务毕竟实施时间短，国内并没有先例可以效仿，在实施制度、服务内容、条件保障等方面仍存在着优化和提升的空间。

二、研究内容

本文以北京市C区H小学为研究对象，开展校内课后服务现状的调查研究。通过访谈、编制问卷等研究方法对该校学生进行多维度调查。梳理出学校条件保障、制度、师资方面存在的问题；同时梳理出社团活动和课后托管两种具体服务的满意度及存在的不足。为提升课后服务提供理论依据和指导方法。

校内课后服务的时间范围一般指学校对学生在校早午餐、午休、课后社团活动和课后托管等服务。本文中所研究的校内课后服务仅针对课后社团活动和课后托管服务做调查研究，即每天下午最后一节课结束后15：05至18：00这一时间段。H学校的社团活动为学生提供科技、体育、美术等方面的44个社团，学生全员参与，自愿选择社团内容；同时，为学困生提供作业辅导和答疑时间；课后托管则面向17：30放学回家存在困难的家庭，学生自愿参与，放学时间延长至18：00。

三、H小学校内课后服务开展基本情况

（一）学校总体情况

H小学是北京市C区教育委员会举办的一所公立学校。下辖一所中心小学和一所完小，共两个校区。教学班39个，学生1330名，属于中等规模的小学。学校生源主要是附近片区的居民，基本以本区户籍生源为主。

依据《课后服务指导意见》的指导思路，北京市 C 区各中小学于 2018 年下半年开始相继推出校内课后服务。H 校作为昌平区的先进示范校，率先依照北京市教委发布的相关信息开展校内课后服务的实施和研究。建立了校内课后管理服务和课后托管服务制度的工作流程。家长与学生以自愿参与学校课后服务和托管为原则，如表 1 所示，H 小学放学时间从原来的 15：05 和 16：20（高年级周一周三周四为 16：20 放学），延长到 18：00。

表 1 放学时间表变化

	年级	周一	周二	周三	周四	周五
实施前	一~二年级	15:05	15:05	15:05	15:05	15:05
	三~六年级	16:20	15:05	16:20	16:20	15:05
实施后	一~六年级	18:00	18:00	18:00	18:00	18:00

（二）课后服务社团活动开展情况

课后服务作为学校提升学生综合素质的重要途径之一，学生的社团活动是不可缺少的，这是体现素质教育的最好的方式。H 小学为了丰富学生的课后服务内容和提升学习质量，积极开展了社团活动来满足学生的课后生活需要。在这方面，H 小学共开设了科、体、艺三个学科 44 个社团课程和六门校本课程。其中一年级每周 4 课时，安排了足球、创意制作、和育彩虹、英语绘本 4 门课程，纳入周一至周五的课表按班级授课；二年级每周 4 课时，安排了足球、舞蹈、演讲与口才、英语绘本 4 门课程，纳入周一至周五的课表按班级授课。三至六年级每周一、周三、周四从 3：15—4：30 时间段安排社团课程。每周一是校园长跑和劳动教育。周三、周四是社团选修课程，学生每学年开学自己选择社团，走班上课。H 小学一至六年级社团活动情况如表 2 所示。

表 2 课后服务社团活动情况

年级	社团安排
三至六年级 周一 3：10—5：30	校园长跑和劳动教育；作业辅导和答疑
三至六年级 周二三四 3：10—4：20	跆拳道、空竹、旗舞、书法、绘画社团、武术套路初级、武术套路中级、柔力球初级、柔力球中级、舞狮、舞龙、太极推手、短兵、体育养生功、角斗士、朗诵、电脑美术初级、电脑美术中级、舞蹈、经典剧目排演、珠宝画、校队田径、健美操、足球、篮球、武术、管乐团、戏剧

续表

年级	社团安排
一、二年级	一年级社团内容：足球、创意制作、和育彩虹、英语绘本； 二年级社团内容：足球、舞蹈、演讲与口才、英语绘本； 一年级和二年级的社团活动纳入周一至周五的课表按班级授课

（三）课后服务托管情况

课后托管也称作"课后托管班"或"晚接班服务"。课后托管班服务主要为解决接送学生确实有困难的家庭而设置。课后托管服务时间为5：30—6：00。基本原则是针对参与的学生，根据实际人数组班，由学校安排教师负责集中看护和辅导学生作业和答疑。采取自愿原则，家长自愿申请。学校根据统计情况进行安排课后托管学生。

四、优化提升H小学校内课后服务的一点建议

（一）教育主管部门做好顶层设计

校内课后服务是关系到千家万户的实事，一定要从顶层设计上下功夫。把课后服务工作作为重点科研课题研究，教育主管部门应牵头组织各相关部门、机构和学校开展充分调研，深入了解学生、家长和学校的需求和面临的困难。从课后服务的形式、保障措施等方面入手，为校内课后服务提供理论支撑，同时也为进一步优化和提升课后服务质量提供方向。进一步开展需求分析，了解家长和孩子的需求，不断完善顶层设计。

（二）各级主管部门和社会组织提供资金保障

课后服务的实施效果来自各级主管部门的扶持与保障，各级地方政府一定要高度重视，确保统筹到位。校内课后服务要保证公益性不动摇，真正造福于百姓，长期的执行下去，资金保证是必要条件。目前各地方政府已拨款专项资金为各学习提供保证，作为学校改善课后服务条件、教师补助的经费，有力地推进了校内课后服务的开展。这些专项资金，一是要专款专用，二是要合理规划。课后服务的资金，要在财政许可的范围内，有一定的提升，起到激励的效果，既让家长学生受益，也考虑到参加服务的人员的利益。

（三）督促学校完善课后服务制度并做好全程监督

课后服务是一个长期性、持续性的教学延续，实施效果在于全过程监督和有效管理。第一，主管部门是权力机关，是开展各项工作的指挥部门，是抓好课后服务的源头部门。因此，主管部门一定要做实做细。第二，在课后服务实

施过程中,主管部门要到学校一线去了解情况,掌握一线的第一手资料,靠前指挥。第三,要树立好的学校典型,各学校向榜样学习,互相取长补短,争取把制度完善,把资源、时间利用好。

(四)探索多元化的课后服务师资团队和组织形式

在当前社会分工越来越细的大环境下,建议考虑挖掘专职托管人员队伍、探索第三方劳务人员的手段,通过合理分工,成立专职的课后托管队伍,深入研究课后托管内容,更加精准的实施,全力提升课后托管服务满意度水平。

总之,对于小学校内课后服务现状与优化的探讨,在本文中具体针对H小学为基础,针对小学课后服务进行了较浅的研究,但由于条件限制,未能对更多的城市、更多的学校开展更广泛的研究。在今后的学习生活中,笔者将继续针对小学校内课后服务现状与优化继续研究,从而不断提升实际内容和相关内涵。

量体裁衣 尽力而为 激发潜能
——新时代下的班主任工作

北京市昌平区回龙观学校 余娟

作为在班主任工作岗位奋战十多年的一名市级骨干班主任，在认真地研读新时代对教育提出的新要求之后，我深入地思考了作为一名班主任在新时代应当如何开展自己的各项工作，并积极地在自己的班级进行实践。一学期以来，颇有成效。主要总结为：量体裁衣，尽力而为，激发潜能。

一、量体裁衣

《中华人民共和国义务教育法》第三十四条中指出："教育教学工作应符合教育规律和学生身心发展特点，面向全体学生教书育人，将德育、智育、体育、美育等有机统一在教育教学活动中，注重培养学生独立思考能力，创新能力和实践能力，促进学生全面发展。"其中"教育教学工作应符合教育规律和学生身心发展特点"这一句，则是班主任工作当中要考虑的"量力而行"。"量力"就是根据学生的具体情况。因此，班主任要掌握班级每个学生的具体情况。

（一）情况初查

在刚接到学生分班信息之后，首先给每个家长打了电话，添加了家长的微信，先做一些简单寒暄沟通，然后把《学生情况调查表》发给家长，让家长和孩子一起填写。收到填写完毕的调查表，然后开始对照着《学生情况调查表》一个一个做摘录，作标注，力图在还没有见到学生的面的情况下，记住每一个孩子的大概情况，对整个班级有一个整体印象。

（二）持续了解

在开学后的第一天，面向全体学生都做了一次自我介绍。在这个过程中，需要努力去记住每个学生的名字，关注每个小细节，把前期情况调查中的印象与实际人物相结合。在记住了本班38名学生的名字后，开始再更进一步了解学生情况，了解家长的期待。

（三）日常观察

作为班主任，需要每天蹲在班里，全天候跟着学生，关注他们的上课情况，注意他们的言行。每天根据当天发现的情况，晚上和周末与家长沟通。有些情况极其特殊的学生，有时会邀请家长来到学校，先了解情况，然后谈论后期和家长如何配合教育。

在充分熟悉了班级所有学生时，就是做到了"量体"的第一步。"量体"之后，便开始"裁衣"。

——对学生进行分层教育教学，在教育教学的过程中，对学生采取不同的教育方法，对他们提出不同层次的要求，来激发他们的潜能。

二、激发潜能

2021年8月30日，教育部基础教育司司长曾强调："要下大力气做强做优校内服务，健全学校教育质量服务体系，切实做到教师应教尽教，学生学足学好。"这就是要求班主任正确认识新时代赋予教育的新要求，就是要快乐健康地成长。

课外培训负担减掉了，一定程度上解决中小学生教育中的短视化、功利化的问题。但是学校的教学质量要提高，这就要求教师、学生、家长三方尽力而为。作为班主任，要把这三方的力量都尽量地发挥出来，从而更大限度地激发学生的潜能。

（一）学生尽力而为

"尽力而为"就是让每个学生都能够学足学好。根据前期的情况调查，需要把学生分层。根据学生的不同层次，对学生提出不同的层次的不同层面的要求。就作业而言，不同层次的学生完成作业所花的时间是不一样的，所以每天都在小黑板上标明"必写作业"和"选做作业"。"必写作业"是每个同学都要完成的，每科控制在半个小时以内，"选做作业"是那些学有余力的同学做的，自己根据自己的能力选择作业量。

除了在作业上尽力而为之外，对学生的全面发展方面，也根据不同学生提出不同的要求。比如，尖子生，可以向他们推荐了各方面的多种书目，要求他们扩大阅读面，提高做题速度和质量，并且多参加学校的各项活动，促进他们的全面发展。而中等生，则是对他们注重方法的指导。班主任除了在自己的课上给学生讲一些学习方法之外，还会让尖子生在班会上进行一些自己学习方法的介绍。同时，在座位的编排上，也会把不同层次的学生编在一个组里，形成学习小组，让他们互帮互助，共同提高。

对于后进生，除了注重对他们的基础辅导，经常进行个别辅导之外，更注重用减少作业量，降低作业难度，用其他方式提高学习积极性的方法。很多的后进生基础都很差，而且几乎没有学习动机了。所以，需要采取一些方式，让学生重新燃起学习的欲望，至少要让他们愿意来学校学习，并能有所收获。让尖子生全面发展，更加优秀；让中等生进入优秀，学有余力；让后进生愿意学习，努力提高。这就是让学生尽力而为！

（二）教师尽力而为

作为班主任，需要经常向科任老师汇报了解到的学生情况，邀请科任老师参与班级管理，选班干部、编排座位、班级活动、评优评先等等，都征求科任老师的意见。科任老师之间也尽量协调，让他们形成合力，而不是互相内耗。搭建科任老师和学生之间的桥梁，最大限度地发挥科任老师的作用。

（三）家长尽力而为

家庭是孩子们学习的主战场，家长不能放任自流，家长要加强对孩子的督促工作。在加强监督的同时，还要努力培养孩子的独立自主的学习能力。所以，需要经常和家长沟通，了解学生课后的学情，及时发现问题，然后和家长一起解决。有些家长对孩子的并不十分关注，就需要经常跟家长联系，提醒家长关注；有些家长在教育孩子上不懂方法，就向家长介绍一些好的方法，帮助家长教育孩子……

总之，班主任工作，要更用心，要细致。做好量体裁衣，做好学生分层，让学生、科任老师、家长三方都尽力而为，一起来激发学生的潜能，让学生能真正在学校学有所成，快乐成长！

双师教学模式开展人工智能融合课堂案例

北京市昌平区第二中学　杨静
北京市数字教育中心　覃祖军

一、案例背景

（一）教育背景

2022年人工智能与智慧社会模块教学是介绍人工智能的基本概念和术语，通过生活中的人工智能应用，让学生理解人工智能的特点、优势和能力边界，知道人工智能与社会的关系，以及发展人工智能应遵循的伦理道德规范。

近年来，北京市在加强数字教育发展的顶层设计上动作频频，起草了《北京市智慧教育总体规划方案（2022—2025）》。应对疫情形势变化，北京迅速搭建了线上教育教学平台，采用了"双师课堂"等多种课堂教学模式，确保"学校不停课、教师不停教、学生不停学"。

疫情背景下选择双师教学模式有很多优势：分解教师职能，更关注学生；技术赋能，增强教学效果；双师课堂实现了 1+1>2 的效能。线上校内外名师实时讲课，线下助教老师进行针对性辅导，迎合了学生的学习习惯，再加上高科技设备的赋能，能够激起学生的学习兴趣，一定程度上提高了学习效果。

（二）案例开展学校和学生情况

我校是北京市金鹏科技团机器人分团，开展机器人活动有18年，人工智能相关课程开展已有六年，整个学校科技教育氛围非常好。

本案例选择的学生是初中二年级的学生（八年级），学生已经具备一定的人工智能的生活常识。但由于学生的知识有限，这些理解往往是片面的，尤其是如何确定人工智能的内涵和外延缺乏一定的认识。因此最终确定人工智能的核心概念和应用规律是教学重点。

（三）案例实施目标

本课内容选自2022年版新课标《人工智能与智慧社会》模块教学的第一课，案例主要目标是提升学生的信息科技学科核心素养，即信息意识、计算思维、数字化学习与创新、信息社会责任。

二、实践过程

2022年7月1日由北京市数字教育中心覃祖军和昌平二中杨静两位老师，一起给昌平二中初二年级的同学上了一节生动有趣的双师课——《初探人工智能与智慧社会》。

（一）课堂引入

1. 线上老师引入该课

现在，我们正在进入一个智能化的数字时代。这个时代可以简称为智慧社会，智慧社会是人类融合运用人工智能等多种新技术构建的一种智能化社会，是在智慧城市普遍发展基础上形成的一种新型社会形态。让我们通过视频来感受智慧社会的生活吧。

2. 线下老师播放一个描绘未来生活的视频

设计意图：通过展示不同用途的人工智能场景，让学生对智慧社会有一个感性的认识："人工智能等新技术应用有多种方式"从而创设学习氛围，引入本课学习。

（二）新知探究

1. 探究智慧社会的技术应用

线下老师：提前发放探索任务单，下发学案材料，播放6个视频片段，涉及智慧社会的多个方面，视频标题出现关键词提示：

A. 人脸识别　B. 智能出行　C. 扫码支付

D. 语音交互　E. 自动驾驶　F. 虚拟人

G. 智能售卖　H. 智能配送　I. 机器人……指导学生填好任务单。

学生任务：

实践1：观看视频探究智慧社会的技术应用探究人工智能等新技术，填写任务单。

2. 人工智能

线上老师：人工智能出现已经有几十年的历史了，新一代人工智能成了各个国家抢占的技术高地，老师制作了一个虚拟主播，请她给同学们讲一讲新一代人工智能概念及要素。

（三）体验虚拟人技术应用

线上老师介绍虚拟人技术和虚拟人技术的用途。

线下老师给大家演示制作虚拟主播的过程和提示要点。

（1）演示自己制作的介绍我们学校社团的虚拟主播。

实践2：虚拟主播制作

虚拟主播制作网站 https://zenvideo.qq.com/

（2）讲解虚拟主播制作要求：

①可参考老师示范和网站平台制作说明文档在线制作一个虚拟主播；

②主题自拟，内容可以介绍学校、老师、班级、小组等；

③内容健康向上，符合社会伦理道德；

④语音动作贴合内容，播放时间在 1 分钟以内；

⑤两至三个人一组合作，共同完成任务单。

（3）线下老师在机房巡视指导学生制作虚拟主播，解决现场问题。

（四）作品展示和评价

线下老师选取四个小组分享一下成果（两个较好的作品和两个存在普遍问题的作品）。提示作品分享时注意：

（1）设计过程过主要考虑了哪些因素；

（2）整个设计亮点是什么？

（3）还有哪些地方需要进一步改进？

线上老师点评学生作品，提出每个作品的优点和建议，线下老师可以提一些问题，引导学生回答出制作过程中的亮点，便于其他同学学习，并鼓励其他同学提问。

（五）课堂小结

线上老师：

本节课我们观看了几段视频，通过认识身边的人工智能应用，体会人工智能技术正在帮助人们以更便捷的方式投入学习、生活和工作中，感受人工智能技术的发展给人类社会带来的深刻影响。学习了新一代人工智能及要素。实践中，我们透过视频探索了智慧社会中各种新技术的应用，结合我们小组团队的想法，制作了自己的虚拟主播，并进行了成果分享。

（六）知识延伸

线下老师：

（1）主播播放的文字可以更好，课后可以再润色一下文笔，也可以请语文老师修改一下，让我们的播报的内容更加专业，改好作品传给老师。

（2）作为主播，播报内容一定要健康、积极向上，践行社会主义核心价值观。

（3）元宇宙是一个很有意思概念，感兴趣的同学课后可以阅读覃老师发表的相关文章，这是人工智能与虚拟人结合的应用案例，还获得了国家版权局软件著作权。相关资料分享到群里供学生自学。

三、实施成效和反思

整堂课目标明确，与时俱进，模式新颖，效果显著。突出了人工智能是信息科技课程中崭新且重要的内容，也是智慧社会的核心技术，在融合教学中的赋能作用表现明显，对学科发展有一定的引领作用。

（一）课堂调动了学生的积极性，发挥了学生的主体作用

整堂课将所教内容与动手实践紧密结合，发挥教师引导作用，以学生为中心，使学生真正成为课堂教学活动的主体，并拓展了学习空间，同时注意培养学生的科学精神和创新能力。

课堂教学面向全体学生，分层教学，体现差异，因材施教，使每个学生都有收获，都能做出满意的作品。

（二）项目选取效果好

虚拟主播项目选取适合学生的年龄特点，学生通过观看虚拟主播关于人工智能与智慧社会的讲解，加深学生对所学内容的了解与领悟。学生完成作品有关于祖国发展的，宣传了祖国的大好河山和迅猛发展；有介绍班主任的，用幽默诙谐的语言表达了对老师和同学的喜欢，很好地传递了正能量。

（三）选取合适的学习平台和网络时段

选择项目一定要提前测试好制作平台的承载能力和网络时段的访问量峰值问题，为了保证教学效果选择好平台和项目都是非常重要的。

提升学生学业心理韧性的课后学业辅导策略

中国人民大学附属中学昌平学校　周婷

一、问题的提出

课后学业辅导作为校内课后服务的重要内容，旨在让每一位学生在学业上能够获得个性化的帮助与辅导。课后学业辅导与作业练习是教学过程中的重要环节，与课前准备、课堂授课共同构成相互作用的学生学业助力系统。

我校将学业辅导视为做好学生课后服务的一项重要工作，故充分挖掘学校内外部资源，确保每日至少有一小时的学生个性化课后学业辅导。随着该项工作的不断推进，笔者在参与初中学业辅导教师的调研中发现，相较于指导成绩优异的学生，接近八成的教师表示当前最大的挑战来自对长期学业表现不佳学生的有效指导。学业表现不佳成为这些学生成长中面临的巨大困境，并有可能使得他们体验到更多的挫败，增加了他们的脆弱性，并衍生出一系列问题，如果不能得到及时解决，会影响其一生的发展。

如何在学业辅导中激发和增强学业表现不佳学生的心理韧性以应对学习困境及其所引发的一系列连锁反应，促进其身心良好发展，成为落实学科育人，是教育教学工作提质增效的重要议题。

二、心理韧性与学业表现

心理韧性（resilience）又称抗逆力、恢复力、复原力等，是个体拥有的某些能力或特质，使其在面对逆境或困难时能够发展出健康的应对方法与策略。抗逆力是从积极心理学中衍生出来的一种理论视角，积极心理学认为身处困境或压力的个体并非绝对引发问题，相反还可能激发潜能，使其超越自我。遭遇困境依然保持积极向上的状态和超越过去能力水平，就是抗逆力的典型状态。不同个体在抗逆力上的表现差异颇大，有人积极向上，有人消极颓废。

心理韧性水平如何取决于个体内部与外部保护因素相互作用和应对风险的有效性。其中，内部保护因素指个体自身具有的能够应对危机情境，减少问题行为，帮助个体成功克服压力的心理能力和人格特质主要包括社会胜任力、认知能力、精神力量和积极情绪感受四个方面；外部保护因素指个体以外的环境中所具有的促进个体成功调试、积极应对、克服危机、获得良性适应的条件与资源，主要包括家庭、学校、社区和朋辈。

学生在应对学业表现不佳的困境时，一个很重要的品质深刻影响着他们能否成功战胜学习困境，那就是心理韧性。研究表明，学业表现不佳学生的心理韧性水平往往较低。在个体内在保护因素中，学业表现不佳学生的学业胜任力、伴随学习的积极情绪感受、自主性学习和学习适应性均表现不佳，通常表现为不相信自己能够学好，回避学习，甚至对学习产生厌倦。

在环境因素中，学业表现不佳的学生常常面临来自家长、同辈和学校的压力。当学生考不好时，家长常常采取指责、说教的方式，忽视他们丰富的内在世界，无法给予他们所需的心理关爱。同辈是这类学生生常常求助并获得精神慰藉的对象。然而"近朱者赤，近墨者黑"现象又异常明显，进而存在着很高的风险。同时，包容性的校园环境对于学业表现不佳的学生有着极为重要的保护意义。

三、提升学业表现不佳学生心理韧性的核心要素

提升学生心理韧性本质在于风险因素的重塑与消减和保护因素的建构与增加，因为心理韧性就是这两种因素相互较量的结果，保护因素缺失，风险因素强度就越高，个体适应不良的现象就会严重；反之，保护因素介入或增强，风险因素有所控制和抑制，个体适应不良的现象会有所缓解，并呈现出良好的应对策略。心理韧性水平在很大程度上取决于风险因素和保护因素的对应结构。

基于上文有关学业表现与心理韧性关系的分析，在提升心理韧性的学业辅导中，需要聚焦增强学业表现不佳学生的内外保护因素，减少风险因素。增强其情绪管理能力、树立积极自我认知、提高其胜任力（解决问题能力）是提升学生心理韧性内在保护因素的关键。此外，引导家长掌握有助于孩子学业提升的教养策略、学生学会健康的交友策略、塑造包容性校园文化将会是学业辅导中心理韧性外部护因素的关注重点。

四、心理韧性提升的学业辅导路径探索

（一）提升心理韧性的工作流程理论梳理

有很多学者提出了提升心理韧性的工作流程。沈之菲归纳工作模式：了解情况—理解个体—挖掘资源—重新解释—助人自助；田国秀提出了运用优势视角提升服务对象的心理韧性的步骤。第一，解构"问题"：问题本身不是问题。

第二，建构意义：挖掘问题背后的心理韧性。第三，重构生活：用"常规途径"替代"非常规途径"；在针对边缘青少年群里的心理韧性培养中，田国秀、曾静提倡采取叙事治疗干预方法，即反思、挑战和定义。杜立婕认为：第一，通过询问来发现服务对象的优势，激发起其对抗逆性力量的讲述，挖掘个人品质和外界环境中的保护因素。第二，准备关于优势的词汇，对服务对象的能力和成就给予积极的反馈。

综上所述，提升学生心理韧性的学业辅导实施路径思路为：①师生重新定义"学业困境"；②背景调研，分析学困生现有保护因素与危险因素；③增加个体及环境的保护因素、减少危险因素。但考虑到任何一种改变都不会呈直线变化，而是螺旋式的上升甚至偶有倒退，最后是评估，再循环前三步的干预行动。

（二）我校提升学生心理韧性学业辅导路径的梳理

1. 心理韧性提升学业辅导的前期准备

（1）心理教师与学科教师联手助力学业辅导。

当前，学业表现不佳学生的学业辅导仅发挥了学科（尤其是考试科目）教师的作用，然而学习本质上是一个多因素参与并影响的心理（认知）过程，为了更好地理解学生"学不好"现象背后的社会-心理方面的原因，心理教师全面参与到学业辅导中去。不仅为学困生提供心理咨询与辅导，还作为一个学业辅导教师的心理顾问，为其提供心理知识与情感支持，实现学科教学与心理指导的结合。

（2）学业辅导教师建立心理韧性视角。

辅导教师不能把学不好看成是一个学生的问题，而是从心理韧性视角将其解读为学生化解其他生活挑战的一种低质量策略。鼓励教师时刻关注与学生在学业辅导中的互动全过程，充分挖掘学生在曾经改变"学不好"的过程中拥有的能力与有效资源，进而实现"用优势改变困境"。

（3）评估学生学业心理韧性水平。

采用首都师范大学与加拿大、哥伦比亚、新西兰、南非四国合作共同研发的"青少年心理韧性路径测量问卷"和中小学学生学习能力及表现量表进行测量。同时，心理教师对需特别辅导的学生开展个人心理韧性水平的结构访谈。根据测量与访谈结果，完成对学业表现不佳学生的心理韧性水平、内外保护因素与风险因素评估，进而形成该学生学习现状的画像。

2. 心理韧性提升学业辅导的实施

（1）"一人一策"的学业辅导的方案制定与实施。

心理教师借用国际著名的心理韧性研究项目 IRRP 模型，通过个案咨询、团体辅导等方式，充分挖掘学生"3I"，即 I have、I am、I can 的策略来实施对学习困境学生的干预。

学科教师则主要从学科知识的学习与巩固，解题思路、学习方法、思维提升等方面来帮助学生 提高去学习胜任力，进而产生对学习的愉悦感。

班主任与心理教师还将联合与家长进行交流，形成家校共育的效果。

（2）定期进行过程性反馈与评估。

参与学业表现不佳学生学业辅导的所有教师及家长，定期就不同途径了解到学生的情况进行 交流研讨，对学生过程性的学业表现及心理韧性表现进行评估，形成下一步工作的行动方案。

（3）及时反馈学生的进步表现。

班主任及时梳理心理教师和学科教师反馈的学生积极表现与进步，并反馈给学生及其家长，以形成正面引领的影响，不断增强学生的信心的同时，也增加家长配合相关工作的动机，从而让该项学生 – 教师 – 家长构建的行动共同体能够不断地良好运转。

3. 心理韧性提升学业辅导的结束工作

（1）基于心理韧性提升的学业辅导效果评估。

在该效果评估中，除了学生在历次学业测试中的成绩是评估重点对象之外，还有一个评估的重 要内容就是学生在与教师合作的学业辅导过程形成的心理韧性。学业表现只是一个维度，更重要的是学生是否拥有更高的心理韧性水平来应对学业困境及其他的人生挑战。

（2）基于 4F 的学生反思报告。

基于 4F 的反思模式，从事实（FACTS）层面、感受（FEELINGS）层面、收获（FINDINGS）层面及未来素养（FUTURE）层面帮助学生梳理在学业辅导中个人成长，我们相信：能够与老师和家长形成共同行动体，并实现学业上的进步，这本身就是该学生心理韧性提升的宝贵经验。

让学生遇见更好的自己

首都师范大学附属回龙观育新学校　许秀丽

"评价"一词来源于拉丁语"assidere",意为"坐在旁边"。今天的评价,是用教师的智慧,坐在他们身边,用适合他们的方式,激发他们的潜能,为他们的成功创造更好的机会,让他们"遇见更好的自己",成为一个"豪迈的中国人"。

人都是渴望得到赞扬、赏识的,学生更是如此。学生在受到赞扬时,脑神经活动就快,也更加灵敏,做事的效率也高。我所教授的班级学生人数较多,来自不同层次的家庭,情况千差万别。随着班级生活的开始,学生随之出现了各类问题,表现出许多不尽人意的现象。有的学生带着之前不讲文明的坏习气,有的学生会耍一些小性子,捣乱、淘气。因此必须采取措施进行管理。

教师要对学生的素质发展进行准确的评价,必须树立新的评价观,理解评价体系丰富的内涵。依据中学新课程标准的要求,对学生思想品德素质、科学文化素质、身体心理素质、实践能力作整体综合评价,引导学生全面发展。关注学生的每一个表现,表扬、激励、带动,指出努力方向,培养毅力和抗挫能力。注重学生平时的表现,关注学生成长过程,了解学生的经历与变化。对学生进行全面评价。

一、激励性评价语言的运用

在教学实践中,我大量运用这一既简单又实用的评价方式。教师可以在日常的教学中随时使用鼓励式评价用语,将学生的课堂表现纳入学生评价体系。例如:每次课堂讨论后,教师认真听取学生的意见后,可以说一些鼓励的话语,如:对学生进行全班表扬"你真棒!""你的进步神速,让人望尘莫及!""你一定能行!"等。其中"×××,真棒!"已经成为我班每一位学生在课堂上的活动用语,评价者和被评价者产生被激励的共鸣。

教师用"心"写的评语是和学生的心灵对话,这比大声的批评不知要强多少倍!教师不仅在素质发展手册上写评语,也要在作业批改中写上积极的评语,给学生以书面的鼓励。

二、多种评价方式形成合力

围绕评价表进行学生评价,学生评价由自评和互评两部分组成。自评实事求是,既不能缩小,更要注意不能夸大其词。鼓励学生在自评过程中自我反思,吸取教训,总结经验。互评在自评的基础上进行,做到有根有据,此时班级日记的记载就显得相当重要。而特别提出要为进步明显的同学加分就是激励学困生、后进生,增强他们的自信。充分尊重自我评价,要把别人的不足当作检查自己的镜子,把别人的长处看作自己努力的目标。这样,互评就不只是检查个人学习情况的活动,而且是大家互相学习,共同提高的过程。家长评价重在学生生活中的表现,如,学习的自觉性和主动性等。

我班有位男生学习成绩在班中属中下等,但该同学很有礼貌,尊敬师长,和同学相处得很和谐;热爱劳动,有相当的领导和组织能力,打扫卫生及大型劳动有他在,就不用老师操心;身体素质很好,是运动健将,运动会上包揽各项金牌……在对他的综合素质评价中,教师们开展了一场辩论。

语文老师说:他课堂上回答问题言不成句,连一篇很简单的记叙文都写不成,定为 c 等比较合适。

英语老师说:他不认识几个单词,连个简单的句子都读不成,应该定为 c 等以下。

数学老师评价:从该生课堂上的表现及考试的成绩来看,算不上一个出众的学生,最高定为 b 等。

体育老师说:该生身体素质特别好,他的耐力和多项体育技能在全校都是数一数二的,应该定为 a 等。

音乐老师认为:应该定为 a 等。原因是这位学生的艺术才能出众,有许多其他学生不具备的特长。

班主任评价说:该生的学习成绩虽然不突出,但他的言行举止、为人处事应给予充分肯定,应评为 b 等。

最后,我们又以调查、访谈的形式,让班级同学对其综合素质进行评价。综合同学们的意见,基本上和老师们的意见一致,大多数同学认为应该评定为 b 等以下。

我们还访谈了该生本人及其家长,发现他们对自身优缺点认识到位,觉得评定为 b 等不算低,希望能改掉缺点,不断进步。

基于以上各方面的评定,我们又展开了讨论,最后该男生被评定为 a 等。当我们把评定的结果公布后,同学们觉得这一评定很鼓舞人心,尤其是该生本人更是倍受鼓舞,他更加严格要求自己,希望处处起表率作用。经过一个学期的努力，该生确实进步了，这不小的进步应该归功于我们的全面、科学、客观的评价。正是这一正确的评价发挥了其正能量，给了该同学极大的鼓舞，才使他有了这不小的进步！

通过对学生多方面的客观评价，使每一位学生感受到别人对他的评价不再是仅凭成绩的好坏，而是多方位多元化评价，激励学生和谐发展、全面发展。通过建立"学生成长记录袋"，强化了过程评价，达到了关注每一个学生成长的目的，体现评价的动态变化。

三、适时的奖励

（一）个人活动评价

这是一个使用范围比较大的奖励方法，用于课堂内外的各个地方。利用德育积分考核细则，将全班学生姓名制成表格，在什么时候表现得好，就可以加上一定的分数，一个星期计算一次，全班得到分数最多的学生评选为本周的班长，同时对两周相比表现进步的学生也有奖励。他们的名字就被写在后黑板上，成为"本周表现之星""本周进步之星"，并借此来培养学生的竞争意识。在各项活动中也是用德育积分来记录，在总结中以积分作为评价的参数。

（二）小组活动评价

评价主体部分为小组活动，学生个人德育积分考核加分，小组评比，全班评比。

（三）颁发奖状

这种评价形式在使用中发现是一个"经典"，老师可能会在效仿使用上得到非常好的评价效果。在学生的心目中，对奖状的渴求度已经超过了任何奖励，在某项活动结束的时候学生们要求得到的不是物质奖励，而是金灿灿的奖状。

这种评价形式经常用于学生平时表现的汇总或组织的学生活动，学生拿回家里，以便通过这种形式，寻求家长对教学的大力支持。其实，学生良好习惯和意识的形成，单凭校园的要求是远远不够的，需要家长的大力支持、协作。

总之，对于充满活力、充满好奇、尚不成熟的学生来说，他们每时每刻的表现都在变化，甚至让我们惊讶，这都是值得教师加以注意观察，并及时反思，经过一系列行为研究之后，提出有针对性的教育行动方案。古人云："君子博学而日参省乎己，则知明而行无过矣。"每个人只有经常自省或反思自己的行为，不断总结经验和教训，才能不断在实践中塑造自我、发展自我和超越自我。

由此，我们获得如下启示：

（1）好的教育离不开好的评价，教师就要做到"因才"评价，做到科学全面评价学生，过程性评价学生，并积累保存下来。

（2）利用各种评价真正为每个学生创造成功的机会，促使其最大可能地实现自身价值，促进学生全面、和谐、持续地发展。

（3）针对学生作业中的具体问题，对学生的表现具体评价，每一句评价都要具体明白，真正触动学生的心灵，为他们在高中的学习做好铺垫。

新时代促改变·校园变乐园

北京市昌平区回龙观学校　刘妹芳　孟庆谊　赵志娟

美育是学校教育中不可分割的重要组成部分,不仅与学校教育、课堂教育相关,也与家庭教育、社会教育,包括优秀传统文化教育密切关联。"双减"舒缓了师生的学习节奏,学生拥有了更多的自主时间,也为美育效能最大化提供了多元化舞台。为此,我校充分抓住契机,依托集团"育德致美、启智日新"的核心理念,深挖美育内涵,开展丰富多彩的美育教育活动,注重管理美育、学科美育、活动美育等方面的实施过程,谱写出"促改变·校园变乐园"的美育新篇章。

一、构建科学的美育工作管理体系

(一)确立明确的美育工作发展思路

学校把美育整体划分为纵向和横向系统,纵向系统为理论修养、教育活动、教学活动、社会社区拓展等4个层次;横向系统为美育目标、内容、途径、方法等四个要素(图1)。按照纵向衔接,横向贯通,以学生为中心,以活动体验为主线,分层递进,螺旋上升的总体思路逐步落实。

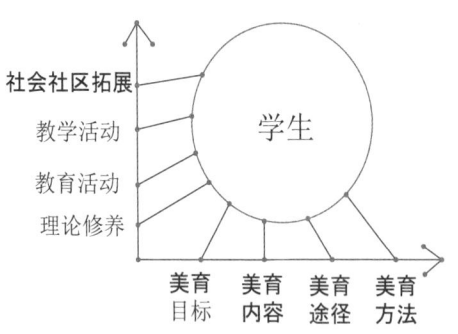

图1　美育工作基本架构图

(二)形成完整的美育工作管理体制

学校成立了以校长为组长,以体育艺术科技、德育、教学、后勤部门等相关部门领导为分管小组长的美育工作领导小组,设立了以学科教研组为依托的学科美育研究小组,负责对学科的美育工作进行指导、督导和检查,逐步形成了完整的学校美育工作管理体制。

二、创设全方位的学科美育特色

学校最主要的教育阵地是课堂,教师应该成为美育工作的组织者和实施者,引领学生在课堂学习的过程中感受美、欣赏美,从而发现美、创造美。因此学校对教师提出了立足课堂教学实际创设学科美育特色的"四美"要求。

(一)"寻美"

要求教师具有敏感的美育触觉。教师要善于在备课和教学过程中充分挖掘学科美育元素,且有针对性、选择性地运用到课堂教学之中。

(二)"用美"

是指教师要精心设计课堂语言。美的语言能产生奇妙的教学魅力,既可以陶冶学生性情,又可以瞬间把学生领进浩瀚的知识海洋。因此学校制定了教师课堂语言标准:要富于吸引力、感染力、说服力;要准确精练、生动形象、丰富多彩、诙谐幽默;忌枯燥干瘪、繁杂啰唆、生硬牵强。

(三)"绘美"

是指教师精美的板书或课件设计。板书是教师课堂教学中一项不可或缺的手段,书写规范、重点突出、设计完美的板书,会给学生美的享受与感悟,所以学校要求教师要把板书或课件的美感纳入教学设计中。

(四)"借美"

是指教师巧妙借助学科外美育资源对学生进行审美教育的能力。教师要学会借助学校社区乃至社会的美育资源来补充自己的教育教学,充分利用自然美、社会美、生活美、艺术美,设计教法、组织教学。

三、形成递进式的美育工作"三环节"

从教育功能上看,德育所重在教,晓之以理。美育所重在感,动之以情。在丰富多彩的德育教育活动中,注入炽热感人的审美情趣,使学生在活动中自感自悟,形成高贵的品格,学校从"倡美""求美""示美"三环节促使学校美育与德育的完美结合。

(一)"倡美"——制定美化校园的文明制度

整洁舒适的校园,从根本上体现了学校的精神文明程度,学校制订了《环境卫生管理制度》《卫生班评比制度》等净化校园的规章制度;建立了由学生会主责检查、评比的激励机制。倡议全体学生争做学校文明卫生小卫士，通过橱窗、广播等全方位进行"文明美校园、和谐你我建"宣传倡议，潜移默化中，学校文明清洁的要求变成学生自觉的行动，学生养成自觉维护校园环境美的良好卫生习惯，并进一步内化为优良的品德素质。

（二）"求美"——落实美育礼仪规范

1. 学校常规活动，规范有序

学校特别重视各种常规活动的组织和设计。每周一的升旗仪式，使学生真切地受到强烈的震撼与激励，在团结凝重之美的氛围中，受到了爱国主义和集体主义的教育；每周的"阳光一小时活动"及体育活动，使学生体验运动之美；各学科拓展课程和兴趣小组，使学生在探索的过程中，享受发现之美和创造之美。

2. 班级日常教育，和谐统一

学校提出"和谐统一，彰显个性"的班级管理和建设要求。每周的班会课，主题鲜明，形式多样，让学生在生动活泼的氛围受到思想美的熏陶；校级、年级、班级学生会，自我管理，自我教育，充分体验到成功之美；在"九礼六仪"系列规范过程中，真实地体现了学生热爱美、追求美、向往美的情感需求。

（三）"示美"——丰富美育教育活动

1. 小组活动中满足情感需求

学校成立了合唱队、民族健身操队、羽毛球队等各类文体艺术活动小组，使学生在学校和谐统一的大美育教育环境中发展体艺兴趣、张扬个性、展示青春的魅力，促使身心健康成长。

2. 参观游览中提升审美情趣

集体组织或鼓励学生节假日游览名胜古迹、观看具有教育意义的影视作品、文艺演出等，培养和发展了学生对于美的观察力、理解力和想象力，收到很好地美育效果。

3. 艺术作品绘制青春印迹

学校在精心建设蕴含丰富美育元素的校园环境同时，搭建各种平台，使学生创作的音乐、美术、文学、科技、手工等成果能够及时便捷地进行展示和交流，使校园成为学生展示美、交流美、感受美、内化美及绘制青春印迹的成长乐园，充分体现了"体艺如花绽放，青春似火燃烧"的美育教育内涵。

四、营造文化底蕴丰厚的美育工作氛围

校园文化是一种无形的环境教育力量，能够在不知不觉中内化学生的道德、

情感、意志和行为。这种独特的感染和陶冶作用是课堂教学等所不能替代的。学校着眼于"环境美""教师美""内化美"的丰富内涵，对学生进行渗透美、感悟美、追求美由浅入深的美育教育。

（一）"环境美"——加强校园环境物质文化建设

1. 注重校园环境建设的教育性、科学性。如教学主楼、体育馆、办公区浑然一体，形成整体划一的"回"字。空间布局紧凑而不失宽敞，使全体师生在流畅舒适的生活中感悟现代建筑的"静态美"，感受学习生活的"动态美"。

2. 凸显校园环境建设的文化内涵。学校主楼正面屹然伫立着象征中华腾飞的"巨龙腾飞"雕塑，欲昂首腾飞的巨龙，既有暗合学校地处"回龙观"的含义，又凝聚着全体师生的精神力量，召唤全体师生立志奋进！

（二）"教师美"—— 建设内涵丰富的美育教师队伍

1. 重视审美理论的修养

学校要求教师不仅具有丰富的专业知识、高尚的道德情操，而且要具有文明的言谈举止，高雅的气质风度。教师要集心灵、语言、仪表、行为美于一身，使学生"亲其师而信其道"；要求美育相关学科教师充分利用业余时间进行美育理论读书学习，提高审美理论修养。

2. 注重审美情趣的体验

学校倡议教师增强审美体验，组织教师合唱比赛，进行工间操的集体训练与展示，用教师自身的魅力，做学生身心健康及高尚审美情趣的引导者。

（三）"内化美"——内化于心的校风建设

学校在追求"合作共享、和谐向上"的校风建设中，精心打造一支"重人品、喜敬业、塑能力、崇成果、面向未来"的专业教师队伍，他们在课堂教学过程中注重审美因素的渗透，促进学生自我教育自我提高，从而激励学生用美的标尺逐步规范自己，达到美育内化的教育效果。

随着教学工作的深入开展，学校美育工作也在持续、有效地落实，全体师生在"道德美、实践美、行为美、艺术美、体能美"的过程中感受到了自我成长的幸福与自豪，同时学校在校园环境美、校风建设美、活动效果美、做事风格美等方面也积累了一定的经验，这是全体师生用心凝聚、共同奋斗的结晶，也是"促改变·校园成乐园"新的起点，今后我们会更加关注学生身心健康的成长，深入挖掘美育的教育功能，让学校成为师生持续健康成长的美乐园！

班主任班级管理工作创新

北京市昌平区第二中学　张春蕊

班主任是学校里全面负责一个班学生思想、学习和生活等工作的教师，是一个班的组织者、领导者和教育者，也是一个班中任课教师教学、教育工作的协调者。

作为北京市昌平区某中学的初中班主任，我从以下方面开展行动提高教学质量。

一、落实课前和课后服务

（一）课前服务

我校严格落实中小学生课后服务的政策。每天7：30～8：00，是初一年级的课前服务时间，早到的同学可以阅读语文、英语等课内和课外书籍。作为班主任，我每天77：30准时到班，测量体温，维持班级纪律，保证良好的阅读氛围，陪伴学生开启温馨的一天。

（二）课后服务

我校开发并整合促进德智体美全面发展的校本课程，探索"课后服务+体育德育美育课程"模式。每天16：00～16：45，科任老师对学生进行课业辅导。此时间段，老师不讲授新课，以学生自主复习和答疑为主，避免变相加重学生的课业负担。

16：45～5：30，我校推出"阳光体育"活动，以跑操等形式开展，使同学们在校内有充足的时间和机会进行锻炼。身为班主任，我会和学生一起跑步，舒缓部分学生的畏难心理。

17：30～18：00推出各种球类、健美操、声乐等多种特色社团活动，将体育、德育、美育与学科有机结合，有助于培养学生的兴趣爱好，促进身心全面健康发展。

考虑到部分家长接送学生的困难和作业辅导监督的困难，我校于18：30～20：00提供晚自习服务。晚自习服务营造了浓厚的学习氛围，提高了学生的自习效率，减轻了自律性差的学生家庭的监管负担，得到家长的好评。

二、向课堂要质量

（一）整合教育资源，提升课堂效果

现代化的教学要求教师学会利用多媒体资源。目前 ppt 演示文稿课件在各个学科课堂上具有极高的使用率，是老师们不可或缺的教学资源和工具。随着时代的发展，教学工具不仅仅局限于 ppt 课件、纸质版试题和资料。

我校引进 iPad 教学，利用 iPad 实时共享学生的作品。在初中生物课堂《细胞分化》中，学生通过分学习小组，解剖葡萄的果皮、果肉，制作玻片，在显微镜下观察细胞的结构。学生及时上传拍摄的细胞结构作品，通过不同视野下对不同部位细胞结构的比较，很容易理解细胞分化的定义和意义。

如果用传统的教学方式，学生的完成时间上的差异和无效交流会大大阻碍课堂的效率。而课堂运用 iPad 的实时共享功能，大大节省了时间成本，有效提高了课堂的学习效率。

除此之外，iPad 教学还可以与课堂紧密结合。教师在 iPad 软件中将课堂中的巩固练习题发布，学生完成后提交，老师可直观地看到哪些同学已经掌握，哪些同学的理解有偏差。这样既节省了老师批改作业的时间和精力，也使得学生的问题在本节课及时呈现，当堂纠正。

当然，除 iPad 之外，还有很多教学工具和资源，比如希沃软件中的游戏功能。结合学生课堂的具体情况，开展游戏问答环节。相比较于传统的课堂问答和试题问答，"希沃游戏"复习方式极大地吸引了同学们的学习兴趣，有效增强师生互动。

（二）巧用教学工具，提升课堂效率

在初中生物课《人的呼吸系统》这一节，我把羊肺拿到课堂，用特制的打气筒，模拟肺通气的过程。课堂上学生看到随着气体的进出，肺随之膨大和缩小，变化幅度极其明显，学生们在课堂上接连发出惊叹声，这加深对肺通气的过程理解，极大的激发和提高了同学的学习兴趣和课堂参与度。

（三）主动普及现代化教学手段

部分资深教师虽然有丰富的教学经验，但是在现代化教学工具面前，他们却非常被动，现代多媒体技术的使用限制了现代化教学手段的普及。

作为年轻的班级管理者，我会主动为有需求的教师提供硬件使用方法和软件的操作流程，比如教其他教师使用 iPad 教学，用 PPT 制作精美的动图，使用希沃白板的游戏功能与学生课堂互动等，让科任老师以班级教学为落脚点，丰富课堂形式，让更多的学生参与到课堂教学中。

三、向作业要时间

为更好地促进作业减量提质，2021年4月25日教育部颁布《加强义务教育学校作业管理》，文件规定初中每天书面作业完成时间平均不超过90分钟。

（一）作业"减量"

在作业的"量"方面，我校出台作业管理办法，对作业时间进行严格把控，由教导处牵头、年级组长协调、班主任负责，严格落实作业公示制度。作为班主任，我统筹本班不同学科作业总量，对不合理、作业量过大的科目，及时与相应的科任老师进行沟通，适当删减，保证初中的家庭作业时间控制在一个半小时以内。让学生回家后有更多的时间自主安排，也有效地保障了亲子时光。

（二）作业"提质"

在作业的"质"方面，我对班级作业质量严格把关，作业与本节课内容紧密相关，不做重复性无意义的作业。在作业的创新和转型方面，老师布置作业的形式、类型和评价方式可以多元化。

经过与学校领导和科任老师的沟通，我班采用"分层作业"的思路，这是我尝试对教学课堂中"分层教学"的衍生和深化。在此过程中，我让同学们按照各自的兴趣和专长进行分组，班级共40人，分成7个小组，其中语数外是8人一组，史地政生是4人一组，小组长负责牵头本组的作业分层，作业来源由同学们进行筛选和设计，由科任老师进行检查并给予建议，形成每科不同难度的作业。

（三）班干部参与作业统筹

因班主任的常规工作较多，且承担多个班的学科教学任务，在发现作业问题上可能存在不及时，另外从班主任的角度去评价作业量的多少，容易出现不准确判断的情况。因此我在班级设置专门评价作业质和量的学习委员。

学习委员由小组推荐，以民主集中的方式把该组同学的意见进行汇总和整合，在每天的总结汇报时间和每周的班会课进行集中汇报，出现问题，都第一时间与班主任进行沟通。学习委员由小组推荐，且各小组每两周轮值一次，保证班级每位同学的建议都能及时传达给班主任，及时发现问题并调整。

四、加强家校沟通

（一）家长不再是孩子作业评价的执行者

在过去几年，社会普遍反映学校教师有给家长布置作业或者批改作业的行为。为了保证我班不出现类似现象，我会每周末定期电话家访。

为了防止部分家长顾及科任老师的"面子"，或者孩子遭受不公平对待，班级成立线上家委会，会不定期发相关调查问卷，或者由家委匿名提交大家的想法。根据大家的反馈，及时做出应对措施。

（二）积极开展线上家长交流会，增加丰富课外生活的新安排

学生跳出补习班的束缚后，有更多的自主时间。但是部分家长反映，孩子富余的时间增多，容易浪费时光，比如大把的时间用于玩手机游戏等。

为了减少家长的焦虑，我们班多次组织学生和家长分享，如何安排私人时间的线上座谈会。学生和家长们的诚挚的分享，吸引了家长的关注，同学们的分享也对其他同学起到一定的启迪作用。

（三）积极宣传线上辅导，切实减轻家长焦虑

因部分学生和家长对补课的需求仍然存在，有的家长甚至产生来更深的焦虑，提出教育更加不公平的质疑和表现为不同形式的担忧。

2021年12月，北京市教委发布的《北京市中学教师开放型在线辅导计划（试行）》中明确提出，北京市建设教师在线辅导云平台，为学生提供一对一实时在线辅导、一对多实时在线辅导（互动课堂）、问答中心及微课学习四种形式在线辅导，让北京市优质的教师教育资源辐射到更多的区域，有效促进教育公平。

但是部分家长对该种形式的线上辅导并不了解，在家长会和平时与家长的沟通中，如果有家长有这方面的咨询和需求，我会为他们积极介绍和宣传，为家长提供更多的选择。

五、辅助学生课外时间管理

（一）手机管理

在手机管理方面，北京市义务教育阶段的校园内手机使用严格遵从教育部的相关规定，倡导不带手机进入校园。在我班，若有带手机的需求，在家长知情的情况下，向班主任提出申请，由班主任统一保存管理，杜绝手机进班级，还学生安静的课堂。学校专门为班级统一配备了手机保管箱，使得手机管理更加规范有序。

（二）睡眠时间管理

在睡眠时间方面，北京市所有初中校不得早于8：00前上课，小学不得早于早上8：20前上课。

学校7：30～8：00提供课前服务，且参加与否取决于学生和家庭意愿。学生在校期间，学校设置午睡时间。有条件的学校还专门配备午睡桌椅，让学生午睡睡得更舒适。午睡时间的落实，使学生下午的学习，精力更集中，学习

效率更高。

（三）阅读环境管理

在阅读方面，校园是学生阅读发生的主阵地，保障校园读书环境的健康有序显得格外重要。我班设置专门的读书角，有专门的同学负责阅读刊物的整理和筛选，保证干净的校园读书环境，保住学生的精神底线，为学生树立正确的价值观提供肥沃的精神土壤。

班主任作为教育政策终端执行的关键一环，需要更细致刻苦的功夫，描绘更加美好的教育蓝图。

家校合作新思考

昌平区第二中学　秦清宇

家校合作是现代教育体系的重要组成，尤其是在义务教育阶段发挥着基础性作用。家校合作不仅是学校传递教育信息的重要渠道，也是家长向学校反馈子女教育问题的关键媒介。但在当下的家校合作中，享有话语权的是学校和教师，家庭在家校合作互动过程中通常扮演的是倾听、配合的角色。这就造成了家校合作中家庭难以深入参与子女教育的问题。

一、已有家校合作模式中的现存问题思考

（一）家庭教育中的忽视问题

在中学阶段的家校合作中，学校一般以布置家庭作业的方式占据家校合作的主动权。教师掌握了家校合作中的话语权。教师在与学生家庭的互动中以家长会、家访等方式保持着自身绝大多数时间的话语主导权，而学生家长多是被动地接受，这种现象的存在也就造成了学生家长在家校合作中的从属地位，难以提升家校合作的效果。

（二）家校合作沟通渠道存在不足

家校合作的渠道是家庭与学校沟通的基本方式，其中不仅涉及家庭与学校和教师就学生学习的直接交流，也包括各种相关的信息沟通。例如较为常见的家长会活动，教师与学生家长间的自发谈话交流等，都属于家校合作的表现形式。但是就上述两种形式而言，家长会存在固定的周期和有限的时间，且在家长会期间老师通常是一对多的形式与家长沟通，效果并不理想。教师与学生家长的谈话则多是偶然发生的，不具备稳定性，具体效果也难以有效评价。可见，当前家校合作在沟通渠道上存在明显不足，若不加以关注和解决，则很难改善效果，也无法实现对学生学习成长的引导。当前中学阶段的家校合作中还存在一种现象，即教师心中有重点关注对象和次要关注对象。重点关注对象学生自然能获取更多家校合作互动的机会。而位于教师心理边缘位置的学生，则容易被忽视。

（三）教师对家校合作的认识和内容设计有待更新

教师既是学生在学校生活中的直接教学者和看护者，同时也是家校合作的重要参与者和媒介，这使教师成为家校合作具体功能的执行者及家校合作工作效果的关键影响者。但很多教师缺乏家校合作的科学理念，大多凭借经验完成此项工作。从当前的中学家校合作的活动内容来看，以知识传授和智力教育为主是大多数中学家校合作体系设计的核心，简言之仍是以学生成绩为主。在这样的情境下家长也会自然而然地将成绩作为衡量孩子学习能力效果的唯一标准，忽视了能力培养，使中学阶段的家校合作模式存在着明显的形式表浅化和内容单一化问题。

二、当下政策背景下优化家校合作模式的路径对策

（一）加强学校和学生家庭的家校合作教育理念

对学校和教师而言，需进一步明确自身在家校合作模式中的角色，正视自身在家校合作中应尽的职责。更为积极地参与到家校合作模式中，真正成为家校合作的推动者。教师在日常教学中不仅要关注学生的学习，也要对学生的家庭的信息进行及时了解。例如，以学习日志等多种方式，为家校合作的开展提供必要的支撑，促进学生成长。此外教师还需认识到自己职业的特殊性，在日常生活中需更多地与学生的家庭进行交流和互动，以家访等形式拓宽家校合作的内容和形式，使学生在学校和家庭的共同关注下茁壮成长。

（二）完善家校沟通互动渠道

家校合作模式需要以更为多元化的渠道进行，这样才能做到学校教育与家庭教育的有效衔接，才能为学生成长提供更为科学合理、积极健康的校园和家庭学习氛围。当前学校组织的家校合作教育过分注重知识的教导和传授，忽视了学生综合素质能力的培养。因此，完善家校合作渠道，需以学生综合能力训练培养为主体目标，学校和教师主动沟通家长，为学生设计更多的综合实践活动。例如，可以将第二课堂作为设计基点，组织学生在课余时间参加音乐教学活动，邀请学生家长一起参与进来。教师对学生的日常能力训练需予以更多的关注和指导，提高学生在家校合作中的主体诉求地位，使学生在学习生活中能够认识到主动的重要性，养成良好的主动交往习惯和交往策略。

（三）丰富家校合作的评价标准和内容设计

义务教育阶段的家校合作需要进行系统性的顶层设计，同时也需要针对家校合作中学校、教师与家庭的现实互动情况和发展需求构建完善的、动态的内容评价机制。只有将家校合作的各类工作内容置于规则框架之内，才能确保家

校合作工作切实落实于学生的学习成长生活之中。此外学校还需为教师的工作营造较为宽松的家校合作环境，使教师具备家校合作内容和形式选择的空间，以便更好地实现义务教育阶段家校合作模式的多样性、灵活性和有针对性。目前国内现行的义务教育阶段教师教学工作评价体系中，过多地注重对教师显现工作的评价，如教师在学生教学工作中德、勤、能、绩等显性表现。但现行的教师工作评价体系并没有从我们教育目的和教学任务的实现上去评价和考量学生教师的教学工作，没有将学生在家校合作中是否获得全面发展作为评价学生教师工作的重要衡量指标。完备的教学评价指标体系不仅包括对教师教学工作实施量化管理还要关注教师的隐形工作。教师的隐形工作包括：教学是否面向全体学生，在教学过程中是否注重学生智力与智力因素的培养。

三、结语

义务教育阶段的家校合作问题在当下教育体系改革中被广泛提及，然而关于家校合作模式的具体构建和完善仍然是处于一个十分缓慢的推进速度中。通过研究分析发现学校、家庭和教师均在家校合作中扮演着重要的角色。前两者为家校合作开展的基点，后者则为家校合作的重要媒介和具体执行者。面对家庭教育重视度不足、家校合作沟通渠道欠缺以及家校合作内容设计单一等问题，可从加强学生家庭教育重视度、完善信息沟通渠道和更新家校合作评价标准、丰富合作内容等层面出发。